KB056166

세계사와 함께 읽는

이야기 한국사

21세기 역사바로알기위원회 편저

세계사와 함께 읽는 이야기 한국사

초판1쇄-2016년 4월 30일

지은이-21세기 역사 바로 알기 위원회
펴낸이-이 규 종
펴낸곳-예감출판사
등록-제2015-000130호
주소-경기도 고양시 일산동구 공릉천로 175번길 93-86
전화-031-962-8008
팩스-031-962-8889
홈페이지-www.elman.kr
전자우편-elman1985@hanmail.net

태조 원년부터 7년 9월까지 기록한 것으로 총 15권 3책이다. 처음엔 필사본이었지만 후에 활자본으로 간행되었다. 태백산본은 주자본(훈련도감자)으로 15권 3책이며, 표제명은 '태조강헌대왕실록' 이다. 태조가 죽은 다음해인 1409년(태종 9년)에 태종이 편찬을 명령하여 1413년 3월에 완성했다. 편찬책임자는 하륜, 유관, 정이오, 변계량 등이다. 조선왕실 최초의 실록이지만 편찬에는 우여곡절이 많았다. 태조는 혁명을 통해 신왕조를 건설했다. 하지만 재위 중 이방원(태종)이 주도한 자의 난에서 조선개국의 일등공신인 개혁파 정도전과

세계사와 함께 읽는 이야기 한국사

관들이 사초를 제대로 제출하지 않는 사태까지 빚어졌던 것이다. 그러나 이에 아랑곳 하지 않고 태종은 편찬을 강행했다. 즉 기한 내에 사초를 바치지 않으면 은 20냥을 징수하고 자손을 금고(관직에 등용하지 않는 벌)시키는태조 원년부터 7년 9월까지 기록한 것으로 총 15권 3책이다. 처음엔 필사본이었지만 후에 활자본으로 간행되었다. 태백산본은 주자본(훈련도감자)으로 15권 3책이며, 표제명은 '태조강헌대왕실록' 이다. 태조가 죽은 다음해인 1409년(태종 9년)에 태종이 편찬을 명령하여 1413년 3월에 완성했다. 편찬책임자는 하륜, 유관, 정이오, 변계량 등이다. 조선왕실 최초의 실록이지만 편찬에는 우여곡절이 많았다. 태조는 혁명을 통해 신왕조를 건설했다. 하지만 재위 중 이방원(태종)이 주도한 왕자의 난으로 매우 혼란스러웠다. 그가 일으킨 왕자의 난에서 조선개국의 일등공신인 개혁파 정도전과 조준 등을 비롯해 상당수의 사람들이 제거되면서 이들이 추구하던 정책에 대한 변화가 많았다. 더구나 태종이 왕위에 오른 시기의 재상들은 거의 고려왕조 출신의 관료였으며, 왕자의 난 이후에 출세한 인물들이었다. 다시 말해 조선을 건국한 태조 당시 활약하던 사람들이 거의 살아있었기 때문에 편찬을 차후로 미루자는 말들이 많았다. 이런 관계로 담당관들이 사초를 제대로 제출하지 않는 사태까지 빚어졌던 것이다. 그러나 이에 아랑곳 하지 않고 태종은 편찬을 강행했다. 즉 기한 내에 사초를 바치지 않으면 은 20냥을 징수하고 자손을 금고(관직에 등용하지 않는 벌)시키는 법까지 마련했던 것이다. 이것이 조선시대 끝까지 관례가것이다. 이것이 조선시대 끝까지 관례가 되출신의 관료였으며, 왕자의 난 이후에 출세한 인물들이었다. 것이다. 이것이 조선시대 끝까지 관례가것이다. 이것이 조선시대 끝선시대 끝며, 왕자의 난 이후에 출세한 인물들이었다. 것이다. 이것이 조선시대 끝까지 관례가것이다. 이것이 조선시대 끝선의 관료였으며, 왕자의 난 이후에 출세한 인물들이었다. 것이다. 이것이 조선시대 끝까지 관례가것이다. 이것이 조선시대 끝선시대 끝며, 왕자의 난 이후에 출세한 인물들이었다. 것이다. 이것이 조선시대 끝까지 관례가것이다. 이것이 조선시대 끝선끝선시대

책을 읽기 전에

이야기 한국사는 고조선부터 삼국시대, 고려시대, 조선시대와 2009년까지 나뉘어져 있습니다.

각 시대별 상황을 알기 쉽게 그 시대와 관련된 역사적인 사건 이야기나 역사적 지식을 쌓을 수 있도록 시대에 맞도록 간추린 세계사를 첨가하여 세계사까지 쉽게 이애할 수 있도록 하였습니다. 역사는 언제 보아도 재미와 흥미를 주기 마련입니다. 그것은 역사를 통하여 배울 점이 많고 지금의 현대인들에게 살아가는데 도움을 주기 때문입니다.

이야기 한국사는 모든 사람들이 꼭 읽어야 할 책이며 부족한 부분과 누락된 부분은 보완과 추가하여 다시 읽을 수 있도록 할 것이다.

이 책을 읽는데 누구나 알기 쉽고 흥미를 가지고 읽을 수 있도록 이야기 식으로 엮어서 풀었고 간추린 세계사를 곁들여 새로운 사실을 아는데 도움을 주고자 하였습니다.

학창시절 역사는 시험을 위해 공부한 것이 전부였던 것이 이제는 쉽고 재미있게 한 권으로 읽을 수 있는 이야기 한국사로 방대한 우리나라 역사를 시대별로 나누어 재미있고 알차게 엮어보았습니다.

이제는 쉽고 재미있는 역사를 새롭게 알고 선조들의 경험과 지혜를 거울삼아 새로운 앞날을 열어 가는 교훈이 되었으면 합니다.

이야기 한국사

차례

고조선

간추린 세계사

고구려

간추린 세계사

이야기 한국사

차례

백제

간추린 세계사

신라

이야기 한국사

차례

이야기 한국사

차례

대한민국 연도별 5대 빅 이슈

이야기 한국사

차례

이야기 한국사

차례

이야기 한국사

고조선

단군(檀君 또는 壇君)

단군왕검(檀君王儉)으로도 하며 한민족의 시조이자 고조선의 건국자로 전해지는 신화적인 인물이다. 한민족의 역사 동안 시조로 추앙받았으며 대종교 등의 종교에서는 신앙의 대상이기도 하다. 다른 이름으로 환검(桓儉)이라고도 한다. 단군신화에 의하면, 환웅과 웅녀 사이에 태어나 기원전 2333년 아사달에 도읍을 정하고 고조선을 세워 약 2천 년 동안 나라를 다스렸다고 한다.

단군조선

단군조선은 고조선의 첫 번째 왕조인데, 단군조선과 기자조선을 구분하기 위해 단군조선을 '전조선' 기자조선을 '후조선' 으로 부른다. 더구나 이성계가 세운 '조선' 도 여기서 따온 것이다. 그래서 조선 왕실은 건국초기부터 매년 시조단군과 기자에게 제사를 지내왔다.

단군산화를 보면, 천제의 아들 환웅이 땅으로 내려가 인간세상을 구하겠다고 마음먹었다. 이를 눈치 챈 천제는 아들 환웅에게 천부 3신[풍백(風伯), 우사(雨師), 운사(雲師)]를 내리면서 인간세상으로 내려가라고 명했다. 환웅은 천제의 명을 받아 3,000명의 무리를 이끌고 태백산 신단수 아래로 내려와 신의 도시를 세웠다.

도시를 세운 환웅은 천부 3신에게 인간이 생활하는 360여 가지의 일을 주관하도록 했다. 이중에 가장 중요한 것은 곡식, 생명, 질병, 형벌, 선악 등 다섯 가지다.

이후부터 전설 두 가지가 전해지고 있다. 먼저 어느 날 곰과 호랑이가 환웅을 찾아와 인간이 되겠다고 애원했다. 이에 환웅은 쑥과 마늘을 내리면서 캄캄한 동굴에서 100일 동안 지내면 소원을 들어주겠다고 약속했다.

성질 급한 호랑이는 포기하고 인내심이 강한 곰은 끝까지 견뎌냈다. 그러자 환웅은 21일 만에 곰을 여자로 만들어주었는데, 이름이 웅녀다. 환웅은 웅녀를 아내로 맞이해 단군을 낳았다.

두 번째 전설은 신의 도시 근처에 아름다운 처녀 웅녀가 살고 있었다. 환웅은 웅녀와 결혼했고 단군이 태어났다.

성장한 단군은 기원전 2333년, 아사달을 도읍지로 정하고 나라 이름을 조선으로 정했다. 단군은 건국이념으로 홍익인간을 주창했다. 단군은 1500년 동안 나라를 다스렸다. 기묘년 주나라 무왕이 즉위할 때 기자를 복속시켜 영토를 넓힌 후 장당경으로 옮겼다가 아사달로 다시 돌아왔다. 그러던 어느 날 단군은 홀로 산속으로 들어가 산신이 되었다. 단군은 1,048세까지 살았다.

바빌로니아와 아시리아 문명

메소포타미아문명은 비옥한 곳으로 초승달처럼 생긴 지역이다. 즉 티그리스 강과 유프라테스 강을 중심으로 발생한 바빌로니아, 아시리아문명이다. 이곳은 오랜 세월동안 상류에서 떠내려 온 기름진 흙이 쌓여 기름진 땅이 되었다.

그러나 홍수 때면 두 강이 범람하는 시기가 일정치 않아 농사짓기가 쉽지 않았다. 더구나 여름에 비가 일정하게 내리지 않아 관개시설까지 필요했다. 이 관개시설을 메소포타미아의 남동부로 이주한 수메르인들이 훌륭하게 발달시켰다.

그들은 짧은 기간이지만 인구 1만정도의 도시국가를 여러 개 건설했다. 그 도시국가들은 각각 독립되어 있었다. 적의 침입을 막기 위해 성을 쌓고 성 주변에 깊은 연못을 파놓았다.

설형문자

수메르문명은 설형문자, 채색토기, 벽돌, 십이진법, 신전중심 등이 특징이다. 이 중에서 초기 설형문자는 점토로 만든 서판을 이용해 신전에 바치는 물품(곡물, 소, 양, 물고기, 노예 등)을 표시한 문자기호다.

문자가 발달되면서 수메르 인들은 전설과 영웅들의 이야기 등을 점토판 위에 적은 후 불에 구워 보존했다. 훗날 페니키아인들은

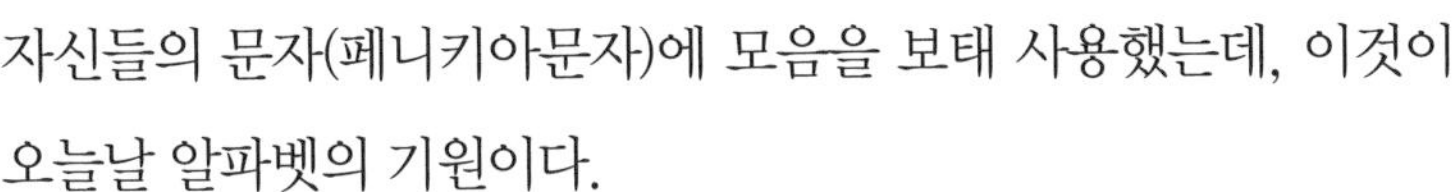

자신들의 문자(페니키아문자)에 모음을 보태 사용했는데, 이것이 오늘날 알파벳의 기원이다.

기원전 3100년 것으로 추측되는 점토판문자들은 초기 수메르어로 예상되지만 아직까지 완전하게 해독되지 못하고 있다.

함무라비 법전

고대 바빌로니아 제1왕조 제6대 왕 함무라비 왕이 BC1750년에 만든 세계에서 가장 오래된 성문법이다. 이 성문법은 높이 2.25m의 돌기둥에 새긴 게시 법으로 설형문자로 전문과 후문 이외에 282조가 새겨져 있다.

기둥상부에는 왕이 샤마슈 신에게 법전을 받는 그림이 그려져 있다. 법문의 배열은 세밀하지 못한 면도 있지만 대체적으론 체계적이다.

법문은 계급적 법제도, 신판, 동해보복형, 탈리오의 법칙(눈에는 눈, 이에는 이), 농업사회의 법 이외에 운송과 중개 등도 포함되어 있다.

지배계층은 대를 이은 귀족들이고 일반서민계층은 상인과 농민들이며, 하층계층은 노예들이었다. 이들 각 계급에 따라 법조문이 각 계층 마다 다르게 적용되어 있지만 같은 계층끼리는 평등하다.

이 법전의 특징은 죄에 대한 형벌이 원시적인 성격을 띠고 있으

며 귀족계급들에겐 강한 처벌이 적용되고 있다.

예를 들면 귀족이 다른 귀족의 눈을 멀게 했다면, 반대로 눈을 멀게 하는 벌을 주었다. 하지만 귀족이 다른 계층에게 해를 입혔다면 벌이 가볍다. 예를 들면 귀족이 평민의 눈을 멀게 하거나 뼈를 부러뜨렸다면, 은 1마나의 벌금을 내면 된다. 또한 귀족이 노예의 눈을 멀게 하거나 뼈를 부러뜨렸다면, 은 2분의 1마나 벌금을 내면 된다. 이밖에 여자도 재산을 가질 수 있고, 노예도 돈만 있으면 자유를 살 수가 있다.

파라오의 피라미드

고대이집트에서는 히에로글리프라는 상형문자를 사용했기 때문에 그들의 역사를 알 수가 있다. 그들의 상형문자는 기념비나 묘비 등에 사용되었다.

옛날 이집트는 상하로 분단되어 있었다. 그러던 중 상 왕국의 메네스 왕이 하 왕국을 점령했다. 이에 이집트는 나일 강 하류 멤피스까지 약 1천km의 넓은 지역을 다스리는 단일국가로 탄생했다.

고대이집트문명 중 대규모 건축인 피라미드가 있는데, 이것은 왕의 무덤이었다. 큰 피라미드는 높이가 170m나 되고, 사용된 돌의 무게만 해도 무려 6백만ton이다. 각 변의 길이가 25m지만 오차범위가 20cm 미만인데, 이것은 발달된 기하학과 건축수준을 잘 말해준다.

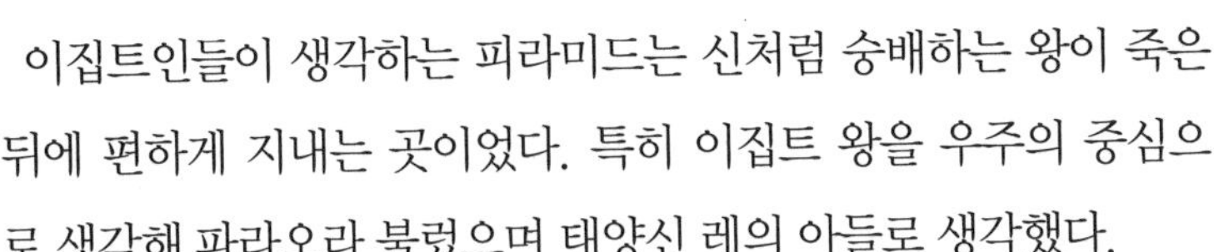
이집트인들이 생각하는 피라미드는 신처럼 숭배하는 왕이 죽은 뒤에 편하게 지내는 곳이었다. 특히 이집트 왕을 우주의 중심으로 생각해 파라오라 불렀으며 태양신 레의 아들로 생각했다.

페니키아는 알파벳의 고향

페니키아는 철기민족들의 침입을 받았지만 빨리 안정을 되찾았다. 하지만 번영을 누렸던 우가리트는 청동기문화가 사라지면서 멸망했고, 티르가 비블로스를 대신하여 주요무역항으로 부상했다.

페니키아인들은 인류문명에 크게 이바지한 알파벳을 만들었다. 그 이유는 원래 상업 국가였기 때문에 설형문자가 불편했고 상형문자도 번거로웠다.

따라서 상업 활동에 편리한 알파벳을 생각해냈던 것이다. 페니키아의 문자는 표음문자로 지중해연안 모든 곳에 전파되었다. 이들 문자가 기원전 8세기에 그리스인에게 전해지면서 모음이 덧붙여져 오늘날 알파벳의 모체가 되었다.

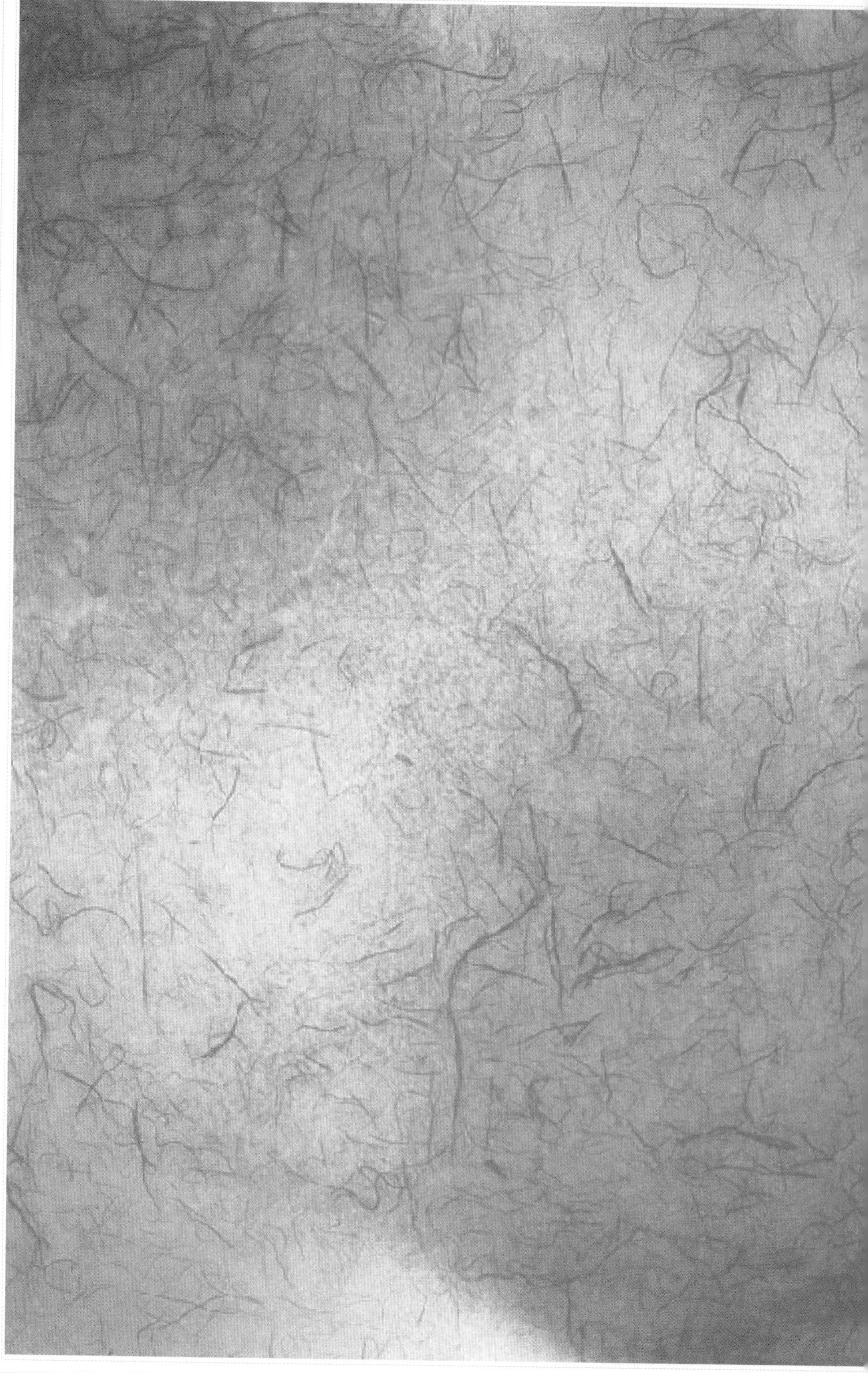

이야기 한국사

고구려

고구려 시조 주몽
(BC 37~19 재위)

성은 고(高)이며 이름은 주몽(朱蒙), 추모(鄒牟), 상해(象解), 추몽(鄒蒙), 중모(中牟), 중모(仲牟), 도모(都牟) 등으로 전해지고 있다.

유화부인과 주몽의 탄생

어느 날, 해모수가 말을 타고 아리수(압록강)를 돌아보던 중 목욕하는 아가씨를 발견했다. 해모수는 아가씨에게 다가가 물었다.

"그대는 누구인가?"

"예, 소녀는 웅신산에 살고 있는 하백의 딸 유화라고 합니다."

"허? 이런 곳에서도 사람이 사는구나. 날도 저물고 길이 멀어 그대의 집에 유숙을 부탁해도 되겠나."

"곤란합니다. 지금 소녀의 아비가 집에 없습니다."

"걱정하지 마라."

해모수는 유화를 안심시킨 후 하룻밤을 묵었다. 그렇지만 해모수는 자신의 욕정을 이기지 못해 유화에게 사랑을 고백하고 정을 나누었다. 그 다음 날, 해모수는 유하에게 이 말을 남기고 성으로 돌아갔다.

"나는 천제의 아들인데, 오늘 급히 하늘나라로 돌아가야 한다."

며칠 후 화백이 돌아왔다. 하백에게는 딸이 셋 있었는데, 유화가

무용총의 무용도

첫째고 훤화가 둘째고 위화가 셋째 딸이었다. 동생들은 유화에게 있었던 이야기를 아버지에게 고자질했다.

화가 난 하백은 유화를 집에서 내쫓았다. 이에 유화는 해모수를 만나기 위해 태백산 남쪽 우발수로 갔다. 유화가 우발수 강가에서 방황하고 있을 때 사냥하던 동부여 금와왕이 그녀를 발견하고 물었다.

"무슨 일로 방황을 하고 있는가?"

"소녀는 웅심 산에 살고 있는 하백의 딸입니다."

"무슨 연유로 이곳까지 왔느냐?"

금와왕은 유화에게 이야기를 듣고 그녀를 자신의 궁에서 살게 하였다. 금와왕은 가섭원에 동부여를 세운 해부루의 아들이다. 해부루가 늙도록 자식이 없어 명산을 찾아다니며 기도했다. 그러던 중 바위 밑에서 개구리 모양에다가 몸에서 금빛을 발산하고 있는 아기를 발견했다. 이 아기가 바로 해부루의 대를 이어 왕이 된 금와왕이다.

동부여 궁에서 살게 된 유화는 출산의 고통을 겪다가 큰 알을 낳았다. 금와왕은 유화가 알을 낳았다는 소식을 듣고 신하들에게 명령했다.

"해괴한 일이구나. 사람이 알을 낳다니. 필시 불길한 징조니 알을 돼지먹이로 주어라!"

신하들은 알을 돼지에게 주었지만 알을 피했다. 그러

> **유화부인**
>
> 전설상의 인물로, 중국 물의 신인 하백의 딸이라고 전해진다. 전설에 의하면 북부여의 시조인 해모수와 정을 통하여 후에 동명왕이 된 주몽을 낳았다고 한다.

자 신하는 금와왕에게 보고했다. 그는 또다시 명을 내렸다.

"그래? 그러면 길에다가 버려라."

역시 가축들은 모두 알을 피해 다녔다. 그러자 이번엔 들판에 버리도록 명했다. 들판에 버려진 알은 새들이 날아와 품어주었다. 금와왕은 어쩔 수 없다며 알을 유화부인에게 돌려주라고 했다. 알을 돌려받은 유화부인은 이불에 싸서 따뜻한 곳에 두자 며칠 후 건강한 사내아이가 알을 깨고 나왔다.

알에서 태어난 사내아이는 7살이 되었고 누구에게도 배우지 않았지만 스스로 활과 화살을 만들었다. 더구나 화살을 쏘기만 하면 모두 백발백중이었다. 유화부인은 아이가 활을 잘 쏜다고 붙인 이름이 주몽이다.

이때 금와왕은 태자 대소를 비롯해 7명의 왕자가 있었다. 주몽은 그들과 함께 자랐지만 그의 재주에 질투하기 시작했다.

이 사실을 알아차린 금와왕은 주몽을 보호하기 위해 마구간으로 보내 말을 돌보게 했다. 그러자 유화부인은 주몽에게 타일렀다.

"주몽아, 마구간에서 제일 잘 달리는 말을 고른 후 야위게 만들어야 한다. 그 대신 다른 말들은 먹이를 많이 주어 살을 찌워라."

"그렇게 하겠습니다."

시간이 지나면서 주몽이 고른 말은 몹시 야위었고, 다른 말들은 살이 올라 보기 좋았다. 그러 던 어느 날, 금와왕이

해모수(解慕漱, ?~?)

북부여의 시조이다. 전설상의 인물로 흘승골성에 도읍하고 나라를 세워 국호를 북부여라 칭하였다. 천제(天帝)의 아들로 하백(河伯)의 딸 유화와 사통하여 고구려 시조 주몽을 낳았다.

마구간에 들렸다가 여윈 말을 보고 놀라며 물었다.

"주몽아, 저 말은 왜 저렇게 말랐느냐?"

"대왕마마! 저의 불찰이옵니다."

"그럴 수도 있겠지…. 저 마른 말을 너에게 주겠다. 이제부터 마구간 일을 그만두고 저 말을 잘 키워봐라."

주몽은 여윈 말을 명마로 길러냈다. 세월이 흘러 주몽은 20살이 되었다. 유하부인은 주몽과 예씨를 맺어 주었다. 그렇지만 태자 대소를 비롯한 7왕자들은 주몽을 해치기 위해 호시탐탐 기회를 노리고 있었다. 그래서 주몽은 그들을 떠나기로 마음먹었다. 때마침 어머니 유화부인 역시 주몽을 불러 부여궁을 떠나라고 했다.

이 말을 들은 주몽은 곧장 임신 중인 아내에게 달려가 칼집에서 칼을 뽑아 두 동강 낸 후 반쪽을 아내에게 주면서 이렇게 말했다.

"부인, 반쪽의 칼을 일곱 모서리가 있는 돌 위 소나무 밑에 묻어 두겠소. 만약 사내아이가 태어나면 이것을 찾은 후 나에게 보내시오."

그런 다음 주몽은 심복 오이와 협보와 마리 등을 불렀다.

"난 오늘 이곳을 떠나기로 결정했다."

"형님, 어디로 가시려고 하십니까?"

"남쪽으로 내려가 나라를 세우겠다."

금와왕

금와(金蛙)는 동부여의 제2대 군주이며 주몽설화에서 주몽의 어머니인 유화부인과 관련하여 자주 나타난다. 성은 해(解)씨이다.

"저희들도 함께 따르겠습니다."

주몽은 그들과 함께 자신이 길러온 명마를 타고 부여궁을 떠났다. 이 사실을 늦게 보고받은 태자 대소는 군사들을 데리고 주몽을 쫓았다. 그러나 앞서 떠간 주몽일행은 엄호수에 도착했다. 하지만 강이 깊어 건널 수가 없음을 알고 고민하고 있었다. 이때 일행 중 한 사람이 외쳤다.

"형님, 물고기와 자라들이 다리를 놓고 있습니다."

주몽일행이 무사히 강을 건너자 물고기와 자라들은 감쪽같이 사라졌다. 이들 일행은 모둔골에 도착했는데, 이곳에서 기골이 장대한 무골, 재사, 묵거 등을 만났다. 주몽은 이들에게 자신의 뜻을 말했다.

"내가 큰 뜻을 품고 나라를 세우려고 하오. 오늘 세분을 만난 것은 하늘의 뜻으로 생각하오."

"거둬만 주신다면 충성으로 따르겠습니다."

이에 주몽은 임무를 맡기고 졸본으로 갔는데 이곳은 땅이 기름져 도읍을 정하기엔 안성맞춤이었다. 22세의 주몽은 비류수 강가에 초가를 짓고 나라이름을 고구려(기원전 37년)라고 불렀다.

유리왕의 황조가

주몽과 예씨 사이에서 태어난 아들 유리가 어린 시절 부여궁에서 화살로 장난치다가 어느 부인이 머리에 짊어지고 가는 물동이를 맞춰 깨트렸다. 그러자 화가 난 부인은 유리를 쫓아오면서 욕을 하였다.

"아비 없는 자식이라 어쩔 수 없어!"

이 말을 들은 유리는 어머니에게 왜 아버지가 없냐고 따졌다. 그러자 예씨부인은 유리가 컸다고 생각해 숨겨왔던 이야기를 해 주었다.

"너의 아버지는 고구려를 세운 분이시다. 네 아버지는 칼을 부러뜨려 반쪽을 일곱 모서리가 있는 돌 위 소나무아래에 묻어둘 테니 찾아서 널 보내라고 하셨다."

유리는 이튿날부터 반쪽 칼을 찾았지만 쉽지 않았다. 하지만 포기하지 않고 열심히 칼을 찾고 있던 어느 날, 자기 집 주춧돌 틈에서 알 수 없는 소리가 들렸다.

그 주춧돌은 일곱 모서리였고 기둥은 소나무로 되어 있었다. 그곳에 반쪽 칼날이 끼워져 있었다. 유리는 칼을 가지고 아버지 주몽을 찾아갔다. 주몽은 유리가 내민 반쪽 칼을 보자 기뻐하며 왕자로 맞았다.

유리 왕자는 송양국의 딸 다물도주를 왕비로 맞이했다. 주몽이 죽고 고구려 2대 왕으로 즉위한 22년 후 졸본을 떠나 국내성으로 도읍지를 옮겼다. 이곳에서 위나암 성을 쌓고 왕궁을 지었다.

유리왕은 왕비 송 씨가 죽자 골천 사람 화희와 한나라 사람 치희를 부인으로 맞았다. 하지만 두 부인은 유리왕을 놓고 서로 질투하기 시작했다. 그래서 유리왕은 양곡에 두 개의 궁전을 지어 서로 떨어져 살게 했다.

유리왕은 기산으로 7일 동안 사냥을 갔다가 돌아왔다. 그동안 두 부인은 싸움했고 그 결과 치희가 자신의 집으로 돌아가 버렸다.

유리왕은 치희 집으로 찾아가 달랬지만 헛수고였다. 어쩔 수 없이 유리왕은 혼자 궁으로 돌아오면서 안타까운 마음에서 시 한 수를 읊었다. 이것이 '황조가' 다.

훨훨 나는 꾀꼬리는 /
암놈, 수놈 쌍을 지어 노닐건만 /
외로이 홀로 있는 이내 몸은 /
누구와 함께 돌아갈거나

유리왕(BC 19~AD 18 재위)

주몽의 맏아들이며 고구려 제2대 왕으로 휘(諱)는 유리(類利), 유류(儒留), 주류(朱留)이다. 일명 유리명왕(瑠璃明王)이라고도 한다. 도읍을 홀본(忽本)에서 국내성(國內城)으로 옮기고 위나암성(尉那巖城)을 쌓았다. 13년 부여가 침공해오자 격퇴했고 14년엔 군사 2만으로 양맥(梁貊)을 치고 다시 한나라의 고구려현(高句麗縣)을 점령했다.

찢겨진 자명고

호동왕자는 고구려 3대 대무신왕의 아들로 기골이 장대하고 성격이 쾌활하며 명랑했다. 어느 날, 호동왕자가 옥저로 여행을 떠났는데, 낙랑국왕 최리가 첫눈에 반하고 말았다. 최리왕은 호동왕자를 왕검성으로 초청한 다음 사위로 삼겠다고 맘을 먹었다. 그래서 최리왕은 호동왕자에게 자신의 딸인 낙랑공주를 소개시켰다. 호동왕자 역시 그녀에게 반해 아내로 맞아들이겠다고 결심했다.

낙랑국에 머물면서 호동왕자는 공주에게 온 마음이 쏠려 있었다. 여행을 마치고 고구려로 돌아온 호동왕자는 아버지 대무신왕에게 자신의 뜻을 말했다.

"아바마마! 낙랑공주를 아내로 맞이하고 싶습니다."

그러나 대무신왕은 아무 대답도 하지 않았다.

"아바마마, 왜 말씀이 없으십니까?"

대무신왕은 대답대신 다른 말을 끄집어냈다.

"결혼보다 낙랑국을 정벌해 우리의 옛 땅을 되찾는 것이 시급하구나."

"아바마마의 뜻을 충분히 알고 있습니다."

대무신왕은 호동왕자의 의중을 파악한 다음 낙랑공주와의 혼인을 허락했다. 얼마 후 호동왕자는 낙랑공주를 아내로 맞이했고 서로가 행복한 나날을 보냈다. 그러나 아버지 대무신왕은 낙랑국을 정벌하기 위해 계획을 세우고 있었다.

이때 낙랑국엔 자명고라는 큰북이 있었다. 이 북은 적이 침략하면 저절로 울렸다. 그래서 고구려는 낙랑국을 정벌하기 위해 먼저 자명고를 제거해야만 했다. 이에 대무신왕은 호동왕자에게 자명고를 제거하라는 명을 내렸다.

호동왕자는 부왕의 명을 거역할 수가 없어서 고민을 하다가 낙랑공주에게 사실을 말했다. 낙랑공주 역시 호동왕자의 말을 듣지 않을 수가 없었다. 그래서 낙랑공주는 자진해서 나섰다.

"제가 친정으로 가서 자명고를 찢겠습니다."

이렇게 말을 마친 낙랑공주는 남편을 위해 친정인 낙랑국으로 갔다. 그러자 최리왕은 딸을 반갑게 맞이하면서 고구려에 대해 물었다.

"애야, 지금 고구려 정세는 어떠냐?"

"무슨 말씀이신지…요?"

"그쪽의 군대나 군사의 수를 묻는 것이다."

이 말을 들은 낙랑공주는 아버지 최리왕이 고구려 정복을 위해 정략적으로 자신을 시집보냈다는 것을 알았다. 이에 실망한 낙랑공주는 사랑하는 남편의 나라를 위해 자명고를 찢어버렸다.

그 순간 고구려의 호동왕

호동왕자(?~32년)

고구려의 제3대 대무신왕의 맏아들로 대무신왕과 차비(次妃) 갈사왕의 손녀 사이에서 태어났다. 삼국사기는 호동의 성씨를 별도로 기록하지 않고 있다. 따라서 고구려 초기 왕족의 성씨는 고(高)씨인지 해(解)씨인지가 불분명기 때문에 성씨가 불분명하다.

낙랑공주(?~32)

낙랑군의 태수 최리(崔理)의 딸이다.

자가 군사를 이끌고 낙랑국으로 쳐들어왔다. 하지만 낙랑국은 자명고가 울리지 않아 고구려군사가 침략했다는 것을 까마득하게 모르고 있었다.

"대왕, 큰일 났습니다. 고구려가 쳐들어왔습니다."

이 보고를 받은 최리왕은 자명고가 있는 곳으로 갔다. 그런데 자명고가 칼에 찢겨져 있었다. 이에 화가 난 최리왕은 딸인 공주를 참형시켰다. 이 사실을 보고받은 호동왕자는 아내 낙랑공주를 안고 한없이 눈물만 흘렸다.

낙랑국을 정벌한 호동왕자가 고구려로 돌아가자 그의 용맹성에 칭찬을 받았다. 그렇지만 그는 기쁨보다 가슴만 더 아팠다. 때마침 호동왕자의 세력이 확산되자 부왕의 왕비가 모함했다.

"폐하, 호동왕자가 대왕의 자리를 노리고 있습니다."

이 말을 들은 대무신왕은 호동왕자를 의심하기 시작했다. 그러자 그를 믿는 부하들은 부왕에게 억울한 사실을 고하라고 건의했다. 하지만 호동왕자는 부하들의 말을 듣지 않고 효도를 지키기 위해 32년 11월 자살하고 말았다.

광개토대왕의 활약

광개토대왕은 고구려 고국양왕의 아들이며 19대 임금으로 즉위했다. 광개토대왕은 넓은 만주 땅을 차지하면서 고구려를 동북아시아에서 최고의 국가로 만들었다.

391년 18세로 왕위에 올랐을 때 고구려는 남북으로 침략을 받고 있었다. 특히 할아버지 고국원왕 때는 중국 전연의 침략을 자주 받아왔다.

고국원왕 12년(342년)엔 연나라왕 모용황이 5만 명의 군사를 이끌고 국내성에 침입했다. 그는 궁궐을 불태웠고 고국원왕 아버지 미천왕의 무덤에서 시신까지 꺼내갔다. 이와 함게 왕의 어머니와 고구려 백성 5만 명을 인질로 잡아갔다. 또 고국원왕 41년(371년)엔 백제 근초고왕이 3만 명의 군사를 이끌고 평양성을 공격해 왔다. 이때 고국원왕은 전쟁터에서 전사했다.

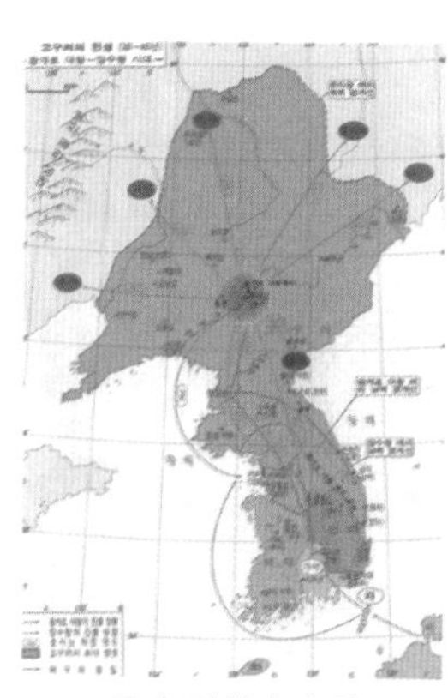
고구려 전성기의 영토

복수를 꿈꾸며 왕위에 오른 광개토대왕은 연호를 '영락'으로 사용해 고구려가 독립국가임을 선포했다. 이에 백성들은 광개토대왕을 '영락대왕' 또는 '호태왕'으로 불렀다.

392년 7월, 4만 명으로 하북의 백제성 10여 곳을 함락시켰는데, 이것은 고구려가 20년 만에 거둔 대승리였다. 같은 해 10월엔 20일 만에 백제 관미성을 함락시켜 백제북방의 주요요새까지 점령하고 말았다. 그 뒤 백제가 옛 영토를 찾고자 자주 침입했지만 격퇴시키면서 남쪽 국경선에 성 7개를 쌓았다.

395년 12월엔 기병 3천 명을 데리고 송화강까지 진격해 북쪽변방을 괴롭히던 비려를 정벌했다. 귀국 후 백제의 아신왕이 공격해오자 수군을 앞세워 남쪽으로 갔다. 396년 고구려군은 한강을 넘어 백제의 서울 위례성을 포위하자 아신왕은 항복하고 말았다.

광개토대왕은 항복한 아신왕을 살려주는 대신 그의 동생과 대신 10여명을 볼모로 데리고 돌아왔다. 광개토대왕이 돌아가자 아신왕은 복수를 위해 일본에 구원 요청했다. 이에 출전준비를 하고 있던 광개토대왕은 때마침 신라사신이 찾아와 왜구들이 쳐들어 왔다며 구원을 요청했다.

광개토대왕은 보병과 기병 등 5만 명의 군사를 신라에 보내 왜구들을 무찔렀다. 이때 백제 아신왕은 고구려군이 신라에서 왜구를 전멸시켰다는 소문을 듣고 후퇴했다.

얼마 뒤 후연의 모용희가 3만 명의 대군으로 고구려 북방요새인 신성과 남소성을 함락시켰다. 광개토대왕은 이번 침략을 계기로 오래전부터 꿈꿔온 후연을 쳐 영토를 넓히겠다고 결심했다.

402년, 마침내 광개토대왕은 6만 명의 군사를 이끌고

광개토대왕(374~413, 391~413 재위)

고구려 제19대 왕으로 이름은 담덕(談德)이다. 고국양왕의 태자로 18세에 왕위에 올랐으며 불교를 신봉하였다. 남북으로 영토를 크게 넓혀 만주와 한강이북을 차지하는 등 고구려의 전성시대를 이룩했다.

후연 정벌에 나섰다. 요하를 건너 숙군성을 향해 만주벌판으로 진군했다. 당시 숙군성에는 후연의 장수 모용귀가 있었다.

광개토대왕은 화살에 항복하라는 편지를 달아 모용귀 진영으로 쏘았다. 이에 화가 난 모용귀는 부하장수를 성위로 보내 외치게 했다.

"목숨이 아까우면 하루빨리 돌아가라!"

이에 광개토대왕은 화살시위를 당겨 소리친 장수를 쏘아 죽이자 전쟁이 시작되었다. 하지만 고구려의 공격을 받은 모용귀는 패하여 북문으로 달아났다.

숙군성이 함락되었다는 소식을 접한 후연의 다른 성주들은 겁을 먹어 달아나기에 급급했다. 이에 따라 고구려군은 현도성과 요동성까지 점령할 수 있었다. 또한 광개토대왕은 고구려 북쪽 동부여를 정벌하기로 했다. 그러자 동부여왕은 순순히 항복했고 이런 여세를 몰아 숙신족까지 정벌하면서 고구려는 만주의 넓은 땅을 차지하게 되었다. 광개토대왕은 병을 앓다가 413년 40세로 죽고 왕자 거련이 고구려 20대 장수왕으로 즉위했다.

광개토대왕비

을지문덕과 살수대첩

영양왕 9년(598년), 평원왕 때 말갈족이 고구려를 치기 위해 1만 명을 이끌고 영주를 공격해왔다. 이때 수나라 문제는 한왕 양과 왕세적을 원수로 명해 30만 대군을 이끌고 고구려를 공격했다.

그러나 한왕 양의 군사가 음유관에 도착했을 땐 심한 장마철이었다. 그래서 보급로가 끊어져 군량미가 부족했고 전염병까지 돌았다. 이에 수나라는 주라후에게 바닷길을 이용해 평양을 공격하도록 했다.

그러나 때아닌 폭풍우로 수많은 배가 침몰되었고, 남은 군사들이 평양근처에 도착했지만 고구려의 공격으로 전멸했다. 한 마디로 수나라 30만 대군은 싸워보지도 못하고 패전한 것이다.

영양왕 23년, 수나라 문제의 아들 양제는 2백만 대군을 앞세워 고구려를 침공했다. 두 나라 군사들은 요하를 사이에 두고 첫 번째 전투를 벌였다. 수나라 양제는 공부상서 우문개에게 부교를 만들어 사용하게 했지만 실패했다. 하지만 수나라군은 이틀 만에 서쪽 언덕에서 부교를 완성해 요하를 건너 요동성을 에워싸고 공격했지만 성은 쉽게 함락되지 않았다.

계절이 바뀌어 여름이 되었지만 성은 꿈쩍도 하지 않았기 때문에 도리어 수나라 군사들은 사기가 떨어졌다. 그러자 양제는 하는 수 없이 요동성 서쪽에 위치한 육합성에 머물렀다.

한편 좌익위 대장군 내호아는 수군을 거느리고 패수로 쳐들어

와 평양성을 위협했다. 이때 부총관 주법상이 자신의 작전을 건의했다.

"기다렸다가 뒤에서 오는 군사들과 함께 공격합시다."

그러나 내호아는 그의 말을 듣지 않고 고집만 부렸으며, 수나라 군사들은 공격을 시작했다. 그렇지만 고구려 군사들은 성안 빈 절에 숨어 있었고, 일부는 성 밖으로 나와 싸우는 척하다가 도망쳤다. 그러자 수나라 군사들은 성안까지 고구려 군사들을 쫓아왔다가 물건을 약탈하기 위해 흩어졌다.

그때 숨어있던 고구려 군사들의 일사분란한 공격으로 수나라 군사를 공격해 전멸시켰다. 그렇지만 내호아만은 간신히 목숨만 부지한 채 해포로 도망쳐 진을 쌓은 후 싸울 생각을 못했다.

이때 좌익위 대장군 우문술은 부여도로 나오고, 우익위 대장군 우중문은 낙랑도로 나왔다. 그 밖의 수나라 군사들은 요동성을 돌아 압록강부근으로 모였다.

이때 을지문덕 장군은 깊은 생각에 잠겼다가 직접 동태를 살펴보기로 했다. 그러자 장수들은 한결같이 말렸다.

"직접 적의동태를 살피러 적진에 가시는 것은 매우 위험합니다."

"걱정하지 마라. 나에게도 계략이 있다."

을지문덕 장군은 거짓 항복

> **을지문덕(乙支文德, 567년? ~ 629년?)**
>
> 고구려 영양왕 때의 장군으로 영양왕 23년(612)에 중국 수나라 양제가 고구려에 대군을 이끌고 쳐들어오자 이를 살수에서 물리쳤다. 지략과 무용에 뛰어났으며 시문에도 능하였다. 살수대첩에서 적장 우중문에게 전한 전략적인 오언 절구의 시 「유우중문시(遺于仲文詩)」가 전해진다.

문서를 가지고 배를 타고 적진으로 향했다. 이것을 본 우중문과 우문술은 기뻐서 박수를 쳤다.

"을지문덕도 별 수 없는 모양이군. 제 발로 항복하러 찾아오다니."

강기슭에 배를 정박한 을지문덕 장군은 적진으로 걸어갔다. 이때 수나라군사들 모두가 지쳐있다는 것을 알았다. 우중문은 을지문덕 장군이 들어오는 것을 보았다.

우중문은 이미 양제의 밀서를 가지고 있었다. 밀서엔 '만일, 고구려왕이나 을지문덕이 오면 반드시 사로잡아야 한다' 라고 씌어 있었다. 을지문덕 장군은 우중문에게 거짓 항복문서를 꺼내 주었다.

그러자 우중문이 고함을 치며 을지문덕 장군을 체포하라고 명령하자 장군은 여유롭게 웃으며 말했다.

"허어. 수나라가 이렇게 소인배인줄을 몰랐소."

"소인배라고?"

"한나라 사신이 항복문서를 가지고 왔는데 졸개취급을 하고 있지 않소."

그러자 우중문은 을지문덕 장군을 체포하려고 다가온 군사들을 물리쳤다.

"장군, 내가 너무 흥분했소. 그러니 돌아가서 당신 왕에게 조공문제를 해결하고 다시 돌아오시오."

우중문은 얼떨결에 을지문덕 장군을 놓아주었다. 그러자 을지문덕 장군은 재빨리 배를 타고 강 중산쯤 선너왔을 때 우중문은 그제야 양제의 밀서가 생각났다.

우중문은 급히 부하를 시켜 을지문덕 장군을 다시 불렀지만 못 들은 척하고 강을 건너왔다. 얼마 후 을지문덕 장군은 우중문에게 조롱의 시를 지어 보냈다. 그러자 우중문은 을지문덕이 보낸 시를 보고 분을 삭이지 못했다. 이때 우문술이 의견을 내놓았다.

"장군, 지금 군량미가 바닥났습니다. 지금 돌아가야 합니다."

"무슨 말을 하는 것이냐? 대군으로 작은 적을 이기지 못하고 돌아가면 무슨 낯으로 황제를 뵙겠냐?"

이에 양제는 우중문의 주장에 찬성한 후 그를 총사령관으로 임명해 전군 통솔권을 주었다. 병권을 쥔 우중문의 공격으로 압록강을 중심으로 고구려와 전쟁이 시작되었다. 이때 을지문덕 장군은 수나라 군사들을 지치고 굶주리게 하는 작전을 사용했다.

"모든 군량미를 평양성으로 속히 옮겨라!"

배가 고픈 수나라 군사들이 압록강을 건너 공격했지만 먹을 것이 없었다. 그러자 우중문은 군사들에게 평양성에는 먹을 것이 많다며 공격명령을 내렸다.

을지문덕 장군

이에 고구려 군사들은 살수에서 일부러 패하며 달아났다. 더구나 작전상 천천히 퇴각하면서 평양성으로 들어가 성문을 굳게 닫았다. 이어 수나라 군사들은 평양성을 겹겹이 에워쌌지만 너무 조용했다. 그러자 우문술은 또 다시 을지문덕이 잔꾀로 쓴다고 생각했다.

우문술은 부하를 시켜 성문을 두들기게 했다. 그러자 성안 쪽에서 이런 연락이 왔다.

"지금 항복문서를 꾸미고 모든 것을 정리할 테니 며칠 말미를 주시오."

이 말에 우문술은 우쭐했지만 며칠이 지나도 성안에서는 아무런 기별이 없었다. 화가 난 우문술은 또 다시 부하에게 성문을 두들기게 했다. 그러자 성안에서 연락이 왔다.

"지금 수나라 황제와 군사들을 위해 음식준비를 하고 있소. 그런데 아직 술과 고기준비가 부족해 소를 잡고 있소이다. 준비될 때까지 2~3일만 더 기다려 주시오."

우문술은 기뻐하며 군사들에게 알리자 굶주림에 지쳐 있어 더욱 배가 고파졌다. 하지만 약속한 사흘이 지났지만 성안에서는 아무런 말도 없었다. 화가 난 우문술과 우중문은 성문으로 달려가 발로 걷어찼다. 그때 성루에서 을지문덕 장군이 내려다보자 우문술은 급히 몸을 피하면서 물었다.

"어째서 매번 약속을 어기는 것이요? 기다리라고 한 날이 벌써 8일이나 되었소."

"대국사람들은 그렇게 성질이 급하오? 조금만 참으시오."

"우리에게 항복하겠다고 약속하지 않았소."

"곧 항복할 테니 군사들을 모두 물리시오!"

"뭐? 지금까지 우리를 가지고 놀았단 말이지!"

이렇게 흥분했지만 수나라 군사들은 지치고 굶주려 있어 평양성을 공격할 힘도 없었다. 이에 우문술과 우중문은 후퇴하기 시작했다. 이때 고구려 군사들이 일제히 성 밖으로 나와 공격했다.

이에 놀란 수나라 군사들은 살수까지 도망쳤지만 그곳엔 모든 다리가 끊어지고 배 한척도 없었다. 이때 스님들이 바지를 걷어 올리고 강을 건너가는 것을 본 수나라 군사들은 모두 강물로 뛰어들었다.

수나라 군사들이 강 한복판에 도착했을 때 강 위쪽에서 갑자기 거센 물결이 휘몰아치며 내려왔다. 을지문덕 장군이 군사들을 시켜 미리 막아놓은 보를 무너트리게 했던 것이었다.

이때 수장된 수나라 군사들은 모두 30만 명이었으며 살아서 돌아간 숫자는 2천7백여 명이었다. 이것이 유명한 을지문덕 장군의 살수대첩이다. 이후 수양제는 두 번이나 고구려를 침략한 후유증으로 나라까지 멸망했다.

안시성과 양만춘 장군

618년 수나라가 망하고 당나라가 들어서면서 고구려와 화친정책을 폈다. 이때 고구려는 연개소문이 대막리지가 되어 정권을 잡고 신라 당항성을 공격하고 있었다.

그러자 신라는 당나라에 구원을 요청했고 당 태종 이세민은 고구려를 칠 좋은 기회로 생각해 승낙했다.

당나라의 첫 전투는 고구려 28대 보장왕 3년(644년) 여름, 요동성을 중심으로 건안성, 개모성, 비사성, 신성 등에서 벌어졌다. 이때 당 태종은 한 달 이상의 전투로 요동성을 함락시켰다.

그 다음 대군을 이끌고 안시성을 공격했는데, 이때 안시성을 지키고 있는 장군은 양만춘이었다. 그는 군사와 성안의 백성과 단결하여 용감하게 싸웠고, 이에 당 태종은 하루에 6,7차례 공격을 했지만 끄덕도 없었다.

그러자 당 태종은 군사들에게 안시성 옆에 흙 언덕을 쌓으라고 지시했다. 이에 양만춘 장군이 부하들에게 명령했다.

그날 밤 성에서 몰래 나온 고구려 군사들은 돈대를 완전히 허물어버렸다. 아침에 이것을 본 당태종은 돈대를 다시 쌓도록 명

> **양만춘(楊萬春, ?~?)**
>
> 고구려 보장왕 때 안시성의 성주이다. 정사에서는 전하지 않고 송준길(宋浚吉)의 『동춘당선생별집(同春堂先生別集)』과 박지원(朴趾源)의 『열하일기(熱河日記)』 등 야사에만 이름이 나온다.

령했다.

당나라 군사들은 두 달 동안 50만 명을 동원해 성 옆에다가 흙산을 쌓았다. 그 후 당 태종은 흙산 꼭대기에 올라가 성안을 살펴다보았다. 그러자 양만춘 장군은 또 다시 명령하여 흙산을 파헤치게 했다.

당 태종은 다음 날 아침 흙산이 파헤쳐진 것을 보고 화가 나 안시성을 향해 소리쳤다.

"양만춘! 목숨을 부지하려면 빨리 항복하라!"

그 순간 안시성에서 화살이 날아와 당 태종의 갑옷에 맞힌 후 외쳤다.

"이세민! 포기하고 군사를 되돌리지 않으면 머리통을 뚫겠다!"

당 태종을 향해 양만춘 장군이 화살을 겨누자 가슴이 철렁했다. 진영으로 돌아온 당 태종은 어찌할 바를 몰랐다. 이때 보급로가 차단되었다며 부하의 보고를 받았다. 당 태종은 할 수 없이 군사들에게 퇴각명령을 내렸다.

당 태종이 군사들과 함께 퇴각할 때 고구려 군사들의 맹공이 시작되었다. 당 태종은 막대한 피해를 입고 돌아갔다. 하지만 647년, 649년에 고구려를 두 번이나 침공했지만 모두 패했다.

바보온달과 평강공주

고구려 25대 평원왕 때 평양성 주변의 산속에 나무꾼 바보온달이 장님인 늙은 어머니와 함께 살고 있었다. 그가 너무 효성이 지극하다는 소문이 왕까지 알고 있었다.

평원왕의 슬하에는 왕자와 어린 평강공주가 있었다. 그런데 평강공주는 걸핏하면 울었기 때문에 별명이 울보였다. 더구나 고집이 너무 강해 한 번 울면 울음을 그치지 않았다. 이에 평원왕은 공주가 울 때마다 이렇게 달랬다.

"자꾸 울면 바보온달에게 시집보낸다."

공주는 평원왕으로부터 이 소리를 16세까지 들으며 자랐다. 평원왕은 혼기에 찬 공주를 시집보내기로 하고 은근히 물었다.

"이 아비가 봐둔 사람이 있는데 괜찮겠느냐?"

"싫습니다."

"왜 그러느냐?"

"아바마마는 소녀를 바보온달에게 시집보낸다고 미리 말씀하셨잖습니까?"

"그것은 너의 울음을 그치기 위해 해본 소리였다."

"아바마마, 소녀는 바보온달이 아니면 결혼을 포기하겠습니다."

"허~어! 가관이군. 내 뜻대로 하려거든 내 앞에서 썩 없어져라!"

이에 평강공주는 온달을 찾기 위해 대궐을 나와 묻고 물었다. 드디어 평강공주는 온달의 집을 찾았다. 그러나 온달은 집에 없고 장님인 그의 어머니만 있었다.

"저~ 여기가 온달님 댁인가요?"

"그렇소만, 아가씨는 뉘시오?"

"저는, 평강공주입니다."

"뭐라고? 공주님이 누추한 저희 집에 웬일로 오셨습니까?"

그러자 평강공주는 자초지종 모든 것을 이야기 한 다음 온달 어머니에게 큰절을 올렸다. 한편 산에서 나무를 지고 돌아온 온달은 부엌에 있는 아가씨를 보고 놀랐다. 놀라는 온달에게 어머니는 모든 것을 설명했다.

이때부터 평강공주는 온달에게 글과 무술을 가르치기 시작했다. 이때 조정은 매년 3월3일이 되면 낙랑에서 사냥대회를 열었는데 온달이 우승을 했다. 그러자 평원왕은 온달에게 누구냐고 물었다.

"이름이 무엇이냐?"

"온달이라고 하옵니다."

"뭐? 온달이라고! 네가 그 바보온달이란 말이냐?"

"그렇습니다. 제가 바보온달입니다. 평강공주님이 가리켜 준 무술을 익혀 출전한 것입니다."

왕은 온달과 평강공주를 반갑게 맞아 혼인잔치를 베풀었다. 그런 후 중국

> **온달(溫達, ?~590)**
>
> 고구려의 장군이다. 살림이 구차하여 구걸로 어머니를 봉양했고, 남루한 옷차림으로 거리를 다녔기 때문에 바보온달로 불렸다. 그는 평강공주(平岡公主)와 결혼했다. 후주(後周)의 무제(武帝)가 요동을 거쳐 고구려에 침입하자 선봉에 나서 승전해 제1 전공자가 되고 대형(大兄)작위를 받았다. 영양왕(?陽王) 1년(590년) 신라에게 빼앗긴 한강 이북 땅을 탈환하고자 출정해 아단성(阿旦城)에서 전사했다.

후주의 무제가 침략해왔다. 그러자 온달이 선봉장이 되어 적을 무찔렀고, 그 공을 인정받아 대형이란 벼슬에 이르면서 고구려의 명장이 되었다.

온달장군은 고구려의 옛 땅을 회복하기 위해 아차산성에서 신라군과 싸우다가 전사했다. 전사한 온달장군의 관을 옮기려고 했지만 꿈쩍도 하지 않았다. 이때 평강공주가 울면서 관을 어루만지자 움직였다.

고구려의 멸망

보장왕 19년 가을 어느 날, 3일 동안 대동강물이 핏빛으로 물들었다. 이것으로 민심은 극도로 어지러워졌다.

몇 달 후 겨울이었다. 당나라의 좌효위 대장군 설필 하력과 포주자사 정명진이 고구려를 침략했다. 이에 고구려군은 당나라군과 용감하게 싸우다가 3만 여명이 죽고 나머지는 항복하고 말았다. 그때 갑자기 군대를 철수시키라는 당나라 황제의 명령으로 모두 퇴각했다.

보장왕 25년에 연개소문이 죽고 그의 맏아들 남생이 막리지가 되었다. 남생은 변방을 시찰하기 위해 떠나면서 아우 남건과 남산에게 나랏일을 맡겼다.

이때 간신배들이 이들 형제간을 이간질 시키자 남생은 부하를 시켜 몰래 두 동생의 움직임을 살피라고 하였다.

그러나 두 동생은 남생이 보낸 부하를 붙잡은 다음 어명으로 형을 불렀지만 고구려로 돌아오지 않았다. 이에 남건은 스스로 막리지가 되어 남생을 죽였다.

남생은 국내성으로 피신한 후 당나라에 구원을 요청했고, 이것이 고구려가

연개소문(淵蓋蘇文, 603~ 665년?)

고구려 말기의 정치인이자 군인으로, 일명 개금(蓋金)으로도 불린다. 대대로(大對盧)가 된 후 영류왕을 죽이고 보장왕을 추대해 스스로 대막리지(大莫離支)가 되어 정권을 장악했다. 보장왕 3년(644)에 당태종의 17만 대군을 안시성에서 격파한 인물이다.

망하게 된 동기가 되었다. 이 기회를 노린 당나라에서는 이적을 출전시켜 요동의 여러 성을 함락시켰다. 이듬해 가을, 이적은 신성을 함락시켰고 설인귀, 유인궤, 학처준 등은 평양성을 공격했다. 이로써 고구려는 남생 형제들의 싸움으로 668년 9월에 멸망하고 말았다.

로마의 탄생

로마의 역사는 티베르 강가를 중심으로 시작되었다. 로물루스는 카피톨리노 언덕 위에 도시를 세우고 이름을 로마라고 명명했다. 로마를 다스리는 사람은 왕이었고, 왕은 군사를 거느리고 지휘할 수 있는 권한과 재판할 수 있는 권한을 비롯해 제사장을 맡았다. 로마인들은 한때 에트루리아 왕의 지배를 받았지만, 기원전 6세기 말에 귀족과 평민들이 그를 몰아냈다.

기원전 450년, 로마 최초의 성문법으로 12동판 법이 만들어졌다. 12동판 법에는 민사소송법, 사법, 형법, 제사법, 가족법, 상속법 등이 들어있다.

기병전술을 쓰는 로마는 강적 에트루리아인을 상대로 전쟁을 시작했지만 보병전술에 번번이 곤경에 빠지고 말았다. 이에 로마군은 에트루리아군과 맞서기 위해 보병전술로 바꾸면서 산악지대 종족들을 모두 무찔렀다. 기원전 396년 마침내 에트루리아의 중심세력이던 베이이를 몰아냈다.

율리우스 카이사르의 굴욕

율리우스 카이사르는 그리스신화에 나오는 아이네아스 계보의 귀족집안에서 태어났다.

카이사르는 일찍이 수사학과 변론술을 배우기 위해 로도스 섬으로 유학을 떠났다. 그가 에게해를 항해하던 도중 해적들에게 잡히고 말았다. 해적들은 그를 풀어주는 대가로 몸값을 요구했다, 그러자 그는 그들이 요구한 금액의 두 배를 주고 풀려났다.

카이사르는 아무 말 없이 몸값을 지불하고 풀려난 직후 로마로 돌아와 곧바로 해적토벌에 참여해 자신을 잡았던 해적들은 전멸시켰다.

카이사르는 타고난 웅변실력으로 술라의 독재를 비난했다. 하지만 여러 관직을 두루 거쳐 승진했으며 돈으로 시민들로부터 인기를 누렸다. 당시 로마는 돈과 개인군사를 가진 자만이 정치에 관련하면서 권력까지 휘둘렀다. 카이사르도 이와 마찬가지였다.

그가 에스파냐 총독자리에 부임하기 위해 로마를 떠나려고 할 때 채권자들이 돈을 받기 위해 몰려들었다. 빚을 지게 된 이유는 시민들에게 인기를 얻기 위해 재산을 탕진하고 그것도 모자라 빚까지 썼던 것이다.

채권자들의 독촉에 시달리리다가 로마 최고 부자이자 폼페이우스의 정적 크라수스를 찾아가 도움을 청했다. 그러자 크라수스는 그에게 도움을 주면 폼페이우스를 충분히 다룰 수 있을 것이라는 생각에 선뜻 허락했다.

카이사르는 에스파냐에서 로마의 명령에 따르지 않는 원주민들을 무력으로 제압했다. 그러나 항복해 오면 인정을 베풀었기 때문에 인기가 최고였다. 그러면서 그는 열심히 재산을 모으기 시작했다.

그는 기원전 60년에 집정관에 당선이 되었고, 집정관이 된 다음 원로원을 물리치면서 폼페이우스와 크라수스 등과 삼두정치를 펼쳤다.

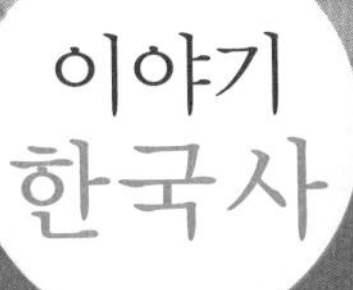

백제

백제의 시조 온조왕
(BC18~AD18 재위)

온조완(溫祚王)의 아버지는 고구려의 시조인 주몽이다. 어머니는 주몽이 졸본부여에서 아내로 맞은 졸본부여공주 혹은 월군녀(越郡女)라고 한다.

백제의 탄생

주몽과 졸본부여왕의 둘째딸 소서노 사이에서 비류와 온조 형제가 태어났다. 백제의 탄생은 주몽이 소서노와 결혼하여 두 형제를 낳은 뒤 갑자기 유리가 찾아와 태자로 책봉되면서 시작되었다.

유리가 세자로 책봉되자 비류와 온조는 오간과 마려 등 10여 명의 신하를 비롯해 자신을 따르는 백성들을 데리고 남쪽으로 내려갔다. 한산에 도착한 비류와 온조는 언덕에 올라가 지형을 살폈다. 이때 신하들은 하남 땅이 도읍지로 좋다고 했다. 그러나 비류는 마음에 들지 않다며 자신을 따르는 무리와 함께 미추홀에 정착해 도읍했다.

먼저 온조는 기원전 18년에 하남위례성에 도읍을 정하고 나라이름을 십제라고 정했다. 이때 비류와 함께 미추홀로 간 백성들은 토지에 물기가 많고 물맛이 짜 온조에게 되돌아왔다. 이에 비류는 자신의 선택이 잘못된 것을 후회하다가 죽었다.

이후 온조는 나라이름을 십제에서 백제로 고쳤는데,

소서노(召西奴, BC 66년?~BC 6년?)

비류를 시조로 하는 백제 건국설화에서 나오는 비류와 온조의 어머니이자 고구려 동명성왕 주몽의 두 번째 부인이다. 연타발(延陀勃)의 딸이며, 북부여왕 해부루의 서손(庶孫)인 우태와 처음에 혼인하였다. 우태 사후, 동명성왕과 혼인하여 그를 도와 고구려 건국에 일조했다. 이후 부여에 있던 동명성왕의 장자 유리명왕이 고구려에 올 때 주몽과 결별하고 비류와 온조 두 아들과 함께 남하하여 백제를 건국했다.

백제란 백성들이 즐겨 따랐다고 해 지어진 것이다. 또한 백제는 고구려와 함께 부여에서 나왔기 때문에 성 이름조차 부여라고 했다.

효자인 온조왕은 아버지 주몽을 위해 사당을 세웠다. 온조왕 2년 어느 날, 왕은 여러 신하들에게 예언했다.

"우리나라 북쪽과 경계를 맞대고 있는 말갈이 침략의 기회를 엿보고 있소. 그들의 침략을 막기 위해 무기를 수선하고 군량미를 비축해야 될 것이요"

형제지간에서 원수로 변한 백제와 고구려

한수유역에 자리 잡은 백제의 온조왕은 세력을 점차적으로 키워 나갔다. 그의 뒤를 이어, 2대 다루왕, 3대 기루왕, 4대 개루왕, 5대 초고왕, 6대 구수왕 등이 차례로 영토를 넓혔다. 그 후 8대 고이왕 때부터 나라의 기틀이 갖춰지기 시작했다.

백제의 왕들은 붉고 큰소매의 곤룡포를 입었으며 머리엔 황금색 꽃으로 장식한 비단 관을 썼다. 19대 책계왕이 대방군 태수의 딸 보과를 왕비로 맞은 얼마 뒤 고구려 13대 서천왕이 대방군을 공격했다. 그러자 대방군은 사위나라인 백제에 원병을 요청하자 흔쾌히 승낙했다. 이로 인해 백제와 고구려는 멸망할 때까지 원수지간이 되었다.

고구려는 백제가 낙랑군을 넘본다는 구실을 내세워 침략해 책계왕을 죽였다. 298년 책계왕의 뒤를 이어 맏아들이 10대 분서왕으로 즉위한 후 복수의 칼을 갈았다. 하지만 304년 분서왕 역시 낙랑 자객에게 암살당하고 말았다.

금동대향로

분서왕이 죽자 구수왕의 둘째 아들 비류가 11대 왕위에 이었다. 분서왕의 적자가 왕위를 계승하지 못한 이유는 나이가 너무 어렸기 때문이다. 그렇지만 비류왕 다음으로 분서왕의 아들이 12대 계왕으로 즉위했다.

그러나 346년 계왕은 즉위 3년 만에 죽고 비류왕의 둘째 아들이 13대 근초고왕으로 즉위했다. 근초고왕은 고구려에 대한 복수로 군사력을 키워 3만 명의 대군을 이끌고 고구려를 공격했다.

백제군과 고구려군은 패수를 사이에 두고 맞섰다. 이때 근초고왕의 태자가 선봉에 서서 공격명령을 내리자 백제군은 고구려군 진영으로 화살을 퍼부었다. 그런 다음 군사들이 돌격하면서 창과 칼을 휘두르자 고구려군은 추풍낙엽처럼 쓰러졌다.

이때 고구려는 고국원왕이 친히 싸움터에 나왔다가 백제군의 화살을 맞고 말에서 떨어졌다. 그러자 근초고왕의 태자가 고국원왕을 사로잡기 위해 돌진했지만, 막고해 장군이 말고삐를 잡았다.

"장군, 왜 그러십니까?"

"저하, 고구려왕은 이미 죽었습니다."

"그래? 그렇다면 이번 기회에 고구려를 멸해야 합니다!"

"저하, 참으십시오. 옛 말에 만족함을 알면 욕이 되지 않고, 그칠 줄 알면 위태로움이 없다고 했습니다."

주지육림으로 나라를 망친 백제의 왕들

태자 수는 백제 14대 근구수왕으로 즉위해 10년 동안 통치했다. 그 다음으로 맏아들이 백제 15대 침류왕으로 즉위했지만 2년 만에 죽었다. 그 뒤를 이어 침류왕의 동생이 16대 진사왕으로 즉위했다.

진사왕은 백성들과 함께 태평세월을 누리면서 궁전을 아름답게 지었다. 궁전이 완성되자 그는 나라일보다 오직 사냥과 놀이에만 집중했다. 이에 백제는 국력이 점점 쇠약해지면서 고구려에게 침략의 빌미를 주었다.

백제 21대 개로왕 땐 고구려의 침략을 견디지 못해 위나라에 사신을 보내 고구려토벌을 청했지만 거절당했다. 그럼에도 불구하고 개로왕은 한강변에 토성을 쌓고 궁궐을 더더욱 화려하게 조성했다.

475년에 고구려 장수왕의 공격으로 개로왕은 한성을 빼앗기고 고구려군사에게 잡혀 죽었다. 이때 백제는 고구려의 침략을 대비해 신라와 동맹을 맺었지만, 신라군 1만여 명이 백제에 도착하기 전에 패하고 말았다.

미륵사지석탑

개로왕의 뒤를 이어 백제 22대 문주왕이 즉위했다. 문주왕은 도읍지를 웅지(공주)

로 옮긴 후 부왕의 복수를 노렸다. 하지만 정신적인 충격으로 나랏일을 좌평 해구에게 맡겼는데, 그는 반역의 음모를 꾸몄다.

문주왕이 죽자 백제 23대 삼근왕이 13세의 나이로 뒤를 이었다. 그렇지만 해구가 권력을 쥐고 맘대로 휘두르다가 대신들로부터 미움을 샀다. 이 사실을 눈치 챈 해구는 대두성에서 반란을 일으켰다.

그러자 덕솔 진로가 군사 5백 명을 동원해 해구를 죽이고 반란군을 진압했다. 이때 해구와 반란을 일으킨 연신이 고구려로 달아나 백제의 모든 비밀을 말해주었다. 479년 삼근왕이 재위 3년 만에 죽자 그의 사촌이 백제 24대 동성왕으로 즉위했다.

동성왕은 활을 잘 쏘고 담력이 뛰어났으며 성격까지 호탕했다. 그는 즉위 초부터 고구려의 침략을 막기 위해 신라와 동맹관계를 맺기 위해 정략적으로 결혼했다.

결혼 이듬해 고구려가 신라를 공격한다는 말을 듣자 동성왕은 1천 명의 군사를 파병해 고구려를 물리쳤다. 또 다시 고구려가 백제의 치양성을 공격하자 신라에서는 덕지 장군을 보내 백

무녕왕(武寧王, 461년 혹은 462년 ~523년, 501년~523년 재위)

백제의 제25대 왕으로 성은 부여(扶餘)이다. 무령왕릉에서 발견된 지석에 따르면 462년 태어났고 이름은 사마(斯痲) 또는 융(隆)이다. 그러나 아버지에 대해서는 이견이 많다. 『일본서기』에는 개로왕의 동생인 곤지왕자의 아들이고, 동성왕의 이복형으로 기록되어 있다. 그렇지만 『삼국사기』 백제본기와 『삼국유사』에는 동성왕의 둘째 아들로 기록되어 있지만 무령왕릉의 지석에 따라 삼근왕과 동성왕보다 나이가 많은 것으로 밝혀져 신뢰받지 못하고 있다.

제를 구원했다.

그렇지만 동성왕 역시 궁궐 동쪽에 임류각을 짓고 왕비와 궁녀들을 데리고 잔치로 세월을 보내면서 나랏일을 돌보지 않았다. 더구나 흉년까지 겹쳐 전국에 도적떼가 들끓고 거리엔 걸식하는 백성들로 가득했다. 보다 못한 신하들은 동성왕에게 정사에 힘쓰라고 충언했다.

하지만 동성왕은 신하들의 말을 무시하자 좌평 백가가 나서서 왕을 살해했다. 그 다음 동성왕의 둘째 아들이 백제 25대 무녕왕으로 즉위하면서 나라를 안정시켰다. 하지만 고구려와 말갈과의 수많은 전쟁으로 백성들의 생활은 역시 궁핍했다.

무녕왕이 죽고 뒤를 이어 백제 26대 성왕이 즉위하면서 신라와의 동맹관계를 더더욱 다져나갔다. 그러나 고구려의 끊임없는 침략으로 538년에 도읍지를 웅진에서 사비(부여)로 옮긴 후 국호를 남부여로 개칭했다.

충신과 간신은 종이 한 장 차이

사비성으로 도읍지를 옮긴 백제 성왕은 중국 양나라와 교역하면서 남조문화를 받아들여 찬란한 백제문화를 완성시켰다.

그러나 국력이 강해진 신라는 백제를 압박했고, 신라 24대 진흥왕 때 백제를 침략해 한산주와 삼년산성을 빼앗고 옥천까지 공격했다. 이에 성왕은 크게 분노했다.

"우리는 고구려와 맞서기 위해 신라와 맺은 동맹관계가 백년인데, 이렇게 배신할 수가 있는가! 내가 친히 신라를 공격하겠다."

성왕 32년(554년) 7월, 성왕은 직접 대군을 이끌고 관산성으로 나가 싸우다가 전사하면서 패하고 말았다. 이후부터 두 나라는 원수지간이 되었다.

554년 성왕의 뒤를 이어 태자 창이 백제 27대 위적왕으로 즉위했다. 왕은 부왕의 원수를 갚기 위해 신라의 국경을 위협했다. 백제 30대 무왕은 신라의 아막산성을 공격했지만 완벽한 승리를 이루지 못했다.

무왕은 왕흥사를 짓도록 했다. 이 사찰은 무왕 1년에 착공하여 600년에 준공되었다. 무왕은 왕흥사 낙성을 축하하기 위해 운하를 백마강에서 20여리나 떨어진 대궐 앞까지 파게 했다.

국력이 강해진 백제는 신라의 옥문곡을 기습으로 공격했지만 김유신의 방어로 실패했다. 백제의 마지막 왕인 31대 의자왕은 무왕의 맏아들이다. 그는 어릴 때부터 효성이 지극했고, 형제간의 우애가 돈독해 '해동증자' 로 불렸다.

의자왕은 당나라와 친교정책을 폈고, 이에 당나라 태종은 의자왕을 '주국대방군공 백제왕'으로 책봉했다.

의자왕은 즉위 초에 나라를 안정시키고 군사를 훈련시키며 영토 확장에 힘썼다. 의자왕 2년(642년), 왕은 군사를 이끌고 신라를 공격해 미후성 등 40여 성을 함락시켰다. 같은 해 윤충에게 1만여 명의 군사를 내주어 대야성을 함락시키면서 대승을 거두었다.

의자왕 3년에는 적대관계를 풀고 고구려에게 화친을 청했으며, 신라를 멸망시키겠다고 마음먹었다. 더구나 당항성을 빼앗아 신라와 당나라 간의 교역통로를 막았다.

이에 신라 선덕여왕은 당나라에 구원을 청했고, 당나라 태종은 의지왕에게 압력을 행사해 군사를 철수시켰다. 또한 의자왕 13년(655년)에는 일본과도 외교관계를 맺어 신라를 제압하기도 했다.

그러나 의자왕 15년 이후, 왕은 즉위 초와는 달리 궁전 남쪽에 정자를 짓고 궁녀들과 함께 주지육림에 빠지고 말았다. 이때 후궁사이에 태어난 왕자만 모두 41명이나 되었다고 한다.

이에 백성들의 원망이 하늘을 찔렀지만 의자왕은 이를 무시한 채 아버지 무왕처럼 나랏돈을 탕진했다. 그때 충신 좌평 성충이 의자왕에게 충언했다.

"대왕마마, 성충이옵니다."

"누구라고?"

의자왕은 술에 취해 비틀거리며 성충을 노려보았지만 그는 충심으로 간언했다.

"대왕마마, 하루속히 도탄에 빠진 백성들을 구하고 정사에 힘쓰십시오."

"뭐라고? 네까짓 것이 뭔데! 썩 물러가지 못할까!"

"대왕마마! 신라는 당나라와 연합해 우리를 노리고 있습니다."

"에이! 시끄럽다고 했다! 여봐라! 저 늙은 놈을 당장 하옥시켜라. 하하하…. 감히 신라가 백제를 친다고?"

옥에 갇힌 성충은 의자왕에게 상소문을 올렸다.

'충신은 죽음을 맞아도 임금을 잊지 않습니다. 대왕마마, 마지막으로 아룁니다. 만약 외적이 침략해 오면 육로로는 탄현을 넘지 못하게 하시고, 수로로는 기벌포의 언덕을 들어서지 못하게 하옵소서.'

그러나 의자왕은 성충의 상소문을 찢어버렸다. 이 소식을 접한 성충은 28일 동안 단식하다가 죽었다. 그가 죽은 지 2년 후부터 나라에는 이상한 징조들이 나타났다.

궁중에 흰 여우 떼가 나타났고 사비수(백마강)에는 세 길이나 되는 죽은 물고기가 떠올랐다. 또한 키가 18자나 되는 여인의 시체가 생초진에서 발견되었고, 궁중에는 매일 밤마다 귀신의 울음소리가 난무했다. 그리고 배의 돛대가 큰물을 따라 절로 들어오는 것을 왕흥사 중들이 보았고, 노루처럼 생긴 개가 사비수 언덕에 올라와 대궐을 향해 짖다가 사라지기도 했다. 같은 해의 어느 날, 귀신이 대궐 안으로 들어와 백제가 망한다고 외친 후 땅 속으로 사라졌다. 군사들이 그곳을 파헤치자 거북 한 마리가 나왔는데 등에는 이런 글이 적혀 있었다.

'백제는 보름달 같고, 신라는 초승달 같다.'

그러자 의자왕은 거북등의 글을 점쟁이에게 보여주면서 풀이를 명했다.

"백제가 보름달 같다는 것은 달이 꽉 찼으니 기울어진다는 뜻이고, 신라는 초승달 같다는 것은 곧 보름달같이 된다는 뜻이옵니다."

이 소리에 의자왕은 화를 내며 점쟁이를 죽이라고 명하자 그는 겁을 먹고 거짓으로 아뢰었다.

"백제는 보름달처럼 강하고, 신라는 초승달처럼 약하다는 뜻이옵니다."

660년 당나라 고종은 소정방에게 13만 대군을 내주며 백제를 공격하라고 했다. 신라도 당나라와 연합해 백제를 공격할 준비를 끝낸 상태였다.

소정방은 성산을 출발해 바다를 건너 백제의 도성 서쪽 덕물도에 도착했다. 신라의 무열왕은 김유신에게 5만의 정예군을 이끌게 했다. 모월모시에 의자왕은 신라와 당나라 연합군이 쳐들어온다는 보고를 받고 정신을 차렸다.

그러나 술이 덜 깬 의자왕은 대신들을 불러 어전회의를 열었다. 이때 좌평 의직이 의자왕에게 아뢰었다.

"당나라군은 물에 익숙하지 못해 군사가 배에 남아있기 어려울 것입니다. 그들이 뭍으로 내려와 대열을 갖

의자왕(義慈王, 595/9년~660년, 641년~660년 재위)

백제의 제31대 마지막 왕이다. 642년에 신라를 공격하여 미후성(??城) 등 많은 지역을 점령하고, 고구려와 화친하는 등 기울어져 가는 국위의 선양에 힘썼다. 만년에 사치와 방탕에 흘러, 660년에 나당 연합군에게 항복하여 당에 압송되었다가 병사했다. .

추기 전 공격하면 승산이 있을 것입니다. 이에 당나라군들을 믿는 신라군은 감히 공격하지 못할 것입니다."

이 말에 달솔 상영 등이 의직의 의견에 반대했다.

"당나라군들은 멀리서 왔기 때문에 싸움을 서두를 것입니다. 그래서 그들의 기세를 꺾을 수가 없습니다. 그렇지만 신라군들은 우리에게 적수가 못됩니다. 이에 따라 먼저 당나라군들의 진로를 막고 한편으론 신라군을 공격한 후 전군이 합세하여 싸우도록 하십시오."

몇 달 전 좌평 흥수가 의자왕의 문란한 행동을 말리다가 도리어 고마미지로 귀양 보내졌다. 문득 흥수가 생각난 의자왕은 즉시 사람을 보내어 흥수에게 의견을 묻도록 했다. 그러자 흥수는 이렇게 대답했다.

"당나라군은 대군에 군율이 엄격합니다. 따라서 넓은 들판에서 당나라군과 싸운다면 이길 수가 없습니다. 우선 백강과 탄현의 길목을 지켜 당나라군이 들어오지 못하게 막고, 신라군은 탄현을 넘지 못하게 막으시면 됩니다. 그런 다음 대왕께서는 성문을 굳게 닫고 지키시옵소서. 그러면 두 나라 군사들은 군량미가 떨어지고 지칠 것입니다. 그때를 노려 공격하면 섬멸할 수가 있습니다."

능산리고분

그렇지만 의자왕과 대신들은 흥수의 의견이 옥에서 굶어죽은 성충의 상소문과 같다고 반대한 다음 이런 대책 안을 내놓았다.

"당나라군이 백강에 들어와도 배를 나란히 띄울 수 없을 것입니다. 또한 신라군이 탄현을 넘더라도 좁은 통로 때문에 말들이 한꺼번에 들어오지 못할 것입니다. 그때를 기회로 삼아 공격하면 적들을 섬멸할 수 있습니다."

의자왕은 결국 충신들의 계략을 물리치고 대신들의 의견을 따랐다.

백제의 멸망

신라 명장 김유신은 5만 명의 군사와 함께 백제로 들어왔지만 무혈로 탄현을 통과했다. 이때 당나라군은 백강에 도착해 진을 치고 있었다. 의자왕은 어떻게 적을 막느냐는 문제를 고민하면서 시간만 보냈다. 이때 계백 장군이 이렇게 아뢰었다.

"신 계백이 직접 전쟁터로 나가겠습니다."

"장군 고맙소. 이제부터 장군에게 백제의 운명은 걸겠소."

그렇지만 계백 장군이 거느린 군사는 고작 5천이었다. 계백 장군은 5천의 결사대와 함께 황산벌에서 신라군과 싸우다가 전사했다.

신라군은 사비성을 총공격했고 당나라군들은 백강어귀에서 패한 직후 상륙작전을 감행해 30만 대군으로 하여금 사비성을 공격했다. 이때 의지왕은 태자 효와 함께 궁궐을 탈출해 부소산을 거쳐 웅진성으로 피했다. 그러자 궁녀들 역시 의자왕을 따르려고 했지만 서로가 뒤엉켜 진퇴양난이었다. 따라서 궁녀들은 적에게 치욕을 당하는 것보다 죽음이 낫다고 판단해 백마강으로 몸을 던졌다. 오늘날

> **김유신(金庾信, 595년~673년)**
>
> 화랑출신의 신라의 명장이다. 가야국의 시조 수로왕의 12대손으로 태종 무열왕 7년에 당나라 소정방과 함께 백제를 멸망시키고, 문무왕 8년에 고구려를 정벌한 후 당나라 군사를 축출하는데 힘써 삼국통일의 기반을 다졌다. 835년 흥무대왕(興武大王)으로 추존되었다.

이곳은 낙화암으로 불리고 있으며, 강물에 뛰어든 궁녀만 무려 3천 명이나 되었다고 한다.

한편 의자왕이 피신하자 셋째 왕자 융은 좌평 각가를 시켜 당나라 소정방에게 군사를 철수시켜 달라는 글을 전했다. 그렇지만 소정방이 묵살하자 융은 어쩔 수 없이 항복했다. 그때 신라 세자 법민은 융을 꿇어앉힌 후 말했다.

"20년 전 네 아버지 의자왕이 내 누이동생을 죽였다. 그것으로 하여금 원한을 사게 했다."

얼마 후 의자왕은 태자와 함께 사비성으로 들어와 당나라 소정방과 신라 태종무열왕에게 항복했다. 소정방은 의자왕과 효와 왕자 태를 비롯해 융과 1만2천여 명의 포로를 끌고 당나라고 돌아갔다. 678년 결국 백제는 31왕 만에 멸망하고 말았다.

계백장군 동상

계백과 5천 결사대

계백 장군은 의자왕 때 달솔이란 벼슬자리에 있었다. 의자왕 20년(660년)에 당나라 소정방이 30만 대군을 바다로, 신라 김유신은 5만 군사를 이끌고 육지로 침략해왔다.

그러자 계백 장군은 의자왕의 명으로 5천 결사대를 조직했다. 그는 황산벌로 나가기 전 집에 들렀다.

"싸움터로 나가지만 앞날을 예측할 수가 없구나. 내가 죽어 처와 자식이 적의 노예가 되는 것보다 내 손에 죽는 것이 훨씬 행복할 것이다."

계백 장군은 처와 자식들을 모두 죽이고 싸움터인 황산벌로 향했다. 그는 지형에 따라 3영을 쌓고 결사대에게 외쳤다.

"들어라! 옛날 월나라 왕 구천은 5천으로 오나라 70만 대군을 물리쳤다! 우리군의 수가 적다고 하지만 죽음을 각오하고 싸운다면 결코 승리할 것이다!"

황산벌에서 신라군과 맞붙은 백제군은 4차례의 접전으로 적군 1만여 명을 섬멸했다. 그러나 70만 대군 앞에서 계백 장군은 부하들과 함께 장렬하게 전사했다.

> **계백(階伯, ? ~ 660년)**
>
> 백제 말기에 달솔을 지낸 군인이다. 660년 백제의 결사대 5천을 이끌고 황산벌 전투에서 5만여 신라군을 맞아 싸웠다. 『삼국사기』에 열전이 남아 있다. 흥수, 성충과 함께 백제의 3충신이라 불린다. 묘소는 충남 논산군 부적면 충곡리에 있다.

오도아케르와 로마제국의 멸망

로마는 율리아누스가 죽자 동방과 북방 이민족들의 잦은 침입으로 쇠락의 길로 접어들었다.

가장 좋은 예로 아시아에서 이주한 훈족은 375년에 볼가강을 건너 게르만족 계열인 서고트족을 몰아냈다. 그러자 서고트족은 로마제국으로의 이주를 신청했는데, 로마황제는 받아들이지 않고 트라키아로 이주하라고 하였다. 이에 불만을 품은 고트족은 폭동을 일으켰다.

이때 다른 이민족들이 순식간에 로마제국으로 밀려들어왔다. 378년 이들의 유입을 막기 위해 전투를 벌이다가 발렌스 황제가 전사하면서 군대까지 전멸했다.

382년 로마 황제 테오도시우스 1세는 고트족에게 도나우강 남쪽 황무지를 내주고 자치까지 허락했다. 그러나 군사만은 로마제국으로 보내야 한다는 조건을 내세웠다. 고트족의 자치가 시발점이 되면서 반달족과 프랑크족까지 자치정부를 세웠다.

이처럼 게르만족의 침입으로 로마주변정세가 격변되고 있음에도 불구하고 황제는 종교정책에만 정신을 쏟고 있었다.

또한 환제 테오도시우스 1세는 죽을 때 제국을 동서로 나눠 두 아들에게 물려주었다. 동과 서는 각기 다른 독립국가로 발전되면서 결국 로마는 동로마와 서로마로 갈라져 멸망의 길로 접어들었다.

410년 라인강 방어선이 허술한 틈을 노린 게르만족들이 서로마제국을 공격했다. 이와 동시에 유럽대륙을 공포로 몰아넣었던 훈족이 대군을 이끌고 침략했다. 일명 신의 채찍으로 불리는 훈족은 날쌘 기동력으로 연전연승을 거두었다.

이때 서고트족과 프랑크족이 중심이 된 게르만족의 혼성부대를 이끈 로마 장군 아에티우스가 카탈라우눔 전투에 참가해 간신히 훈족을 물리쳤다. 하지만 곧바로 아프리카 반달족이 서로마제국을 공격했다.

그렇지만 황제가 자주 바뀌는 바람에 서로마제국은 결국 혼란 속에 빠지고 말았다. 그러자 게르만족의 대장 오도아케르가 반란을 일으켜 로마를 멸망시키고 스스로 이탈리아 왕이 되었다.

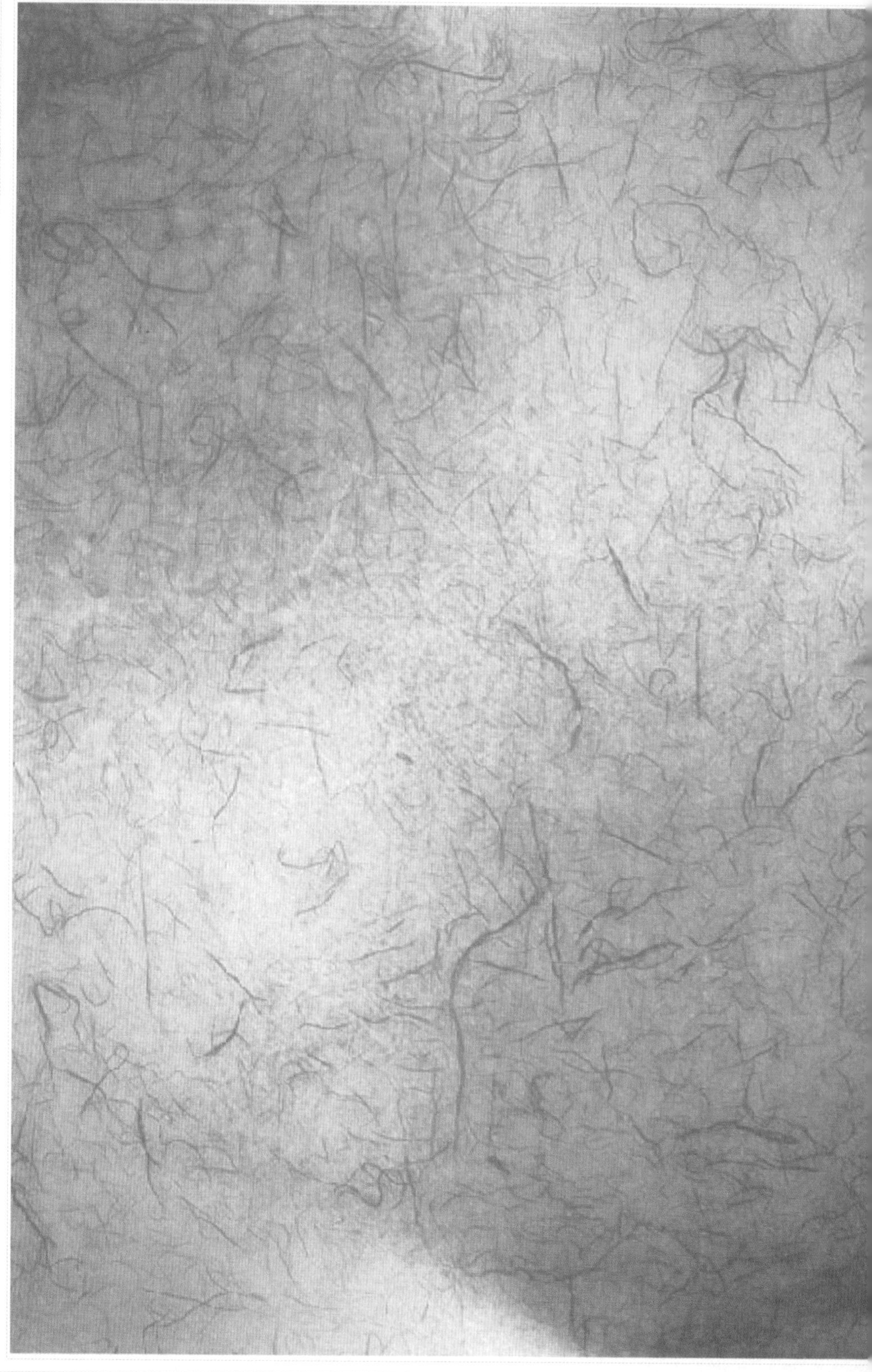

신라

박혁거세

(BC57~AD 4 재위)

왕호는 거서간(居西干). 박 씨의 시조이며 일명 불구내(弗矩內)라고도 한다. 왕비는 사량(沙梁) 출신의 알영부인(閼英夫人)이다.

박혁거세의 탄생

서라벌의 넓은 들 가운데는 알천이 흐르고 이곳을 중심으로 알천 양산촌, 돌산 고허촌, 취산 진지촌, 무산 대수촌, 금산 가리촌, 명활산 고야촌 등 여섯 마을이 자리 잡고 있었다. 각 마을에는 촌장이 별도로 있었고 큰일이 있을 때면 모두 한자리에 모여 회의를 했다.

촌장들은 양산촌의 알평, 고허촌의 소벌공, 진지촌의 지백호, 대수촌이 구례마, 가리촌의 지타, 고야촌의 호진 등이다. 여섯 마을 회의 의장은 연장자인 고허촌 소벌공이 맡았다. 어느 날 여섯 촌장들은 알천 동쪽에서 건국에 대한 회의를 했다.

"여섯 마을을 다스리는 왕이 있어야 하지 않겠소?"

"그렇습니다. 그러면 누구를 왕으로 추대하면 좋겠소?"

이 말이 끝나기가 무섭게 갑자기 하늘에서 한줄기 빛이 내려와 양산촌 나정우물 옆에 있는 숲속을 비췄다. 촌장들을 동시에 빛이 닿은 곳에서 백마 한필이 무릎을 꿇고 하늘을 향해 절하는 모

> **소벌공(?~?)**
>
> 소벌도리(蘇伐道理)라고도 부르는 신라 초기의 씨족장이다. 그는 서라벌 6촌 중 돌산고허촌(突山高墟村)의 촌장이다. 다른 이름으로는 소도리(蘇都利)다. 소는 철을 비롯한 금속류를 가리키는 고유어 '쇠', 도리는 고유어 인명인 '돌이' 연결된다. 진주 소씨 족보에 따르면 소벌도리는 진한의 초대 군주 소백손(蘇伯孫)의 5대손이다. 김춘추에 의해 문열왕(文烈王)에 추봉되었다고 하며 최 씨와 소씨의 공동 조상이라 한다.

습을 보았다. 그래서 촌장들은 황급히 달려갔지만, 백마는 울음소리를 낸 뒤 하늘로 사라지고 말았다.

하지만 촌장들은 백마가 절을 하던 곳에 놓여있는 커다란 알을 발견했다. 그때 호기심이 많은 촌장 한사람이 알을 만지는 순간 알이 깨졌다. 깨진 알에는 건강한 사내아이가 방실거리며 웃고 있었다. 아이를 알에서 꺼내자 몸에서 알 수 없는 향내와 광채가 환하게 빛났다.

촌장들의 결정에 따라 소벌공이 사내아이를 기르기로 했다. 그는 아이의 이름을 고민하다가 박처럼 큰 알에서 나왔다고 성을 박 씨로, 이름은 세상을 밝게 다스린다는 뜻으로 혁거세로 지었다.

이 사내아이는 기원전 57년 4월 13세의 나이로 왕이 되었다. 그때 백성들은 그를 '거서간' 으로 불렀다. 도읍지 서라벌은 땅이 기름지고 비가 알맞게 내렸다.

그가 왕위로 올랐을 때부터 서라벌은 매년 풍년이 들었고, 모든 것이 넉넉한 태평세월이었다. 그가 즉위한지 5년째 되었을 때 알영과 혼인했다.

박혁거세가 태어날 때, 양산마을 알영정 우물가에 용이 구름을 타고 내려왔다. 용은 겨드랑이 갈비뼈 밑에서 여자아이를 낳은 후 하늘로 올라가버렸다. 이 여자아이를 마을 할머니가 데려왔는데, 입술모양이 부리처럼 쑥 나와 있었다. 그때 샘물로 입술을 씻자 본래의 입술로 돌아갔다. 할머니는 여자아이가 알영정에서 태어났다고 이름을 알영으로 지었다. 박혁거세는 왕이 된 후 61년 만에 죽었다.

가야국 시조 김수로왕

낙동강 하류는 예로부터 땅이 기름져 매년 풍년이 들었는데, 이를 감사하기 위해 족장들은 함께 모여 풍년제를 지냈다.

"천제님, 올해도 풍년이 들게 해주시어 감사합니다."

그때 하늘에서 우렁찬 소리가 천지를 진동했다.

"아래에 누가 왔느냐?"

"아홉 족장들이 있사옵니다."

"너희의 정성에 감동받아 선물을 내리겠다. 지금 산봉우리의 흙을 파면서 거북노래를 불러라. 또한 춤도 반드시 춰야 하느니라. 그러면 너희를 다스릴 사람을 만날 것이다."

일제히 족장들은 천제의 명대로 행하자 갑자기 하늘에서 무지개가 나타나면서 보자기에 싸인 궤짝 하나가 내려왔다. 족장들은 궤짝을 향해 절하고 뚜껑을 열었다.

그 속에는 여섯 개의 황금색 알이 들어 있었다. 족장의 우두머리 아도간이 여섯 개의 알을 집으로 가져와 따뜻한 곳에 두었다. 얼마 후 여섯 개의 알에서 남자아이들이 나왔다. 그러나 남자아이들은 순식간에 어른으로

김수로왕(?~199, 42~199년 재위)

가야(伽倻)의 시조로 수릉(首陵)이라고도 하며 김해김씨의 시조이다. 하늘로부터 김해의 구지봉에 내려와 6가야를 세웠다는 여섯 형제의 맏아들이다. 석탈해와 재주를 겨뤄 이긴 뒤 가락국의 왕 자리를 지켰고, 파사 이사금 때에는 실직곡국과 음즙벌국 사이의 영토 분쟁을 중재하였다. 부인은 아유타국 공주인 허황옥(許黃玉)이며, 156세나 살았다는 신화적 인물이다.

성장했다.

이때 맨 먼저 나온 남자의 이름을 수로라고 짓고, 성은 금궤에서 나왔다고 해 김 씨로 정했다. 아도간은 그를 금관가야 왕으로 추대했다. 며칠 후 김수로왕은 신하들에게 이렇게 말했다.

"오늘, 왕후가 될 여인이 바닷가에 도착할 것이니 마중하라."

기이하게 생각한 신하들은 바닷가로 달려가자 그곳엔 시종을 거느린 처녀가 보물을 가지고 도착해 있었다.

"소녀는 16세의 인도 아유타국의 공주랍니다. 성은 허 씨고 이름은 황옥입니다. 어느 날 천제님께서 꿈에 나타나 금관가야국 수로왕에게 시집가라고 해서 왔습니다."

김수로왕은 그녀를 맞이해 황후로 삼았다. 또한 김수로왕과 함께 알에서 나온 사내아이들 역시 다른 곳에서 왕이 되었다. 낙동강하류에 분포되어 있던 변한의 12개 나라가 금관가야, 아라가야, 성산가야, 대가야, 고령가야, 소가야 등으로 발전했다.

가야연합의 세력이 확장되면서 신라를 위협했으며 일본까지 진출하여 문화를 전파했다. 이와 함께 최초로 낙랑과 대방 등의 한나라 군현과 일본 등지에 철을 수출하기도 했다.

그러나 신라 23대 법흥왕 19년에 금관가야를 비롯한 모든 가야국들이 신라로 복속되었다. 가야국의 철기문화와 농업기술은 신라부흥에 원동력이 되었다. 또한 김유신 장군도 금관가야의 왕족 출신이었고, 가야금의 대명사 우륵 역시 가야출신이다.

가배에서 유래된 한가위

신라 유리왕은 잠행을 나갔다가 한 노파가 추위와 허기에 쓰러져 있는 것을 발견했다. 그는 자신의 잘못이라고 생각해 노파에게 옷과 음식을 내린 후 유사에게 명했다.

"홀아비와 홀어미, 고아와 늙은이, 병으로 능력이 없는 백성을 모두 나라에서 먹여 살리도록 하라!"

그러자 이웃나라 백성들까지 신라로 몰려오고, 때마침 풍년까지 들어 '도솔가'가 온 나라에 퍼졌다.

유리왕은 6부의 이름을 고치면서 성씨를 하사했다. 성씨의 내력은 양산부를 양부로 고치고 성을 이 씨, 고허부는 사량부로 고치고 성을 최 씨, 대수부는 모량부로 고치고 성을 손 씨, 간진부는 본피부로 고치고 성을 정 씨, 가리부는 한지부로 고치고 성을 배 씨, 명활부는 습비부로 고치고 성을 설 씨 등이다.

이때 관리제도는 17관등제를 실시했는데, 6부가 정해지면서 6부 여자를 두 편으로 나누었다. 이때 두 사람을 대표로 각기 자기 편을 거느리고 7월16일부터 8월15일까지 밤낮으로 길쌈을 짠 결과로 성적순이 매겨졌다.

게임에서 진 쪽은 술과 음식을 장만해 이긴 쪽에게 대접했다. 더구나 진 쪽 여자들이 춤을 추면서 '회소회소'라며 탄식조로 노래를 불렀다. 이것이 바로 '회소곡'이다. 또한 이날 밤엔 행해진 노래와 춤과 놀이를 '가배'라고 했는데, 이것이 오늘날 한가위가 되었다.

화랑제도의 탄생

신라 자비왕 때 고구려의 세력은 조령까지 미쳤다. 이에 신라와 백제는 고구려에 맞서기 위해 동맹을 맺었다. 당시 신라는 군사적인 요지로 삼년산성을 가지고 있었다.

474년 백제가 신라에 구원병을 청하자 곧바로 파병했다. 자비왕이 죽자 소지왕이 뒤를 이었다. 그는 고구려와 충돌을 막기 위해 국방에 주력했다. 그가 죽고 64세의 지대로가 지증왕으로 즉위했다. 지증왕은 체격이 우람하고 담력이 컸다.

지증왕 4년에 나라이름을 신라라고 정했다. 신은 덕업을 매일 새롭게 한다는 것이고, 라는 사방을 포함해 다스린다는 의미다.

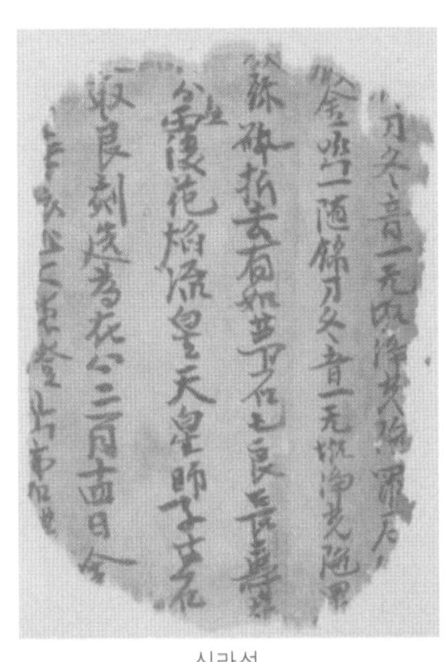

신라석

지증왕 13년에 울릉도를 점령했다. 528년 지증왕의 아들 원종은 불교를 전파한 이차돈이 죽자 불교를 정식으로 인정했다. 또한 율령을 공포해 국가체제의 확립에 힘썼다.

진흥왕 때는 이사부와 거칠부 등의 명신들이 있어 나라발전에 큰 공을 세웠다. 당시 고구려는 왕위다툼으로 국력이 쇠약해

졌고. 이때를 놓치지 않고 신라는 중국과 교역을 위해 북쪽을 공격해 한강 연안을 점령했다.

그는 영토를 넓힌 후 북한산에 순수비를 세웠고 서남쪽으로 진출해 가야국을 병합했다. 또 지금의 창녕부근과 함경남도의 황초령과 함경남도 이원군에 있는 마운령에 순수비를 세웠다. 이것으로 신라는 제국의 모습을 이웃나라에 제대로 알렸다.

불교가 정식으로 인정되면서 황룡사와 많은 사찰이 세워졌는데, 이것은 삼국을 통일하는데 기반이 되었다. 이와 동시에 화랑도까지 창설되었다. 화랑도는 남자와 여자로 나누어 놀게 하면서 인재를 뽑았다. 당시 원화제도에서 뽑힌 원화의 두령인 남모와 준정을 중심으로 3백여 명이 각각 무리지어 놀게 했다. 남모와 준정은 자신을 따르는 남자들에게 여왕처럼 군림했다.

하지만 두 여자는 결국 서로를 시기했으며 준정은 남모를 죽이려고 음모를 꾸몄다. 얼마 후 준정은 남모를 자신의 집으로 초대해 술을 마시게 했다. 준정은 술에 만취된 남모를 강으로 밀어 죽였다. 그렇지만 준정의 살인이 밝혀지면서 참형을 당했고, 이와 함께 원화제도까지 없어졌다.

이후부터 남자를 곱게 꾸며 화랑으로 칭했으며 그를 따르는 무리가 모여들었다. 이것이 화랑제도의 시초가 되었다.

백결선생의 거문고 연주

신라 눌지왕 때부터 전국에 노래와 음악이 퍼져 자비왕 때까지 전해졌다. 이때 섣달 그믐날만 되면 백성들은 조상에게 제사를 지내고 새해를 맞아 떡을 만들어 먹는 풍습이 생겼다.

그렇지만 경주 남산기슭에 살고 있는 백결선생은 너무 가난해 제사는커녕 떡도 만들어 먹을 수가 없었다. 백결이란 이름은 너무 가난해 옷을 백 번을 기워 입었다고 붙여진 것이다. 그는 벼슬길 출사에 실패하자 집에서 거문고만 뜯었다.

그러던 어느 섣달 그믐날이었다. 마을 사람들은 새해를 맞이하기 위해 떡방아를 찧고 있었다. 그러자 백결선생은 풀이 죽어 아내의 얼굴도 쳐다보지 못했다. 백결선생과 눈이 마주친 아내가 불같은 화를 냈다.

"여보! 귀가 있으면 알 것 아니오!"

그러나 백결선생은 아내의 화풀이를 받아들였다. 이때 까치 한 마리가 감나무에 앉아 '까악' 하고 울었다. 이어 아내는 거문고를 배운 제자가 쌀가마니라도 가지고 찾아올 것으로 생각했다. 아내는 빈 독을 깨끗이 씻어놓고 물을 긷기 위해 우물가로 갔다. 갑자기 자신의 집에서 떡방아 찧는 소리가 들려왔다.

> **백결선생(百結先生, ?~?)**
>
> 신라 자비왕 때의 거문고의 명인이다. 평생 가난한 생활을 하면서 예술에 전념하였으며, 빈처(貧妻)를 위하여 「대악(?樂)」이라는 곡조를 남겼다.

이 소리에 기쁜 마음을 감추지 못하고 집으로 돌아온 아내는 기가 막혔다. 그것은 떡방아 찧는 소리가 아니라 백결선생의 거문고 소리였다. 그렇지만 아내는 실망하지 않고 거문고소리에 맞춰 마당에서 어깨춤을 추었다. 이것을 본 이웃 아낙네들까지 마당으로 모여들면서 춤판이 벌어졌다.

우리나라 최초로 탄생한 여왕

신라 진평왕 43년 가을, 당나라에서 모란꽃이 그려진 병풍과 모란꽃 씨를 보내왔다. 이때 진평왕은 덕만 공주를 불러 병풍을 보여주었다. 그러자 덕만 공주는 병풍에 그려진 모란꽃을 바라보다가 이렇게 말했다.

"아바마마, 좋은 꽃이 아닙니다."

"뭐가 잘못 되었느냐?"

"네, 꽃에 향기가 없습니다."

"그림인데 향기가 있을 리가 없지."

"아닙니다. 꽃 주위에 벌이나 나비가 없습니다. 그것은 꽃에서 향기가 없다는 증거입니다."

세월이 흘러 봄이 오자 진평왕은 병풍과 함께 가져온 모란꽃 씨를 뿌렸다. 여름이 되어 꽃이 피자 진평왕은 공주와 함께 모란꽃을 살펴보았다. 과연 꽃에는 향기가 없었다. 그때부터 진평왕은 덕만 공주를 자신의 후계자로 생각했었다.

632년 진평왕이 죽자 덕만 공주가 뒤를 이어 우리나라 최초로 신라 27대 선덕여왕으로 즉위했다. 선덕여왕은 농사를 위해 별을 관측하는 첨성대를 세웠고 영묘사와 분황사 등의 큰 사찰까지 지었다.

특히 젊은이들을 당나라로 유학을 보내 발달한 문물을 배워 오게 했다. 이때 여왕을 보필한 인물들이 바로 김춘추와 김유신이었다.

그녀는 김춘추에겐 외교를, 김유신에겐 군사를 맡겼다. 두 사람은 힘을 합쳐 신라의 삼국통일에 초석을 마련했다. 또한 자장율사는 여왕의 명을 받아 8년간 불경을 연구하고 돌아와 통도사와 10여 개의 사찰을 세웠다.

그러나 이런 여왕을 해치려고 비담과 염종은 음모를 꾸며 새해에 거사하기로 결정했다. 그렇지만 음모를 알아챈 알천은 이들의 행동을 몰래 살피고 있었다.

647년 선덕여왕 16년 1월 새해가 밝아오자 잔치가 벌어졌다. 비담은 여왕에게 새해인사를 하기 위해 궁궐로 들어오는 순간 알천이 목을 베었다. 뒤이어 김유신이 반란군을 10일 만에 진압했다. 이에 충격을 받은 선덕여왕은 647년에 죽었다.

그 뒤를 이어 즉위한 태종무열왕 김춘추는 김유신과 함께 백제를 멸망시켰다. 또한 무열왕의 아들 문무왕은 당나라와 연합해 고구려를 멸망시키면서 삼국을 완전 통일했다. 문무왕의 뒤를 이은 신라 31대 신문왕은 국력신장에 힘썼다. 특히 신라 32대 효소왕부터 성덕왕까지 당나라 문화를 받아들여 신라문화의 황금기를 누렸다.

신라 35대 경덕왕은 당나라제도를 받아들여 나라를 9주로 나눴고, 9주 안에 5소경을 두었다. 이때 고유지명까지 한자로 고쳤다. 이 무렵 불국사와 굴불사를 비롯해 황룡사 대종과 봉덕사종을 만들었다.

선덕여왕(善德女王, ? ~ 647년, 632년~647년 재위)

신라 제27대 왕으로 성은 김이고 이름은 덕만(德曼)이며 우리나라 최초의 여왕이다. 김춘추에게 중국 당나라의 원군을 청하게 하여 백제를 침공하고, 9년(640)에는 당나라에 유학생을 보내어 그 문화를 받아들였다.

꿈 때문에 운명이 바뀐 두 자매

신라 진평왕 15년 가을 밤, 태수 김서현의 아내 만명부인은 태몽을 꾸었다. 금빛 갑옷을 입은 아이가 하늘에서 구름을 타고 내려와 부인의 품에 안겼다. 이보다 앞서 남편 김서현은 화성과 토성이 안마당으로 떨어지는 꿈을 꾸었다.

산달이 찬 만명부인은 남자아이를 순산했는데, 등에는 북두칠성 모양의 점 일곱 개가 있었다. 이 아이가 김유신으로 그는 화랑이 되어 매일 몸과 마음을 갈고 닦았다.

당시 원광법사는 '첫째 사군이충 – 임금을 섬기되 충성을 다하라. 둘째 사친이효 – 부모를 섬기되 효도를 다하라. 셋째 교우이신 – 벗을 사귀되 믿음을 다하라. 넷째 임전무퇴 – 싸움터에 나가서는 물러서지 말라. 다섯째 살생유택 – 살아 있는 것을 죽일 때에는 때와 장소를 가려라' 등의 세속오계로 화랑도의 근본으로 삼았다.

화랑 김유신은 모가대와 우기나 등과 말을 타고 남산으로 올라갔다. 남산에 오른 이들은 훌륭한 인물이 되자고 언약했다. 해가 저물고 이들은 남산을 내려와 북문 밖 술집으로 향했다. 술집에는 미모의 기생 천관이 있었다.

김유신은 그날부터 천관을 만나기 위해 술집에 자주 들렀다. 김유신이 가야금을 뜯고 있는 천관의 손을 잡자 그녀는 이렇게 말했다.

"백제와 고구려를 반드시 정복해야 합니다."

이 말을 들은 김유신은 천관을 대견스럽게 쳐다봤다. 그가 계속해서 술집을 들락거리자 어느 날 어머니 만명부인이 김유신을 불렀다.

"듣자하니, 공부를 게을리 하고 날마다 기생집에 출입한다는 것이 사실이냐?"

"그렇습니다, 어머니. 기생 천관이 저에게 많은 것을 깨우쳐줍니다."

"그것을 묻는 것이 아니라, 네 나이가 술집을 드나들 나이가 되느냐?"

김유신은 어머니에게 이제부터 술집에 절대로 가지 않겠다고 맹세했다. 맹세 후 어느 날, 김유신은 잔칫집에서 밤늦도록 술을 마시고 귀가를 위해 말에 올랐다.

술에 취한 김유신은 말 위 오르는 순간 졸았다. 말은 혼자 걸어가다가 어느 집 앞에 멈추자 김유신은 잠에서 깼다. 고개를 든 김유신은 깜짝 놀랐다. 그곳은 천관이 있는 술집으로 말은 습관에 따라 그곳으로 왔던 것이다. 이때 김유신을 본 천관은 버선발로 뛰어나와 반겼다.

하지만 김유신을 그녀를 거들떠보지 않고 말에서 내리는 순간 사랑한 말의 목을 베었다. 이 광경을 본 천관은 목 놓아 김유신을 불렀지만 뒤돌아보지도 않고 곧장 집으로 돌아왔다.

이에 천관은 머리를 깎고 중이 되었다가 죽었는데, 훗날 김유신은 천관이 살던 곳에 '천관사' 라는 사찰을 지어 그녀의 넋을 달랬다고 한다.

김유신에게는 사랑하는 둘째 보희와 막내 문희가 있었다. 당시 신라는 엄격한 계급사회였지만 김유신은 진골 김춘추와는 둘도 없는 친구사이였다.

정월 보름날, 김유신은 김춘추를 초대해 집근처에서 공차기를 했다. 김유신은 공을 빼앗는 척하면서 일부러 김춘추의 소맷자락을 잡아당겼다. 그러자 옷의 바느질 사이가 터졌다. 하지만 김춘추는 놀이에 정신이 팔려 옷이 터진 줄을 몰랐다. 놀이가 끝나자 그제야 김춘추는 소맷자락이 터진 것을 알았다.

"이런, 옷이 터졌구먼."

"상공, 저희 집에서 꿰매고 가시지요."

"괜찮소. 집에 가서 꿰매면 됩니다."

"그대로 가시는 것보다 낫지 않겠습니까?"

김유신은 김춘추를 데리고 집 안으로 들어갔다. 그때 방안에 있던 보희와 문희가 일어나 김춘추에게 인사를 하였다. 그러자 김유신은 동생들에게 김춘추의 옷을 꿰매라고 부탁했다. 그러자 보희가 이렇게 말하면서 거절했다.

"이런 하찮은 일로 어찌 귀공자를 가까이 하겠습니까?"

이에 김유신은 문희에게 청하자 쾌히 승낙했다. 그러자 김춘추는 문희 앞으로 다가갔고 그녀는 다소곳이 터진 곳을 꿰맨 후 입을 열었다.

"천한 소녀가 귀공자의 옷을 재대로 꿰맸는지 모르겠군요?"

이날 이후부터 김춘추는 문희가 눈에 어른거려 공부가 되지 않았다. 30세가 넘은 김춘추는 이미 결혼했지만, 그녀를 만나기 위해 공놀이를 핑계로 김유신의 집을 들락거렸다. 그러던 어느 날 김유신은 문희를 불러 꾸짖었다.

"문희야, 어찌해서 상공의 아이를 가졌느냐?"

"오라버니, 죽을 죄를 지었습니다."

"너도 알고 있듯이 상공은 기혼자다. 그렇다고 네가 상공의 첩으로 들어가는 것은 절대로 반대다."

그런 후 김유신은 문희를 김춘추의 정실부인으로 만들 방법을 생각하였다. 때마침 선덕여왕이 신하들을 거느리고 남산으로 거동했다. 이때를 놓치지 않고 김유신은 자기 집 마당에 나무를 잔뜩 쌓아놓고 불을 질러 연기를 피웠다. 자욱하게 피어오르는 연기를 본 여왕은 신하에게 까닭을 물었다.

"여봐라! 저기에 웬 연기인가?"

"김유신이 자기 누이를 태워 죽인다고 하옵니다."

"뭣이라고? 그렇다면 무슨 이유가 있지 않겠느냐?"

"네, 누이가 처녀의 몸으로 임신했기 때문이랍니다."

"흠? 그렇다면 그 남자가 누구라더냐?"

"어느 진골이라고 하옵니다."

그때 김춘추는 얼굴이 빨개졌고 여왕은 김춘추를 보면서 말했다.

"춘추공, 어찌 안색이 좋지 않습니다."

"마마, 용서하시옵소서. 그 진골이 바로 소신입니다."

"그래요? 그렇다면 공이 책임지셔야겠네요. 여봐라! 어서 그만두라고 하라. 그리고

만명부인(萬明夫人, ?~?)

만명공주(萬明公主)라고도 부르는데 김유신의 어머니다. 신라 진흥왕의 아우 숙흘종과 만호태후 김 씨 사이에 태어난 딸이며 김서현의 아내이다. 진평왕의 이부(異父) 누이이기도 하다.

어명으로 혼인을 하도록 하라."

이렇게 김유신의 계략으로 문희가 정실부인이 되었다. 오랜 세월이 흘러 김춘추는 태종무열왕으로 등극했으며 문희는 왕비가 되었다. 혼례를 치르는 날 보희는 비단치마 하나를 찢으며 울었다. 비단치마는 자신의 꿈을 동생 문희에게 팔면서 받았던 것이었다.

꿈 이야기는 김춘추가 집에 들르기 전의 일이다. 언니 보희가 꿈을 꾸고 문희에게 이야기를 했다.

"문희야, 언니가 어젯밤에 이상한 꿈을 꾸었단다."

"무슨 꿈을 꾸었기에?"

"꿈에서 내가 서현산에 올라가 소변을 보았는데, 서라벌이 온통 오줌바다로 변했지 뭐니!"

"어머, 그러면 그 꿈을 나한테 팔아요."

"팔면 무엇으로 살 것이니?"

"지금까지 한 번도 입어보지 않은 비단치마를 줄게."

꿈은 왕비가 되는 선몽으로 영특한 문희가 그것을 알아차리고 꿈을 샀던 것이다. 그리고 김춘추의 옷도 언니가 아닌 본인이 꿰맸던 것이다.

신라의 삼국통일

660년 5월26일, 태종무열왕은 신라군을 이끌고 백제 원정길에 올라 남천에 이르렀다. 이때 당나라 13만 대군도 황해를 건너 덕물도에 진을 쳤다. 태종무열왕은 김유신에게 5만 명의 군사를 주었다.

김유신은 군사를 이끌고 품일 장군과 함께 백제의 여러 성을 점령한 다음 황산벌에 진을 쳤다. 이때 백제의 명장 계백의 5천 결사대와 싸웠다. 신라군은 수가 많았지만 백제군에게 빈번히 패했다. 그러자 김유신은 장군들을 모아 전략을 의논할 때 김흠춘은 화랑인 아들 반굴을 불렀다.

"반굴아, 이럴 때 나아가 싸우는 것이 나라에 충성하고 부모에게 효도하는 길이다."

김유신장군 영정

"네, 아버님 말씀 명심하겠습니다!"

반굴은 곧장 말을 타고 홀로 적진으로 뛰어 들어가 용감하게 싸우다가 전사했다. 이를 지켜본 품일 장군의 아들 관창이 앞으로 나섰지만 나이가 너무 어려 허락하지 않았다.

그러나 관창은 이에 포기

하지 않고 여러 차례 출전요청을 하자 김유신은 마지못해 허락했다. 관창은 말을 타고 창을 비껴든 채로 적진 깊숙이 들어갔지만 백제군에게 사로잡혔다. 계백은 관창의 투구를 벗기는 순간 놀랐다.

"허~어. 신라에도 이런 용감한 소년이 있다니…. 항복하겠느냐?"

"항복이라니! 나는 대 신라의 화랑이다! 화랑에게 항복이란 단어가 없고 오직 죽음만 있을 뿐이다." 계백은 관창을 번쩍 안아 말에 태워 신라진영으로 되돌려 보냈다. 그러자 아버지 품일 장군은 되돌아온 관창을 호되게 꾸짖었다.

"네, 어찌하여 돌아왔느냐? 다시 출전해 적장의 목을 베기 전엔 돌아오지 마라!"

"죄송합니다. 이번엔 반드시 적장의 목을 베어 오겠습니다."

관창은 또 다시 말을 타고 적진으로 달려가 목이 터져라 외쳤다.

"적장은 나와서 내 칼을 받아라!"

그러나 어린 나이라 별 수 없어 백제군에게 사로잡혀 또다시 계백 앞으로 끌려갔다. 계백은 두말없이 관창의 목을 베어 말안장에 매달아 신라군

> **태종무열왕(太宗武烈王, 602년~661년, 654년~661년 재위)**
>
> 신라 제29대 왕으로 성은 김이고 휘는 춘추다. 할아버지는 진지왕이고 아버지는 이찬 용춘이며, 어머니는 진평왕의 딸 천명부인이다. 비는 문명부인(文明夫人)으로 김유신의 동생이다. 제18대 풍월주를 지냈다.

진영으로 보냈다.

이를 본 신라군들은 사기가 충천했고 김유신은 이때를 놓치지 않고 공격명령을 내렸다. 신라군은 성난 파도처럼 적진을 향해 돌진해 백제군을 무찔렀다. 결국 백제는 660년 태종무열왕이 왕위에 오른 지 7년 만에 멸망하고 말았다.

태종무열왕의 아들인 신라 30대 문무왕은 백제의 부흥군을 소탕하고 당나라군과 연합하여 고구려까지 멸망시켰다. 그 후 당나라군과 충돌하자 그들의 세력을 몰아내고 삼국통일을 이뤘다.

해적의 킬러 장보고

장보고는 작은 섬에서 가난한 어부의 아들로 태어났으며 어릴 때 이름이 궁복이었다. 그는 두서너 살 아래의 정연과 친했다. 두 소년은 넓은 바다를 보면서 꿈을 키워왔다.

그러던 어느 날 밤, 두 소년은 두 달에 한 번정도 도착하는 당나라 배에 몰래 올랐다. 그들은 배가 바다 가운데쯤 왔을 때 창고에 숨어 있다가 발각되었다. 험상궂게 생긴 선장은 두 소년을 바라보며 물었다.

"거짓말하면 바다로 던져버리겠다. 도둑질하러 배에 탔느냐?"

"우라는 당나라로 가서 훌륭한 장수가 되기 위해 배를 탔소."

궁복의 당당함에 선장은 용서해주었다. 두 소년은 무사히 당나라의 산동반도 등주항에 내렸다. 갈 곳이 없던 두 소년은 늙은 무사를 만나 무예를 닦았다.

세월이 흘러 두 소년은 검술, 창술, 마술, 궁술 등에 통달한 무사로 변신했다. 이들은 당나라 무술대회에 참가해 이름을 떨친 다음 궁복이란 이름을 장보고로 바꿨다. 무술 실력이 뛰어난 장보고는 당나라 군관을 시작으로 서주지방 무령군 소장으로 발령받으면서 장수가 되었다. 정연 또한 무예가 출중해 장수가 되었다.

당시 당나라 등주에는 신라인들의 집단거주지인 신라방이 있었다. 이곳엔 중국과 거래하는 신라 상인들과 유학 온 중들이 살고 있었다.

어느 날 장보고와 정연은 들녘으로 나갔다가 신라소년들이 노예가 되어 있는 것을 목격했다. 감독은 소년들에게 채찍을 휘두르며 심하게 다루었다. 순간 장보고는 분노가 치밀었지만 참은 다음 소년들을 만나 까닭을 물었다. 그러자 한 소년이 대답했다.

"해적들이 마을로 쳐들어와 우리들을 잡아다가 이곳에 팔아 넘겼어요."

"뭣이! 해적 놈들이 그랬단 말이지."

그때 신라 바닷가엔 당나라 해적과 일본 해적들이 침입해 약탈을 일삼았다. 이런 사실을 알게 된 장보고는 소년들을 노예에서 구해주었다.

그 다음날, 장보고는 당나라조정에 해적을 소탕하고 억울하게 잡혀와 팔린 신라노예들을 풀어달라고 청했다. 때마침 당나라조정도 해적들의 행패로 골치가 아팠기 때문에 그의 청을 받아주었지만 움직이지 않았다. 그러자 장보고는 정연에게 말했다.

"신라로 돌아가서 해적을 소탕하세."

장보고의 말에 정연은 반대를 했다. 그렇지만 장보고는 당나라 벼슬을 버리고 20년 만에 신라로 돌아와 흥덕왕을 찾아갔다.

"대왕마마, 신라소년들이 해적들에게 잡혀 노예로 팔리고 있습니다."

왕은 장보고의 말에 깜짝 놀랐다. 여태까지 신라조정에서는 아무것도 모르고 있었다. 흥덕왕 3년 여름, 왕은 완도에 청해진을 설치해 장보고에게 1만의 군사를 주면서 대사로 임명했다. 청해진에 도착한 그는 군항과 군선을 만들고 군사들을 훈련시켰다.

"배는 다른 군선보다 크게 만들어야 한다. 특히 배 양쪽엔 공격할 수 있는 뚜껑을 만들어 열고 닫을 수 있게 하라"

날이 갈수록 크고 튼튼한 군선이 계속 만들어졌다. 더구나 그는 훈련시킨 수군을 배에 태워 작전연습을 쉼 없이 실시한 다음 바다로 출전했다. 때마침 바다 저편에서 해적선이 나타났다.

"해적선이다. 해적선!"

"적선의 수가 얼마나 되는지 빨리 보고하라."

"해적선의 수가 매우 많습니다."

"그러면, 열 척만 나를 따르고 나머지는 이곳에서 대기하라."

장보고의 배가 해적선 쪽으로 향하자 그들은 굶주린 짐승들처럼 덤볐다. 그러자 장보고는 뱃머리를 순간적으로 돌려 달아나는 작전을 펼쳤다. 얼마 후 모든 군선들에게 작전명령을 내렸다.

"배를 양쪽으로 나누었다가 한가운데로 몰리면 총공격하라!"

장보고가 해적선을 한가운데로 유인하자 양쪽에 대기하고 있던 군선들이 일제히 공격했다. 그러자 해적들은 도망치려고 했지만 결국 바다 속으로 빠져 죽고 말았다.

첫 승리로 신라수군의 사기는 하늘을 찔렀다. 그 뒤로부터 장보고가 거느린 군선에게 해적선들은 모두 패했다. 장보고는 신라와 당나라와 일본의 삼국무역을 안전하게 도왔다. 이때부터 장보고는 바다의 영웅으로 떠올랐다.

그러나 846년 안타깝게도 신라왕족들의 권력다툼으로 장보고는 왕종 일파가 보낸 염장에게 암살당하고 말았다. 장보고가 죽자 청해진 역시 소멸되었고, 또 다시 해적과 왜구들이 약탈을 감행했다.

억세게 재수가 좋은 남자

신라 경문왕의 이름은 응렴으로 18세 때부터 화랑으로 활동했다. 응렴이 왕위에 오르기 전 헌안왕이 불러 잔치를 베풀면서 물었다.

"너는 화랑으로 전국을 순회하면서 이상한 것을 보지 못하였느냐?"

"있습니다. 선행을 행한 세 사람을 보았는데, 한사람은 위에 있지만 겸손하게 남의 밑에 있고, 한사람은 권력도 있고 부자이지만 검소하고, 한사람은 귀하고 세력이 있지만 겉으로 나타내지 않았습니다."

이 말이 끝나자 헌안왕은 그에게 청했다.

"나에겐 두 딸이 있는데 마음에 드는 사람을 골라 아내를 삼으라."

집으로 돌아온 응렴은 부모님에게 이 사실을 말하자 인물이 없는 맏딸보다 미모가 있는 둘째 딸을 고르라고 했다. 이때 흥륜사 노스님이 소문을 듣고 응렴을 찾아왔다.

"임금께서 공자님에게 공주를 아내로 택하라고 청했습니까?"

"그렇소."

"그렇다면 공자님께서는 두 분 공주님 중 누구를 택하시렵니까?"

"부모님께서는 둘째 공주를 택하길 원하고 있습니다."

"공자께서는 노승의 말을 잘 들으시오. 큰 공주를 택하시게 되면 세 가지 좋은 일이 있습니다."

응렴은 부모님보다 노스님의 말에 따라 큰 공주를 택했다. 혼인 후 3개월이 지나자 왕은 병이 깊어져 신하들에게 유언했다.

"나에겐 아들이 없고 딸만 있소. 그래서 내가 죽으면 왕위를 맏사위에게 물려주겠소."

헌안왕은 유언을 남긴 이틀 만에 죽자 왕의 유언에 따라 응렴이 경문왕으로 올랐다. 그러자 흥륜사 노스님이 또 다시 찾아와 이렇게 말했다.

"마마, 세 가지 일이 모두 이뤄졌습니다. 큰 공주님을 아내로 맞았기 때문에 왕위에 올랐고, 미모의 둘째 공주님도 가질 수 있고, 큰 공주님을 아내로 맞아 선왕과 왕비가 매우 기뻐했답니다."

경문왕은 스님의 지혜에 감탄하여 후하게 상을 내렸다. 그 후 밤마다 왕의 침실에 뱀들이 떼를 지어 나타나자 부하들이 뱀을 쫓아내려고 했다. 그러나 왕은 이들을 막으면서 말했다.

"쫓지 말라. 짐은 뱀들이 없으면 편히 잠을 이룰 수가 없다."

더구나 응렴이 왕위를 물려받은 직후부터 귀가 점점 커져 결국 당나귀 귀로 변했다. 이 사실은 왕비도 몰랐고 오직 모자를 만드는

경문왕(景文王, 846년~875년, 861년~875년 재위)

신라 제48대 왕으로 성은 김이고 이름은 응렴(膺廉), 의렴(疑廉)이다. 아버지 김계명(金啓明)은 43대 희강왕의 손자이고, 어머니는 광화부인(光和夫人)이다. 전임 헌안왕의 딸과 결혼하여 왕위에 올랐다. 신라의 쇠퇴기에 즉위하여 중앙귀족의 모반과 지방반란을 평정하는데 힘썼고, 황룡사 탑을 세웠다.

사람만 알고 있었다. 그렇지만 그는 임금의 어명으로 누구에게도 알리지 않았다. 하지만 그는 이 사실을 숨기느라 병까지 들었다. 그는 병을 고치기 위해 할 수 없이 도림사 대나무 숲으로 들어가 큰 소리로 외쳤다.

"임금님 귀는 당나귀 귀! 임금님 귀는 당나귀 귀!"

그는 속이 후련해지면서 자연적으로 치료가 되었다.

어느 날, 왕은 우연하게 도림사 대나무 숲 옆을 지나가게 되었다. 그때 바람이 불면서 대나무 숲에서 '임금님 귀는 당나귀 귀' 라는 소리가 들려왔다. 깜짝 놀란 왕은 대나무 숲을 모조리 베어 버리라고 했다. 그 자리에 산수유를 심었는데 바람이 불때마다 '임금님 귀는 길다' 로 들렸다.

처용부적의 비밀

헌강왕이 동해를 시찰할 때 갑자기 구름과 안개가 뒤덮여 사방이 캄캄해졌다. 그러자 헌강왕은 기상변화에 대해 일관에게 물었다.

"이것은 동해용왕의 조화로 대왕께서 선행을 베풀어야만 풀어집니다."

이에 왕은 용왕을 위해 그곳에 사찰을 짓도록 명하는 순간 구름과 안개가 걷혔다. 그때 용왕은 7명의 아들과 함께 나타나 춤을 추자 헌강왕이 물었다.

"용왕님, 어느 나라의 춤입니까?"

"선정을 베푸는 대왕님의 덕을 칭송하기 위해 추는 춤입니다."

왕이 궁궐로 돌아가려는 순간 용왕 아들 중 하나가 말했다.

"제 이름은 처용입니다. 부왕의 명으로 신라의 신하가 되겠습니다."

왕과 함께 궁전으로 돌아온 처용은 왕의 배려로 아내를 맞이했고 급간이란 벼슬까지 맡았다. 이런 기쁜 마음에서 처용은 춤을 추었는데, 이것이 바로 처용무이다.

어느 날이었다. 처용은 늦은 밤까지 춤을 춘 후 집으로 돌아왔을 때 아내가 다른 남자와 함께 있었다. 그러자 처용은 두 사람을 위해 춤을 추며 노래를 불렀다.

'서라벌 달 밝은 밤에 /

밤새 노닐다가 /

들어와 보니 /
다리가 넷이구나. /
둘은 내 것인데 /
둘은 누구 것인고? /
본디 내 것이었지만 /
빼앗긴 것을 어찌하리.'

이 노래를 들은 남자가 갑자기 벌떡 일어나 처용 앞에 무릎을 꿇고 말했다.

"저는 사람으로 변신한 역신입니다. 공의 아내와 함께 있는데도 공은 화내지 않고 춤추며 노래를 불렀습니다. 공의 너그러움에 감탄했습니다. 다음부터 우리 역신들은 공의 초상만 봐도 그 집에는 절대로 들어가지 않겠습니다."

이때부터 사람들은 자신의 집 대문에 처용의 모습을 그려 붙였는데, 이것이 풍습으로 전해졌다.

불국사 준설과 석굴암을 완성시킨 김대성

어느 날, 중시 김문량의 집을 향해 하늘에서 큰소리가 들렸다.

"모량리의 대성이를 잘 부탁한다!"

이 말에 그는 모량리로 사람을 보냈는데, 대성이가 조금 전에 죽었다고 했다. 대성은 모량리 경조라는 가난한 여인의 외아들이었다. 대성이란 이름은 머리가 크고 이마가 성처럼 평평하다고 지어진 것이다.

어느 날 스님이 찾아와 시주를 청하자 그의 어머니는 시주할 것이 없다고 했다. 그러자 대성이가 얼굴을 내밀면서 말했다.

"저희 집에 있는 것이라곤 지금까지 받은 품삯과 밭 서너 이랑뿐입니다. 그거라도 드리겠습니다."

흥륜사 육륜회에 약속한 것을 시주로 바치는 순간 대성이가 죽은 것이다. 김문량은 괴이하다고 생각했는데, 그날 밤 그의 부인이 임신하여 산달을 채운 후 사내아이가 태어났다. 그래서 아들 이름을 대성이라고 지었다.

즉 15세에 죽은 모량리의 대성이가 김문량의 아들로 다시 태어난 것이다. 청년

> **김대성(金大城, ?~774년)**
>
> 통일신라 경덕왕 때의 재상으로 대정(大正)이라고도 부른다. 아버지는 중시 문량(文亮)이다. 745년 중시를 거쳐 대광보국숭록대부(大匡輔國崇祿大夫)에 이르렀다. 경덕왕 10년에 경주 불국사와 석불사(石佛寺)의 건립을 발원(發願)하고 설계, 건축, 조각, 가람(伽藍) 등을 관련했다. 그렇지만 완공을 보지 못하고 죽어 뒤에 조정에서 완성하였다.

이 된 대성은 토함산으로 사냥을 나갔다가 곰 한 마리를 잡았지만, 날이 저물어 그곳에서 잠을 잤다.

대성이 꿈속에 죽은 곰이 나타나 죄 없는 자신을 죽였다며 원수를 갚겠다고 별렀다. 그러자 대성은 곰에게 용서를 빌었다. 이에 곰은 자신이 죽은 자리에 사찰을 새워주면 용서하겠다고 했다.

잠에서 깨어난 후부터 대성은 사냥을 금지하고 곰을 잡았던 자리에 장수사를 지었다. 성인이 된 대성은 재상까지 올랐고, 50세에 벼슬에서 물러나 낡고 헐어버린 불국사의 중건과 석굴암 건설에 힘썼다.

그림자가 없는 석가탑

불국사 대웅전 앞뜰에는 석가탑과 다보탑이 마주보고 서 있다. 석가탑에는 애틋한 사랑의 전설이 서려있다.

백제의 사비성에 살고 있는 석공 아사달과 아사녀가 혼인했지만 그는 석탑을 세우기 위해 신라로 떠났다.

"부인, 석탑을 완성하는 즉시 돌아오겠소."

"서방님께서 무사히 돌아오시기를 부처님께 빌겠습니다."

서라벌에 도착한 아사달은 부처님께 간절히 빌었다.

"부처님, 이 세상에서 가장 훌륭한 탑을 세우도록 해주십시오."

고향을 떠난 지 3년이 되었다. 하지만 아사달이 돌아오지 않자 아사녀가 직접 서라벌로 향했다. 이 무렵 석가탑은 거의 완성단계에 있었다. 서라벌에 도착한 아사녀가 스님에게 남편을 만나게 해 달라고 부탁했다. 그렇지만 스님은 탑이 완성될 때까지 만날 수 없다고 했다.

그러자 아사녀는 무작정 영지로 불리는 연못가에서 남편을 기다리기로 했다. 그것은 탑이 완성되면 그 모습이 연못에 비친다는 말을 들었기 때문이다. 아사녀는 날마다 연못으로 가서 탑의 모습이 물에 비치기만을 고대했다. 이때 연못가에서 놀고 있던 신라의 한 처녀가 친구에게 이렇게 말했다.

"나는 석탑이 완성되는 날 아사달님과 함께 사비성으로 갈 거야."

순간 아사녀는 남편의 마음이 변했다고 생각해 연못으로 몸을

던져 자결했다. 그러나 이 사실을 모른 채 아사달은 탑이 완성되자 아내를 만나기 위해 떠날 채비를 했다. 이때 아사달에게 아사녀가 자살했다는 소식을 전해졌다.

아사달은 곧장 연못으로 달려가 아내의 이름을 부르며 울부짖자 아사녀가 나타났다. 아사달은 바위에 아내의 모습을 새겼는데, 아내는 점점 부처님의 모습으로 변했다. 그러자 아사달은 아사녀의 뒤를 따라 연못으로 몸을 던졌다.

아사달이 죽은 후부터 석가탑의 그림자가 연못에 비치질 않았다. 그래서 석가탑을 무영탑(그림자가 없는 탑)이라고 불렀다.

인간을 시주로 받은 봉덕사종

혜공왕은 경덕왕의 뒤를 이어 8세의 어린나이로 왕위에 올랐다. 이에 태후 만월부인이 수렴 청정했다.

그러나 태후가 나라를 잘 다스리지 못해 전국은 도둑들이 들끓고 흉년까지 겹쳐 민심이 흉흉했다. 이때 신하들이 태후 만월부인에게 찾아와 아뢰었다.

"태후마마, 신성한 종을 만들어 치면 나라가 평안해질 것입니다."

그래서 경덕왕은 부왕 성덕왕의 명복을 빌기 위해 구리 10여 만 근을 들여 종을 제작하다가 죽었다. 그러자 종을 제작하는 일은 혜공왕까지 이어졌다. 그렇지만 종을 만드는 재료가 부족해 백성들에게 시주하도록 명했다. 왕의 명으로 봉덕사 노스님이 가난한 집을 방문해 시주를 청했다. 그러자 갓난아이를 안고 있는 여인이 말했다.

"너무 가난해 시주할 것이 없습니다. 이 아기라도 괜찮으시다면 데려 가십시오."

어이가 없다고 생각한 스님은 발길을 돌렸다. 시간이 지나고 종이 완성되었지만 기이하게도 종을 쳐도 소리가 나지 않았다. 종을 만드는 책임자 하전은 걱정하다가 죽고 뒤를 이어 일전이 물려받았다. 그러던 어느 날 봉덕사 노스님의 꿈에 백발노인이 나타나 말했다.

"종을 만들 때 아이를 넣어야 소리가 날 것이다."

꿈에서 깬 스님은 문득 가난한 아기엄마가 생각났다. 스님은 곧바로 그 집을 찾아가 아기엄마를 만났다.

"시주님, 일전에 시주할 것이 아기밖에 없다고 하셨지요? 지금이라도 시주를 하시겠소?"

"부처님과의 약속이라 당연하지요."

스님은 아이를 안고 종 만드는 곳으로 갔다. 하지만 혜공왕은 어린아이를 바친다는 것을 반대했다. 그렇지만 신하들의 성화에 할 수 없이 허락했다. 일전은 어명에 따라 아기를 쇳물에 넣었는데, 아기가 너무 슬프게 울어 눈이 멀었다. 드디어 종이 완성되고 종을 쳤는데, 종은 '에밀레…, 에밀레….' 하는 소리를 냈다.

이 소리를 사람들은 에미(어머니) 때문에 죽었다고 하소연하는 소리라고 풀이했다. 이에 성덕대왕은 신종을 에밀레종이라고 불렀다가 봉덕사로 옮기면서 봉덕사종으로 이름이 바뀌었다.

신라의 귀족사회에서는 한문학이, 민간에서는 향가가 발달했다.

문학을 길고 인생을 짧다

최치원은 신라의 대표적인 학자로 857년에 경주에서 태어났다. 그가 태어날 무렵은 통일신라가 기울어지는 시기로 반란과 민심이 흉흉했다.

그는 4살 때부터 아버지에게 글을 배웠는데, 그의 부친은 아들의 글재주에 감탄했다. 868년 최치원은 12세의 어린나이에도 불구하고 당나라로 유학을 떠났다. 그가 당나라로 유학을 온지 6년이 되면서 그의 스승은 과거를 권했다. 최치원은 18세 때 당나라 과거인 빈공과에서 급제를 했다.

당시 과거시험관이었던 예부사랑 배찬은 당나라 소년이 아닌 신라의 유학생이란 것을 알고 놀랐다. 그는 당나라 강남도 선주 표수현의 현위벼슬을 제수 되었다. 이때 백성들은 나이가 어린 신라청년이 부임하자 놀랐다. 그는 표수현에서 근무하면서 『중산궤복집』 5권을 집필했다.

능력이 출중한 그는 당나라의 시기와 모함에 환멸을 느껴 벼슬을 버리고 학문에 매진했다. 이 무렵 당나라는 홍수로 인해 황하의 범람으로 민심이 흉흉해지면서 도둑떼까지 들끓었다.

황소가 산동에서 반란을 일으켜 광주를 거쳐 장안까지 진격해 왔다. 당 황제 희종은 고변에게 반란군을 토벌하라고 명하자 그는 최치원을 종사관으로 불렀다. 고변은 당나라에 귀화한 고구려 출신 장군 고순문의 손자다. 하지만 고변이 패하면서 희종은 남쪽으로 피신했다. 이에 고변은 최치원에게 이런 말을 했다.

"최 공, 당나라는 황소에게 망하게 생겼소. 방법이 없겠소?"

그러자 최치원은 포고문과 선전문을 동시에 썼고 토황소 격문까지 썼다.

'천하 모든 백성들은 그대가 죽어야 마땅하다고 생각한다! 더불어 땅 밑에 있는 귀신들까지 그대를 이미 죽이기로 결정했다.'

이 격문을 본 황소는 깜짝 놀라 후퇴했고, 고변은 이때를 놓치지 않고 도망가지 못한 반란군의 잔당들을 소탕했다. 장안으로 환궁한 희종은 격문 한 장으로 황소의 난을 평정했다면 최치원을 칭찬했다.

반란이 평정되자 최치원은 『계원필경집』을 집필했으며, 882년 희종은 그에게 벼슬을 내리면서 어대까지 하사했다. 그러나 또 다시 당나라 학자들의 모함을 받아 외딴 섬으로 귀양 갔다.

29세 때 귀양살이에서 풀려나면서 17년 만에 당나라를 떠나 신라로 귀국했다. 헌강왕은 귀국한 최치원을 반갑게 맞이하면서 시독 겸 한림학사란 벼슬을 내렸다.

헌강왕이 죽고 정강왕이 뒤를 이었지만 아쉽게도 2년 만에 죽었다. 이에 신라조정은 어지러웠고 행실이 부적절한 여왕 때문에 간신들이 활개를 쳤다.

이에 최치원은 스스로 지방관직을 택해 890년부터는 대산군, 천령군, 부성군 태수를 거치면서 학문연구에 힘썼다.

그러다가 894년 당나라 사신으로 임명되었지만 나라가 어지러워 떠날 수가 없었다. 진성여왕 8년, 최치원은 「시무책」10여 조를 지어 여왕에게 바쳤다. 이에 여왕은 그게 직접정책을 펴라며 아찬벼슬을 하사했다. 그러나 「시무책」은 관청에 전달조차 되지 않

았다.

조정이 무능하고 부패해 백성들은 궁예나 견훤을 찾아갔다. 이에 따라 여왕은 왕위를 헌강왕의 서자 요에게 물려주자 그는 신라 52대 효공왕으로 즉위했다.

신라의 멸망을 알아차린 최치원은 스스로 벼슬을 내놓고 방랑생활을 시작했다. 처음 금오산을 시발로 쌍계사, 청량사, 해운대 등을 거쳐 해인사로 들어가 죽었다. 그렇지만 그가 언제 어떻게 죽었는지에 대해 아는 사람이 아무도 없다.

이슬람의 탄생

570년 이슬람교의 창시자 마호메트가 탄생했다. 양친 모두를 잃은 마호메트는 12살 때부터 대상인 작은아버지 덕분에 시리아 국경까지 여행했다. 그는 여행 중 유대인 신과 그리스도에 대한 이야기를 들었다.

25세 때 조카이자 친구 튜지마의 권유로 부자 미망인 카디자의 재산관리인으로 일했다. 이 덕분에 여러 곳을 여행하면서 종교에 대한 지식을 얻었다.

그 무렵 마호메트는 미망인 카디자와 결혼하면서 메카에서 큰 부자가 되었다. 그 후 메카에서 가까운 헤라사막의 골짜기 동굴에서 단식하며 진리를 찾으려고 애썼다.

40세 때의 어느 날, 여느 때처럼 명상을 하고 있는데, 천사 가브리엘이 나타나 "신은 오직 알라뿐이다!"라며 사라졌다. 그는 맨 먼저 아내에게 사실을 알린 뒤 튜지마와 하인들에게 자신의 깨달음을 전했다.

그때부터 새로운 진리를 찾는 사람들이 늘어나면서 그는 이슬람교라는 새로운 종교를 창시했다.

622년 이슬람을 세운지 13년이 되자 메디나에서 신도들이 찾아와 그를 초청했다. 당시 메카에서는 이슬람에 대한 박해가 심했기 때문에 그는 메디나로 피신했다. 이때를 기념하기 위해 이슬람교에서는 도망, 탈출이란 의미로 '헤지라' 라고 했다. 이 시기를 이슬람의 기원원년으로 삼았으며, 메디나는 메카와 함께 이슬람교의 성지가 되었다.

마호메트는 알라신의 계시에 따라 '절대복종'의 엄한 교리를 내세웠다. 그리고 자신이 태어난 메카를 성스러운 도시로 정해 신도들에게 메카로 찾아와 예배를 드리게 했다.

마호메트는 선교를 위해서 남의 나라로 쳐들어가 백성들을 억압해 이슬람교를 믿게 했다. 이때 자신의 말을 거역하면 죽이기까지 했다. 그래서 생겨난 말이 '한 손에는 코란, 한 손에는 칼'이다.

마호메트와 사라센제국의 탄생

마호메트는 자신의 고향 메카가 이슬람을 받아들이지 않자 섭섭해 했다. 이에 따라 무력으로 믿게 하려고 결심했다. 그는 곧바로 메디나군사를 이끌고 메카로 쳐들어갔다.

뜻밖에 메카군은 오합지졸이었으며 메디나군사는 알라신을 중심으로 뭉친 신도들이었기 때문에 대승을 거두었다. 이에 마호메트는 메카와 메디나 두 도시를 지배하게 되었다. 이와 같은 배경을 바탕으로 그는 이슬람교를 아라비아 전체에 알리기 위해 성전을 벌였다.

632년 마호메트가 죽자 뒤를 잇는 칼리프(후계자)를 뽑았다. 제1대 칼리프는 마호메트의 조카 아부 바르크가 뽑혔고, 제2대 칼리프는 오마르였다. 이때부터 이슬람군은 아라비아반도 밖으로

진출하기 시작했다.

634년 '이슬람의 검' 으로 불리는 왈리드 장군의 이슬람군은 동로마에 있던 시리아군을 몰아내고 다마스쿠스를 점령했다. 이무렵 동로마의 헤라클레이오스 황제는 대군을 시리아로 보내 요단강 근처에서 싸웠지만 패하면서 시리아는 결국 이슬람의 영토로 복속되었다.

마호메트의 뒤를 이은 칼리프들은 약 40년 동안 동로마제국을 비롯해 시리아, 팔레스타인, 이집트, 페르시아 등을 차례로 정복했다.

그 결과 마호메트가 죽은 뒤 채 1백 년도 되지 않아 서인도에서 아라비아, 아프리카, 에스파냐 반도까지 이슬람국가인 사라센 제국이 탄생되었다.

황제를 능가하는 권력 교황

313년 로마제국 황제 콘스탄티누스 1세가 기독교를 인정하면서 많은 교회가 탄생되었다. 더구나 교회가 하사받은 땅이 서유럽의 4분의1을 차지할 정도로 넓었다.

중세에 세워진 대부분의 교회들은 넓은 땅을 소유하면서 농민들을 지배했다. 가톨릭교회가 내세우는 무기란 교회의 규칙을 어기면 천국에서 구원을 받지 못한다는 것이었다. 특히 교황은 영주와 영주사이의 다툼을 간섭했고, 교회의 재판은 최고의 권위를 발휘했다. 이처럼 교황의 권력이 강해지자 황제와 교황사이에 세력쟁탈전이 11세기부터 2세기동안 일어났다.

그들의 세력다툼의 원인은 첫째 성직자를 임명하는 권한이고, 둘째 교회가 소유한 세금의 권한이고, 셋째 범죄자를 재판할 수 있는 권한이다.

그렇지만 신성로마제국 오토 1세 황제부터 교황을 마음대로 임명했는데, 하인리히 3세는 독일인을 교황으로 임명하기까지 했다. 이로 인해 자격도 없는 사람이 주교로 뽑혀 교회를 부패와 타락의 구렁텅이로 몰아넣었다.

이에 따라 백성들의 원성이 높아지면서 11세기 때 프랑스 클뤼니수도원 출신의 추기경 힐데브란트에 의해 교회개혁운동이 일어났다. 그는 1073년 158대 로마교황에 오르면서 그레고리우스 7세로 불렸다.

세계 최초로 화약과 나침반 발명

송나라 태조는 외적의 침입을 대비해 지방 군사들을 수도(개봉)로 옮겼다. 하지만 문을 중시하고 무를 등외시하는 정책으로 국방이 쇠약해졌다.

그는 1004년 거란족이 자주 침입하자 그들과 형제관계를 맺은 후 매년 공물을 바쳤는데, 이것이 경제 악화를 불러왔다.

제9대 흠종은 금나라 침입을 받아 북쪽으로 끌려갔는데. 이때부터 송나라는 북송과 남송으로 나뉘게 되었다.

1070년 북송의 제6대 황제 신종은 정치가 왕안석을 재상으로

임명했고, 그는 신법을 제정해 부국강병책을 내놓았다. 신법은 북쪽의 유목민족이 쳐들어오면 이들과 맞서기 위해 한 집에 말 한두 필씩을 나누어 준다는 보마법이었다. 또한 매년 봄과 가을에 싼 이자로 관청에서 백성들에게 쌀과 돈을 꾸어 주는 청묘법과 소상인을 부자상인으로부터 보호하기 위한 시역법과 모역법 등도 있었지만 모두 실패하고 말았다.

신종의 뒤를 이어 휘종이 등극했지만, 그는 도교신앙에 빠져 정치가 혼란에 빠져 반란이 자주 일어났다. 그렇지만 금나라와 손을 잡고 요나라를 멸망시키기도 했다.

그러나 믿었던 금나라가 쳐들어와 서울 변경이 함락되고 휘종과 흠종부자를 비롯해 황족과 신하들을 잡아갔다. 그때 휘종의 아들 고종은 남쪽으로 내려가 함주에 도읍하고 남송을 세웠다.

이 무렵 송나라 주희는 공자의 유학을 새롭게 발전시킨 주자학을 보급했다. 특히 송나라는 세계 최초로 화약과 나침반을 발명했고 인쇄술을 발전시켰다. 또한 105년 후한의 채륜이 종이를 발명했다.

원한 갚은 칭기즈칸

1206년 칭기즈칸은 탕구트 족이 11세기에 세운 서하를 침략했다. 그렇지만 탕구트 족의 결사적인 항전으로 점령이 쉽지가 않았다.

그러자 계책으로 수천 마리의 고양이 꼬리에 헝겊을 매달아 불을 붙인 후 성 안으로 들여보내 화재를 일으켜 서하를 항복시켰다. 그 여세를 몰아 금나라 침략을 서둘렀다.

금나라는 여진족 완안부의 추장 아구타가 1115년에 세웠다. 칭기즈칸은 금나라를 공격했지만, 만리장성이 동서로 가로막혀 공략이 어려웠다. 그는 금나라와 원한이 깊었다. 그것은 그의 조상 안바기이 칸이 금나라 희종에게 끌려가 커다란 나무말뚝에 손과 발이 못으로 박히고 온몸이 토막으로 잘려 죽었기 때문이다.

때마침 금나라는 정치가 혼란스러워지면서 백성들이 고통을 받고 있었다. 그러나 선제공격은 비난을 받을 수 있기 때문에 그들의 공격을 기다렸다. 1211년 3월 때마침 금나라는 몽골로 쳐들어왔다. 이에 칭기즈칸은 몽골군을 이끌고 북쪽 케룰렌 강변으로 향했다. 그에겐 첫째 주치, 둘째 차가타이, 셋째 오고타이, 넷째 툴루이도 등 용감한 네 아들이 있었다.

몽골군은 금나라의 요새 만리장성이 보이는 곳에 진을 쳤다. 그러나 금나라 황제는 칭기즈칸이 대군을 이끌고 왔다는 부하들의 보고에도 대수롭지 않게 생각했다.

마침내 치열한 싸움이 벌어졌지만, 기병뿐인 몽골군은 성을 공격하는 기술이 부족해 작은 성 하나를 함락시키는데 무려 2년이나 걸렸다. 이런 상황에서 뜻밖의 응원군이 나타났다. 그들은 금나라에게 시달림을 받아온 거란족이었다.

그러자 금나라 황제는 완안호쇼를 대장으로 삼아 2만 군사를 내주며 거란족을 무찌르게 했다. 이때 칭기즈칸은 제배를 대장으로 임명해 거란족을 도와 순식간에 동경성을 함락시켰다.

사기가 충전된 그들은 대군을 이끌고 금나라 수도 중도성을 단숨에 공격했다. 이에 금나라 황제 신종은 승산이 없자 소년소녀 5백 명과 말 3천 필을 사신과 함께 보내 화해를 청했다.

화해를 받아들인 칭기즈칸은 몽골로 되돌아가고, 신종은 황태자에게 중도성을 지키게 한 다음 자신은 서울을 하남성 근처로 옮겼다. 그러나 1215년 여름, 칭기즈칸에게 중도성을 빼앗기고 말았다.

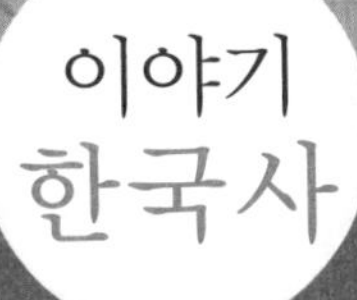

발해

대조영
(699~719 재위)

왕호는 고왕(高王). 아버지는 걸걸중상(乞乞仲象)이다. 그러나 그의 가계나 고구려에서 차지하고 있었던 사회적 지위에 대해서는 기록이 일치하지 않다. 『구당서(舊唐書)』 발해전(渤海傳)에는 대조영을 고구려인의 별종이라고 했고, 『신당서(新唐書)』 발해전에는 원래 속말말갈(粟末靺鞨)의 족속인데 후에 고구려에 부속되었다고 했으며, 유득공(柳得恭)의 『발해고(渤海考)』를 비롯한 우리의 선인들은 모두 고구려인으로 보고 있다.

발해의 탄생

668년 간신들의 이간질과 형제의 싸움으로 고구려가 망하자 나라를 부흥시키기 위해 10년 동안 수많은 고구려 유민들은 당나라에 반기를 들었다.

당나라는 고구려 백성과 거란족을 비롯해 말갈족 등 10여만 명을 영주로 이주시켰다. 그러자 거란족은 반란을 일으켜 영주를 점령하고 말았다.

몇 년 후 고구려 유민의 지도자 대조영은 698년 중국 길림성 돈화부근 동모산에서 나라를 세운 후 나라이름을 진, 연호를 천통으로 정했다. 대조영은 유민들에게 외쳤다.

"우리는 고구려의 후손이다! 나라가 망하고 이 넓은 땅이 눈앞에서 사라져가는 것이 안타깝구나. 이제 고구려를 찾고 그 정신을 이어 받기 위해 이 땅에서 다시 일어섰다!"

진의 세력이 커지자 705년 당나라는 시어사 장행급을 사신으로 보내 화해를 청했다. 그러자 대조영은 답례로 아들 대문예를 당나라로 보냈다. 이로써 진은 평화가 지속되었다.

대조영은 713년 당나라로부터 발해군왕으로 봉해지면서 나라이름은 진에서 발해로 고쳤다. 그 후 발해는 고구려의 옛 땅을 거의 되찾으면서 해동성국을 이룩했다. 이로서 대조영은 21년 동안 나라의 기반을 튼튼히 닦았다.

대조영은 당나라문화를 받아들여 그들만의 독특한 문화로 발전시켰는데, 불교적인 색채가 주류를 이뤘다.

수도 상격주변엔 40여리나 되는 토성이 있었는데, 이 성은 내성과 외성으로 되어있고 중앙엔 주작대로를 중심으로 시가지가 구성되어 있었다. 더구나 미술과 공예품은 고구려처럼 대륙적이고 야성미가 풍겼으며, 분묘는 고구려식의 횡혈식이다.

교육기관은 주자감을 설치했고, 학생 대부분이 당나라에 유학했다. 종교는 상류층이 불교와 유교였고, 평민층은 대부분 미신을 믿었다. 산업은 농업과 철광업이었으며 베와 명주도 생산했다.

그러나 발해가 망하자 고구려 계통의 대부분의 백성들은 고려로 들어가 부흥에 힘썼고, 유민 열만화는 압록강주변에 정안국이란 나라를 세우기도 했다. 또한 발해의 말은 명마로 손꼽혀 중국의 유명한 장수들에게 인기가 높았다.

발해의 무역은 사신을 통해 이뤄졌으며 일본과도 활발하게 이뤄졌다. 발해는 특산품으로 표범가죽, 호랑이 가죽, 인삼, 꿀 등을 수출했고, 수입품은 일본으로부터 섬유제품과 금, 은, 수은, 진주, 동백기름 등을 들여왔다.

대조영이 죽고 아들 대문예가 2대 무왕으로 즉위했고, 3대 문왕 때 영토가 더 넓어졌으며 721년엔 동북경에 큰 성을 쌓았다. 10대 선황 때 발해는 최고의 전성기를 누렸는데, 3성 6부의 중앙조직과 5경 15부 62주의 지방세도를 갖췄다. 특별관청으로는 중

발해의 영토

정대와 문적원이 있었고 사빈사와 주자감에서 왕을 보좌했으며, 관리는 8등급으로 나누었다. 군사제도는 10위를 설치했고, 항상 10만 명의 군사가 대기하고 있었다.

발해의 영토는 북쪽은 흑룡강과 송화강까지 이르고, 서쪽은 압록강 하류부터 구련성과 개원을 비롯해 농안의 서쪽을 거쳐 거란과 요동까지 이르고, 남쪽은 대동강과 원산만까지 이르러 신라와 국경을 이뤘다.

그렇지만 10세기부터 지배층의 방탕과 사치와 권력암투로 나라가 기울기 시작해 요나라의 침입을 받아 건국 227년 만에 멸망했다.

이야기 한국사

후고구려 후백제

궁예(901년~918년 재위)

궁예(弓裔, 861년~918년)는 후고구려의 시조로 성은 김씨, 본관은 경주, 법명은 선종(善宗)이다. 그는 신라의 왕족이며 후고구려(태봉, 마진)의 초대 군주다. 아버지는 47대 헌안왕(憲安王) 의정(誼靖)이고, 어머니는 헌안왕의 궁녀이지만 이름은 알지 못한다. 혹은 48대 경문왕 응렴(膺廉)의 아들이라고 전해지기도 한다. 왕실에서 버림받고 유모의 손에서 자라다가 세달사(世達寺)에 들어가 중이 되어 선종(善宗)이라 불렀다.

견훤(892년 또는 900년~935년 재위)

견훤(甄萱, 867년~936년 음력 9월)은 후백제의 시조로 완산 견 씨의 시조다. 아자개와 상원부인의 아들로, 상주(현재 문경시 가은읍)에서 태어났다. 『삼국사기』에 따르면 자신의 성을 이 씨에서 견 씨로 고쳤다. 견훤을 '진훤'이라고 주장하는 역사학자도 있다. 신라의 비장(裨將)으로 있다가 효공왕 4년(900년)에 완산에 도읍하고 후백제를 세웠다.

뒤바뀐 운명/ 후고구려 탄생

궁예의 출생에 대한 정확한 기록은 없지만 10여 세 때부터 중 생활을 한 것은 틀림없다. 항상 그는 남자로 태어나 큰 꿈을 이루겠다고 다짐했다. 그러던 어느 날, 까마귀 한마리가 궁예에게 부적을 떨어뜨렸다.

부적에는 임금 왕자가 굵게 씌어져 있었고, 이어 궁예는 언젠가는 왕이 될 것으로 굳게 믿고 있었다. 그러던 중 그는 절에서 도망쳐 도적의 두목 기훤의 부하로 들어갔다. 하지만 그는 성격이 포악하고 거칠어 궁예를 마치 머슴 대하듯 했다. 이에 궁예는 그를 떠나 북원의 도적 두목인 양길의 부하가 되었다. 양길은 기훤과는 달리 백성들에게 신뢰와 인기를 누리고 있었다.

궁예는 양길에게 신임을 받아 군사까지 맡게 되었다. 궁예는 용맹했으며 빼앗은 물건을 사람들에게 공평하게 나눠주었다. 이로써 궁예를 따르는 부하들이 점점 불어났다.

또한 싸울 때마다 승리해 강원도의 여러 고을까지 차지하면서 부하들로부터 장군으로 추대되었다. 이때 왕건은 자청하여 궁예의 부하로 들어왔다. 천군만마 격인 왕건을 얻은 궁예는 신라북쪽 변방을 함락시켰다. 이에 힘을 얻은 궁예는 901년 도읍을 송악으로 정하고 후고구려를 세워 스스로 왕이 되었다.

그러자 북원의 양길은 한때 자신의 부하였던 궁예가 성공하자 선제공격을 해왔다. 그렇지만 궁예는 단칼에 그를 죽인 다음 그가 차지하고 있던 지역까지 흡수해 영역을 넓혔다.

신라 효공왕 8년, 궁예의 세력이 점점 커져 나라이름을 '마진'으로 고쳤다. 그런 후 정식으로 광평성을 두어 나랏일을 토론케 했다. 각 지방에 관청을 두어 기초를 튼튼히 다진 다음 궁궐을 호화롭게 꾸몄다.

뒤이어 그는 평양까지 점령하면서 신라북부의 영토를 거의 차지했다. 이렇게 되자 궁예의 세력은 신라보다 앞섰고 이에 그는 초심을 잃고 우쭐대기 시작했다.

궁예의 본성은 잔악무도했는데, 신라에서 도망쳐 온 장수나 학자들이 자신의 뜻과 맞지 않을 경우 단 칼에 처단했다. 그는 911년 나라이름을 태봉으로 고친 다음 나주로 진격해 후백제 견훤의 해외통로를 막았다.

초심을 잃은 그는 스스로 미륵불로 자칭한 다음 맏아들을 청광보살, 막내아들을 신광보살로 부르게 하였다. 그는 머리에 금관을 쓰고 방포를 걸쳤다. 이런 궁예의 모습에 실망한 백성들은 점점 그를 떠나가기 시작했다. 어느 날 궁예는 자신이 쓴 불경 20권을 자랑하기 위해 승려 석총에게 보여주었다. 석총은 그것을 읽고 어이가 없다는 표정을 지으면서 말했다.

"이것은 불경이 아니라 사악한 책에 불과하다."

이 말을 들은 궁예는 석총을 죽였다. 이후부터 그는 포악해지기 시작했고 의심증까지 생겼다. 이에 왕비는 궁예에게 충언을 했는데, 도리어 화를 내며 소리쳤다.

"이년, 감히 미륵불에게 뭐라고 했느냐? 계집이 함부로 미륵불을 가르치려하다니!"

왕비는 어이가 없다는 듯 궁예를 쳐다보았다.

"오~, 이제 보니 다른 놈과 사통을 하고 있군?"

"대왕! 웬 해괴망측한 소리를…."

왕비의 말이 채 끝나기도 전에 궁예는 고래고래 소리를 질렀다.

"이 미륵불의 눈은 속이지 못해! 미륵불은 독심술을 하기 때문이야! 난 네년의 눈만 봐도 속마음을 훤히 알 수가 있지. 으하하하!"

"대왕! 어찌해서 그런 억지스런 말씀을 하시오!"

"허~ 이년 봐라! 그래도 미륵불에게 말대꾸를 해!"

분을 이기지 못한 궁예는 옆에 있던 쇠막대기를 번쩍 들어 왕비를 내리쳤다. 이에 왕비가 외마디소리를 지르며 달아났다. 하지만 잽싸게 왕비를 낚아챈 그는 인두로 지져대기 시작했다.

이를 본 두 아들이 궁예를 말렸지만 그 자리에서 때려죽이고 말았다. 이로써 궁예는 완전히 미쳤고, 죄 없는 신하들까지 누명을 씌워 죽였다. 그래서 궁예를 따르던 장수들은 그를 몰아내고 왕건을 왕으로 세우기로 결정했다.

왕건은 그들의 청을 여러 번 거절하다가 어쩔 수 없이 받아들였다. 곧바로 왕건은 장수들과 1만 명의 군사를 동원해 궁예가 머물고 있는 궁전을 포위했다. 그러자 궁예는 궁전을 빠져나가 평강으로 갔다가 백

마의태자(麻衣太子, ?~?)

신라의 태자로 경순왕과 죽방왕후 박씨의 장자 김일(金鎰)을 말한다. 경순왕 9년에 신라가 고려에 항복하자 이에 반대하여 금강산으로 들어가 마의(麻衣)를 입고 풀뿌리와 나무껍질을 먹으면서 여생을 보냈다고 한다. 다른 의미로는 신라부흥운동을 했던 경순왕의 태자 형제를 포괄하고 있다.

성들에게 맞아죽었다. 그가 죽자 태봉은 28년 만에 멸망하고 말았다.

왕건이 고려를 세우고 왕위에 올라 세력을 확장시킨 다음 후백제까지 멸망시켰다. 또한 신라 경순왕 9년 왕건은 신라영토 대부분을 고려에 귀속시켰다. 이로써 경순왕은 나라를 더 이상 지탱할 수 없다고 판단해 대신들에게 항복하는 것이 좋겠다고 말했다.

이때 태자가 반대하고 나섰지만 경순왕은 시랑 김봉휴로 하여금 항복문서를 쓰게 한 후 935년 고려에 항복했다. 그러자 태자는 통곡하며 부왕에게 하직인사를 한 다음 금강산으로 들어갔다. 당시 태자가 베옷을 입었다고 하여 사람들은 마의태자라고 불렀다.

아들의 죽음을 목격한 아버지의 심정

927년 세력이 확장된 후백제 견훤은 신라 고울부까지 침략했다. 그러자 신라 경애왕은 그의 침략에 한탄하면서 고려에 원병을 청했다.

그러자 고려 태조 왕건은 1만 명의 군사를 이끌고 신라로 왔다. 그러나 고려군이 도착하기 전 견훤은 군사를 풀어 약탈하고 왕과 왕비를 사로잡았다. 견훤은 경애왕에게 스스로 목숨을 끊게 하고 아우뻘인 김 부를 허수아비 왕으로 앉혔다.

한편 공산에서 신라를 돕기 위해 원병을 이끌고 오던 왕건과 견훤이 맞붙었다. 하지만 고려군이 패하면서 김낙과 신숭겸 장군이 전사하고 왕건은 겨우 목숨만 건져 달아났다.

이로써 견훤의 군사가 나날이 강해졌지만 신라 경순왕 5년에 견훤의 충신 공직이 고려로 귀순하는 사건이 발생했다. 그가 귀순하면서 고려는 점차적으로 세력이 커지면서 웅진 이북 30여 성을 함락시켰다.

견훤은 여러 명의 아내와 10여 명의 아들을 두었는

(神劍, ?~?, 935년~936년 재위)

후백제의 2번째이자 마지막 왕이다. 신검은 견훤을 금산사(金山寺)에 가두었는데, 약 3개월 뒤에 견훤은 가까스로 탈출할 수 있었다. 견훤은 고려의 태조인 왕건에게 도움을 청하였다. 태조는 견훤의 요청을 받아들여 936년에 군대를 이끌고 일선군(一善郡, 현재의 구미시 선산읍)으로 갔다. 신검의 군사들이 견훤을 보자 대항의 의지를 잃고 대부분이 항복하였고, 신검도 할 수 없이 항복하였다.

데, 그 중 넷째 아들 금강이 키가 크고 지혜로웠다. 이에 견훤은 그에게 왕위를 물려주겠다고 마음 먹었다.

그렇지만 맏아들 신검과 그의 동생 양검과 용검 등은 고민에 싸였다. 그러던 중 양검은 강주 도독으로, 용검은 무주 도독으로 부임했고 신검만 남았다.

이때 이찬 능환이 강주와 무주로 사람을 보내 음모를 꾸몄고, 935년 3월 신검은 견훤을 금산사에 가둔 다음 금강을 죽였다. 신검은 아버지 견훤을 폐하고 스스로 왕이 되었고 하루아침에 왕위를 빼앗긴 견훤은 인생의 허무함에 눈물을 흘렸다.

견훤은 3개월 뒤 금산사에서 탈출하여 금성으로 달아났다가 고려 왕건을 찾아갔다. 그러자 왕건은 견훤을 극진히 대접하면서 상부라고 불렀다. 이듬해 왕건은 견훤의 사위 영규와 내통해 견훤과 함께 10만 대군을 이끌고 후백제 정벌에 나섰다.

후백제는 고려와 싸웠지만 크게 패했고 신검과 그 형제들은 모두 죽임을 당했다. 아들의 죽음을 목격한 아버지 견훤은 황산의 어느 절에서 등창으로 죽었다. 이로써 후백제는 건국 45년 만에 멸망하고 말았다.

내조의 여왕 유화부인

왕건이 태어나기 일 년 전 어느 날, 아버지 왕융은 일꾼들과 집터를 닦고 있었다. 그때 스님이 지나가다가 걸음을 멈추고 혼자 중얼거렸다.

'쯧쯧, 기장 심을 자리에 삼을 심다니. 아깝구나!'

이 소리를 들은 왕융은 스님에게 무슨 말인지 물었다. 그러자 스님은 망설이다가 한참 후에 입을 열었다.

"집터를 넓게 닦아 36채의 큰 집을 지으시오."

"스님, 저에겐 그런 큰 집이 필요 없습니다."

"필요할 것이요. 그래야만 많은 사람들이 몰려오고 더불어 큰 인물이 날 것 아니오."

스님은 말을 끝내자 곧 사라졌고 사람들이 왕융에게 도선대사와 무슨 말을 했냐고 물었다.

"뭐? 그 분이 도선대사라고?"

도선대사는 당나라로 건너가 풍수지리를 배운 사람이었다. 며칠이 지난 후 도선대사가 또 다시 찾아와 이렇게 말했다.

"아들을 낳으면 반드시 건이라는 이름을 지으시오."

도선대사의 말에 따라 왕융은 대궐처럼 큰집을 지었고, 이듬해인 877년 정월14일 개성 예성강 근처에서 왕건이 태어났다. 왕건은 문무에 능했는데, 10살 때 날아가는 새를 활로 쏘아 맞힐 정도로 실력이 있었다.

이 무렵 신라는 헌강왕이 죽고 아우가 50대 정강왕으로 즉위했지만 1년 만에 병으로 죽었다. 그의 뒤를 이어 누나가 51대 진성여왕으로 등극했다.

하지만 진성여왕은 사치와 놀이로 세월을 보내면서 백성들을 내팽개쳤다. 그러자 가난한 백성들은 호족들의 부하가 되거나 도적이 되었다. 특히 도적들과 노예들은 반란을 일으키기 일쑤였다. 상주에서 노예가 일으킨 애노의 난과 북원지방에서 일어난 양길의 반란이 큰 사건이었다.

이때 궁예가 절에서 도망쳐 양길의 부하가 되었는데, 왕건이 20살 때 그의 세력이 커지면서 송악부근까지 장악했다. 그러자 왕건은 아버지 왕융과 함께 궁예의 부하로 들어갔다.

궁예는 왕융을 금성태수로 임명하고 왕건은 부하장수로 삼았다. 897년 진성여왕이 물러나고 효공왕이 왕위에 올랐을 때 왕융이 궁예에게 도읍을 정하고 성을 쌓자고 제의했다.

898년 궁예는 송악에 도읍하고 왕건을 정기대감으로 임명했다. 그러자 왕건은 궁예에게 미래를 위해 수군양성을 제의했고 흔쾌히 허락했다. 이에 왕건은 배를 제작하고 수군을 모집해 훈련시켰다. 훈련을 끝낸 왕건은 군선 수십 척을 예성강에 띄워 공암현을 공격하자 현령은 대항하다가 도망쳤다. 이로써 왕건은 한강하류의 땅을 점령한 후 송악으로 돌아왔다.

899년 왕건은 군사 1천여 명과 함께 임진강을 건너 양주와 견주를 공격해 승리했다. 이 무렵 궁예는 양길을 공격해 30여개 성을 빼앗았다. 드디어 궁예는 904년 도읍을 철원으로 옮긴 다음 왕위에 오르면서 국호를 마진으로 정했나.

견훤은 상주지방의 호족 아자개의 아들이다. 진성 여왕 6년(892

년)에 그는 5천군사와 함께 무진주와 대야성 등 10여개 성을 빼앗았다. 900년에 완산주에 도읍을 정하고 나라 이름을 후백제라고 했다. 이로써 한반도는 통일신라 이후 신라, 마진(후고구려), 후백제 등으로 분할되면서 후삼국시대를 맞았다.

어느 날, 왕건은 송악에서 일을 마치고 철원으로 향했는데, 이미 아버지 왕융이 죽은 뒤였다. 왕권일행이 정주고을에 도착했을 때 마을길 양쪽 버드나무가 축 늘어져 있었다. 그는 목이 말라 샘을 찾아갔는데, 마침 샘가에는 아리따운 처녀가 물을 긷고 있었다.

"여보시오, 목좀 추기게 물 한바가지만 주시겠소?"

처녀는 바가지에 물을 담은 후 샘가 버드나무 잎을 훑어 물위에 띄워서 주었다. 왕건은 입 바람으로 잎을 불어내면서 마신 후 그 이유를 물었다.

"바가지에 버들잎을 띄운 이유가 있소?"

"그렇습니다. 물에 체하면 약도 없지요."

왕건은 그녀의 지혜에 감탄했고, 또 다시 그녀가 말을 걸었다.

"장군, 저기 보이는 집으로 오시면 저희 아버님을 뵐 수 있습니다."

왕건은 그녀가 자신에게 청혼하면 허락하겠다는 뜻으로 받아들였다. 왕건은 그녀와 결혼을 했다. 그녀는 유화부인으로 내조를 발휘해 왕건을 임금으로 만든 인물이다.

왕건이 42세가 되었을 때, 궁예는 실정으로 백성들의 원성을 받고 있었다. 이때 홍유, 배현경, 복지겸, 신숭겸 등 네 장수가 왕건을 찾아왔다. 그러자 유화부인이 술상을 가지고 방으로 들어오자 신숭겸이 부인에게 말했다.
"혹시 햇사과가 있으면 안주로 주시겠습니까?"
유화부인은 말없이 문밖으로 나가면서 왜 햇사과를 달랬는지를 알았다.
'남편과 중요한 비밀 이야기를 하는구나.'
먼저 신숭겸이 입을 열면서 참석자들이 차례로 말했다.
"궁예는 미쳤습니다. 지금 백성들의 마음은 왕 장군에게 쏠려 있소."
"장군, 백성들을 위해 저희의 뜻을 받아주십시오."
"지금 한 시각도 지체할 수 없습니다."
그러자 왕건은 드디어 침묵을 깨트렸다.
"임금이 포악해졌다고 어찌 몰아낼 수가 있겠소? 내 양심상 용납되지 않는 일이오."
그 순간 유화부인이 살며시 방문을 열고 들어오면서 이야기 했다.
"장군, 예로부터 임금이 포악해지면 백성과 군신들이 멀어진다는 말이 있습니다. 만약 하늘이 준 기회를 버리면 목숨을 부지하기가 어렵지요. 햇사과를 곧 올릴 테니 잠시만 기다려주세요."
유화부인의 말에 왕건은 무릎을 쳤고 그때 유화부인이 다시 방으로 들어왔다. 손에는 사과가 아닌 왕건의 투구와 갑옷이었다.
"장군, 시각을 다투는 것 같습니다. 어서 일어나세요."
무장을 끝낸 왕건은 네 장수와 함께 1만 명의 군사를 이끌고 궁궐을 포위했다. 궁전엔 미쳐있는 궁예 외엔 아무도 없었다. 왕건은 궁예를 몰아내고 왕위에 올라 나라이름을 고려라 하고 연호를 천수로 정했다. 그리고 철원에서 송악으로 도읍지를 옮겼다.

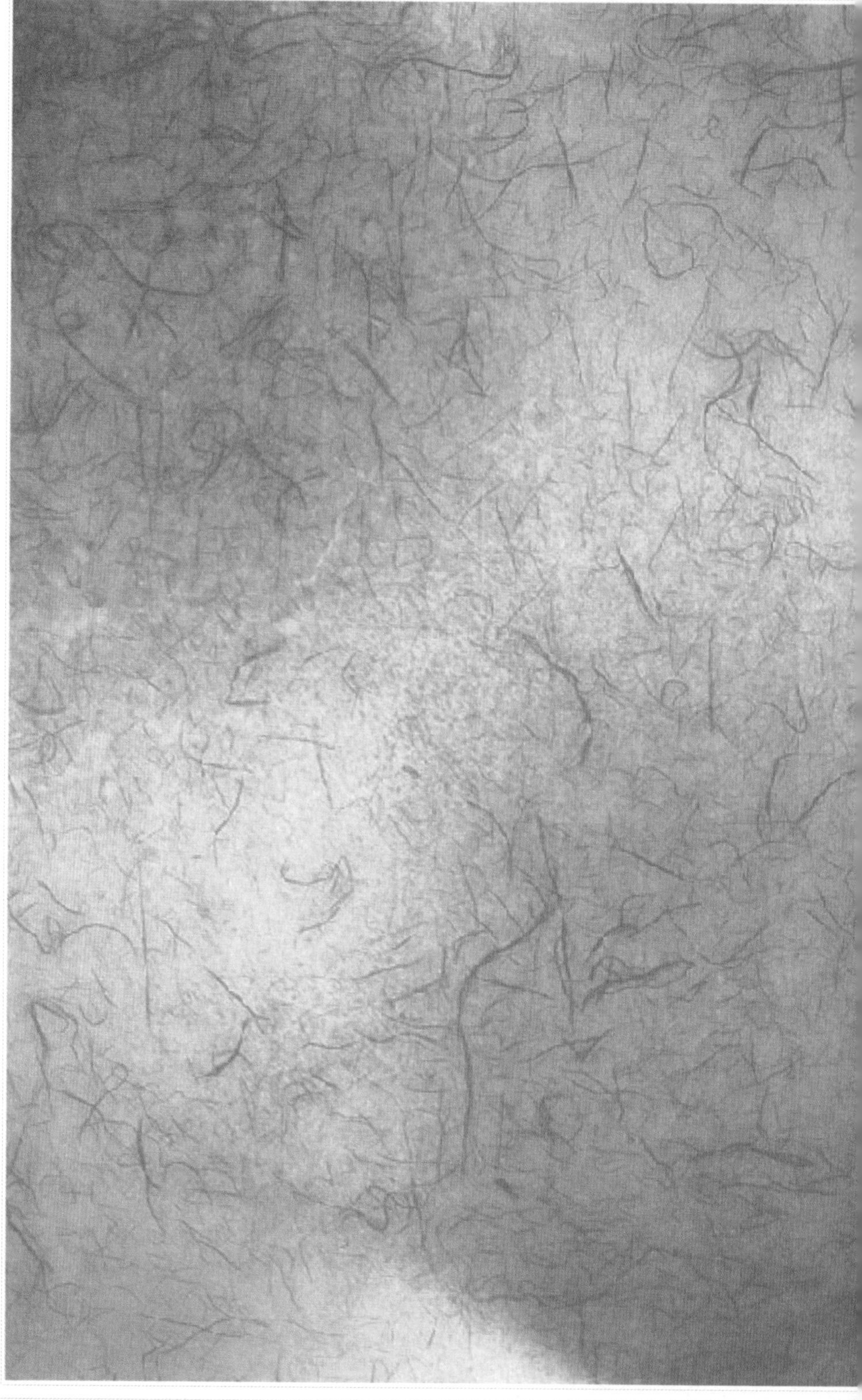

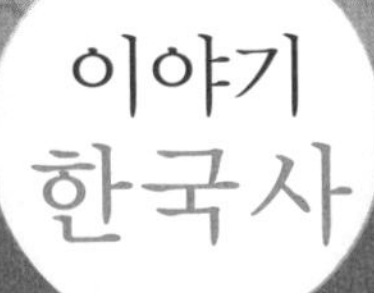

고려

태조 왕건
(918~943 재위)

왕건(王建, 877~943)의 고려의 시조로 성은 왕, 이름은 건, 자는 약천(若天)이다. 아버지는 금성태수 왕융(王隆)이며, 어머니는 한씨(韓氏)이다. 송악(개성)에서 출생하였다. 묘호는 태조(太祖), 시호는 응운광렬대정예덕장효위목인용신성대왕(應運光烈大定睿德章孝威穆仁勇神聖大王)이다.

왕건과 외척들의 기 싸움

후삼국을 통일한 왕건은 대신 박술희에게 나라의 장래에 대해 물었다.

"전쟁으로 백성들은 몹시 지쳐 있습니다. 우선 백성들의 고통을 덜어주는 것입니다."

"그렇다면 어떤 방법을 좋겠소?"

"세금을 감하는 것입니다."

"그러면 경이 세금을 감하는 방법을 강구하시오."

박술희는 태조의 명에 따라 조정의 살림을 조사했고 현재 재정으로 3년 동안 세금을 조금만 거둬들여도 된다는 것을 알았다. 세금을 덜어준다고 공포했지만 처음엔 믿지 않다가 그것이 실행되자 왕을 칭송했다.

또 하나 왕건이 지방호족들을 다스리는 것이었다. 당시 호족들은 고려를 세운 공신들이었다. 더구나 저마다 많은 사병(私兵)을 거느리고 있어 임금이 마음대로 할 수가 없었다. 그래서 또 다시 박술희를 불렀다.

"호족세력들을 복종시킬 비책이 없겠소?"

"좋은 방법이 있습니다."

그 비책으로 왕건은 호족들의 딸들을 후궁으로 맞았는데, 모두 6명의 왕비와 23명의 후궁을 거느렸다. 그래서 태어난 왕자가 25명, 공주가 9명이었다. 하지만 왕비와 후궁들이 많아 외척들의 권력싸움에 골치가 아팠다.

921년 둘째 왕비 오 씨에게 태어난 무를 태자로 정했지만 왕건 자신이 죽으면 무슨 일이 일어날지 불안했다. 이에 왕건은 943년 4월, 자신의 뒤를 이을 임금들이 반드시 지켜야할 '훈요십조' 를 선언했다.

개국공신인 사촌동생 왕식렴을 폐허가 된 평양으로 보내 옛 고구려의 도읍지로 복원하라고 명령했다. 왕식렴은 919년 10월 평양성을 완전 복원했다. 그 후 943년 5월 태조 왕건은 67세로 죽었다.

왕건의 뒤를 이어 태자 무가 32세이 나이로 고려 2대 혜종으로 즉위했다. 혜종은 자신이 왕위에 올랐지만 29명의 왕비와 후궁에서 태어난 25명의 왕자들 때문에 항상 불안했다.

그때 호족출신 대신 왕규가 손자 광주원군을 왕위에 앉히려고 음모를 꾸몄다. 왕규는 혜종에게 신명왕후 유 씨의 아들 요와 소를 죽이라고 충동질했다. 그렇지만 혜종은 두 아우를 끝내 죽이지 않았다. 이에 왕규는 혜종을 제거하려고 계략을 꾸몄는데 박술희가 혜종에게 발고했다. 그러자 혜종은 천문 담당자 최지몽을 불러 물었다.

"궁중이 어수선한데, 천기가 어떻소?"

"유성이 자주 자미궁을 침범하고 있습니다. 이것은 반역이 일어날 조짐입니다."

혜종은 박술희를 시켜 군사를 풀어 대궐을 방어하라고 했다. 그렇지만 왕규는 혜종을 제거하기 위해 수십 명의 군사를 광주원부인이 거처하는 곳에 숨겼다.

밤이 깊어지고 왕규는 군사들과 함께 임금의 침전으로 다가가

덮쳤다. 그때 침전을 수비하던 백여 명의 군사들이 맞섰고 반역의 무리들은 사로잡히거나 죽었다. 이후부터 임금의 침전주위에 군사 수백 명이 수비했다.

혜종 2년, 또 다시 왕규가 심복에게 사주해 임금을 해치고자 했다. 하지만 임금은 잠자리를 선덕전에서 중광전으로 옮겨 화를 면하게 되었다. 혜종은 왕규의 음모인줄 알았지만 그의 세력이 강해 덮어두었다.

945년 9월 혜종은 병을 얻어 34세로 죽자 박술희는 곧바로 혜종의 아우 요 왕자를 임금으로 세웠다. 이 임금은 낙랑공주의 오빠인 3대 정종이다.

정종은 박술희와 왕규를 동시에 귀양 보낸 후 서경에 있던 왕식렴 장군을 불렀다. 왕식렴은 군사들과 함께 개성으로 달려와 대궐을 지켰다. 이때 왕규는 귀양명령을 무시하고 기회만 노리고 있었다.

그렇지만 정직한 박술희는 임금의 명으로 갑곶이로 내려갔다. 이에 왕규가 자객을 보내 왕명을 빙자해 박술희를 죽였다. 이 사실을 모르는 왕식렴은 정종에게 간언했다.

"폐하, 왕규는 두 번씩이나 역모를 꾀했습니다. 속히 처단하지 않으면 후일에 역모를 또 다시 꾸밀지도 모릅니다. 아울러 박술희는 충신이오니 속히 귀양에서 풀어 주십시오."

정종은 왕식렴의 말에 박술희를 풀어주려고 했는데, 그가 왕규에게 죽임을 당했다는 보고받았다. 이에 정종은 크게 노하여 왕규의 목을 베었다.

말 한 마디로 10만대군 물리친 서희

정종이 죽자 949년 3월 그의 아우가 고려 4대 광종으로 등극했다. 그는 왕위다툼의 원인이 호족들과 친인척 때문이라는 것을 알았다. 그래서 956년 노비안검법을 공포하게 되었다. 이법은 호족들이 데리고 있는 노예를 해방시켜 그들의 세력을 약화시키는 것이 목적이었다.

당시 고려와 접한 나라는 중국 후주로 광종이 왕위에 오르자 사신으로 쌍기를 보내 축하했다. 사신 쌍기는 병이 들어 후주로 돌아가지 못했다. 그러자 광종은 후주 세종에게 쌍기를 고려신하로 삼을 수 있도록 청했다. 세종의 허락을 받은 쌍기는 고려 말과 풍습을 익혔다. 어느 날 광종은 쌍기에게 이렇게 물었다.

"후주제도 중 고려가 본받을 만한 제도가 없소?"

이에 쌍기는 과거제도를 말했다. 그의 말에 따라 광종 9년 9월 15일에 최초로 과거시험을 실시했다. 975년 5월51세로 광종이 죽자 뒤를 이어 아들이 고려 5대 경종으로 등극했다. 경종은 벼슬에 따라 토지를 나눠주되 죽으면 반납하는 전시과를 실시했다.

981년 7월 경종이 27세로 죽었지만 아들이 어려 22살인 왕건의 손자가 고려 6대 성종으로 등극했다. 당시 성종에겐 충신 최승로가 있었는데, 그는 어려서부터 천재였다. 최승로는 태조 이후 다섯 임금을 섬겼다. 982년 그는 성종에게 임금이 나라를 다스리는 데에 지켜야 할 스물여덟 가지 시무책을 올렸다.

993년 10월, 북쪽 여진족으로부터 거란이 고려를 치려한다는 급보를 받았다. 그러나 성종과 조정대신들은 거짓인줄 알고 방비책을 마련하지 않았다. 며칠 뒤 거란의 대군이 압록강을 넘어섰다는 보고를 받았다.

그때서야 성종은 시중 박양우를 상군사, 서희를 중군사, 최량을 하군사로 임명해 적군을 막게 했다. 성종도 서경까지 나가 적의 동태를 살핀 후 다시 안북부까지 나갔다. 거란의 장수 소손녕은 봉산군을 순식간에 무너트렸고 선봉장을 맡은 윤서안이 사로잡혔다.

그러자 성종은 화친을 청하기 위해 이몽전을 거란 진영으로 보냈다. 소손녕은 사신 이몽전에게 거드름을 피웠다. 그때 이몽전은 소손녕에게 물었다.

"고려를 침범한 이유가 무엇이요?"

"침범이요? 요나라는 원래 고구려 땅에서 일어났기 때문에 당연히 우리의 것이 아니겠소? 그래서 고려가 차지하고 있는 자비령 북쪽을 찾으려고 왔소."

이몽전은 조롱만 당하고 조정으로 돌아왔다. 하지만 아무도 마땅한 대책을 내놓지 못했다. 이때 서희가 나섰다.

"대왕마마, 전쟁의 승패는 군사의 수가 아니라, 적의 약점을 어떻게 이용하느냐에 달려 있습니다. 그들이

> **서희(徐熙, 942~998)**
>
> 고려 외교가이며 광종 때 재상인 서필의 아들로 자는 염윤(廉允)이다. 성종 12년(993) 거란이 침입하였을 때, 적장 소손녕(蕭遜寧)과 담판하고 유리한 강화를 맺었으며 이듬해에는 여진을 몰아내었다.

고구려의 옛 땅을 되찾는다는 것은 겁을 주기위한 수작입니다. 신이 미약하지만 적과 싸운 후 적장과 국경문제를 의논하겠습니다."

한편 소손녕은 고려로부터 화해의 요청이 오기만을 기다렸다. 하지만 한 달이 되어도 소식이 없자 총공격을 지시했다. 그렇지만 거란군은 험한 산비탈인 안용진에서 더 이상 진군하지 못했다.

안용진엔 고려의 중낭장 대도수와 낭장 유방이 지키고 있었다. 거란군은 열흘 동안 공격했지만 꿈쩍도 않고 사상자만 늘었다. 그는 안용진에서 고려군에게 패한 것을 변명하기 위해 고려에 사신을 보냈다.

"고려의 사신을 우리 진영으로 보내시오. 그러면 결정하겠소."

그의 계책은 고려가 항복할 의사가 있으면 돌아가겠다는 의미였다. 이때 서희가 임금에게 아뢰었다.

"대왕마마, 이제 거란군의 군량미가 바닥난 것 같습니다. 소신이 직접 적진을 찾아가 달래보겠습니다."

서희는 홀로 거란 진영의 소손녕을 만났는데, 그는 서희를 누르기 위해 거드름을 피웠다.

"나는 대국에서 온 장군이니 그대는 뜰아래서 절을 하시오."

그렇지만 서희는 조금도 굽히지 않고 태연하게 말했다.

"이보시오 장군! 두 나라 대신이 서로 만나는 자린데 어찌 뜰아래서 절을 하라는 것이오. 마치 장군은 거란의 임금처럼 행동하는 것 같구려."

"정 그렇다면 서로 맞절합시다."

인사가 끝나자 소손녕은 지난 번 말을 되풀이했지만 서희는 고

개를 가로저으며 따졌다.

"무슨 말씀인지 잘 모르겠소이다. 고려가 고구려의 후손이기 때문에 압록강 안팎의 땅도 당연히 우리 것이오. 그곳에 여진족이 들어와 살면서 우리와 거란사이를 방해하고 있는 것이다. 만약 귀국이 여진족을 쫓아내고 우리의 옛 땅을 찾아준다면 수교하겠소."

이에 소손녕은 요나라 왕에게 물었고 일주일 후 요나라 임금으로부터 군사를 퇴각하라 회신이 왔다. 소손녕은 서희에게 낙타 1백 마리, 말 1백 필, 양 1천 마리, 비단 5백 필을 주며 배웅했다. 다시 말해 서희의 말 한 마디로 거란의 10만 대군을 물리쳤던 것이다.

성종 13년 서희는 임금의 명으로 군사를 일으켜 압록강 남쪽의 여진족을 무찔렀다. 그리고 그는 장흥진, 곽주, 귀화진, 구주 등에 성을 쌓게 한 후 요나라와 화친을 맺었다.

협상으로 고려를 구한 충신 하공진

고려 5대 경종은 욱의 두 딸을 왕비로 삼았다. 언니는 헌애왕후, 동생은 헌정왕후로 봉해졌다. 하지만 경종은 즉위 6년 만에 죽자 두 왕후는 졸지에 과부가 되었다.

그렇지만 헌애왕후는 자신의 아들이 목종임금으로 등극하자 나랏일에 간섭했다. 더구나 목종은 헌애왕후를 천추태후로 추대한 다음 천추전에서 살게 했다.

천추태후는 김치양을 궁궐로 불러들여 가까이 지냈다. 과거 김치양은 성종 때 헌애왕후와 내통하다가 발각되어 귀양 간 인물이다. 이에 충신 한언공은 천추전의 좋지 못한 소문을 듣고 목종에게 아뢰었다.

"폐하! 요즘 천추전에 김치양이 밤낮을 가리지 않고 출입한다는 소문이 있습니다. 이것은 부적한 행위로 김치양을 내치셔야 합니다."

그의 간언에도 목종은 어쩔 도리가 없었다. 더구나 목종은 태후의 명으로 김치양에게 조정재정을 담당하는 벼슬까지 내렸다. 그 후부터 김치양은 조정의 권세가로 군림했다.

목종의 나이 18세인 1004년, 천추태후가 김치양의 아들을 낳자 그는 임금 자리까지 탐냈다. 또한 동생 헌정왕후 역시 언니 못지 않게 문란한 생활을 일삼았다.

그녀는 경종이 죽자 왕륜사 남쪽부근에 집 한 채를 마련해 살았다. 그러면서 옆집에 살고 있는 아저씨뻘인 태조 왕건의 아들 왕욱과 가깝게 지냈다. 헌정왕후는 992년 7월 아들을 낳은 후 죽었다. 이에 성종은 왕욱이 왕후와 간통했다는 죄를 물러 사수현으로 귀양 보냈다.

그리고 성종은 고아가 된 헌정왕후의 아들을 대궐로 데려와 키웠다. 아이가 두 살이 되던 해였다. 성종이 아이를 무릎에 올려놓자 아이는 품안으로 파고들면서 말했다.

"아버지, 아버지."

성종은 측은하게 생각해 아이의 아버지가 있는 사수현으로 보냈다. 그 아이의 이름은 순이며 후에 대량원군이 되었다. 성종이 죽고 목종이 왕위에 올랐을 때 대량원군은 양주 삼각산 사찰의 중으로 살고 있었다. 대량군은 18세가 되면서 스스로 세상물정을 알았다.

이럴 무렵 김치양은 목종을 죽이고 자신의 아들을 왕위에 앉히려고 천추태후와 역모를 꾸몄다. 하지만 거사에 성공하더라도 대량원군이 걸림돌이었다. 왜냐하면 그는 태조 왕건의 유일한 후손으로 왕위에 오를 수 있는 인물이었기 때문이다.

이에 김치양은 그를 제거하기 위해 자객을 보냈지만 미리 눈치를 채고 북한산으로 피했다. 이때 대량원군은 안타까운 마음에서 시 한수를 읊었다.

'한줄기 흐르는 물은 백운봉에서 내려오네
이 물은 멀리 저 멀리 바다로 통하니
천천히 졸졸 흘러 바위 밑에만 있다고 업신여기지 마라
얼마 후엔 용궁에까지 흘러가리니'

암살에 실패한 김치양은 무력으로 반란을 일으켰다. 목종은 만약 반란이 성공하면 고려 왕 씨가 멸망하게 된다는 것을 알았다. 왕은 고민하다가 서경을 지키는 장수 강조에게 반란군을 진압하라고 명했다.

강조는 순검부사 이현운과 함께 5천 명의 군사를 앞세워 김치양을 비롯해 반란군을 진압했다. 강조는 여세를 몰아 1009년 2월 목종을 제거하고 대량원군을 고려 18대 현종으로 등극시켰다. 그 무렵 요나라 성종은 1010년(현종 1년) 10월, 40만의 대군을 이끌고 쳐들어왔다.

요나라 군사는 먼저 고려 장수 양규가 지키는 흥화진을 공격했지만 쉽게 함락이 되지 않자 통주로 방향을 틀었다. 통주는 강조가 30만 대군과 함께 지키고 있었다. 그는 적군이 쳐들어오자 삼각형 진법을 치고 기다렸다.

결국 요나라군사는 강조와의 첫 싸움에서 참패를 당했다. 이에 요나라 선봉장 야율분노는 군사를 재정비하여 두 번째 공격을 시도했다. 하지만 이번에도 요나라는 패하고 말았다.

이에 기고만장한 강조는 요나라군사를 가볍게 보기 시작했다. 이때 요나라 장수들은 두 번의 실패에서 삼각형 진법을 파괴할 해법을 찾았다. 적장 야율분노는 세 번째 공격에서 고려군의 중앙을 공격하지 않고 측면에서 공격했다. 이와 동시에 오른쪽으로 함성을 지르며 공격을 시도했다. 고려군은 참패하고 강조는 사로잡혀 요나라 성종 앞으로 끌려갔다.

“너의 삼각형 진법은 훌륭했다. 그러나 한 가지 전술을 고집한 것은 너의 실수였다. 만약 내 부하가 된다면 목숨을 살려주겠다.”

그 말에 강조가 버럭 화를 내자 성종은 부드럽게 말을 이었다.

"나를 따르지 않으면 네 목을 내놓아야 할 것이다."

"마음대로 해라! 고려의 충신은 두 임금을 섬기지 않는다."

"그래? 여봐라~ 저놈을 죽지 않을 만큼 쳐라!"

강조가 매를 견디지 못하고 기절하자 성종은 그의 부장 이현운에게 자신의 뜻대로 하겠냐고 물었다. 이현운은 기다렸다는 듯이 대답하자 정신을 차린 강조가 벌떡 일어나 그의 옆구리를 걷어찼다.

"네, 이놈! 고려장군으로서 무슨 짓이냐!"

이에 화가 난 성종은 강조의 목을 벤 다음 흥화진을 공격목표로 삼았다. 흥화진을 포위한 성종은 항복하라는 권고문을 화살 끝에 매달아 성안으로 쏘았다. 권고문을 받은 양규가 웃음을 터뜨리면서 편지를 찢어버렸다.

그러자 성종은 흥화진을 함락시키기 위해 닷새 동안 공격했지만 꿈쩍도 하지 않았다. 이에 요나라 군사들은 점점 사기가 떨어졌고 성종은 서경부터 공격하기로 작전을 바꿨지만 쉽지가 않았다.

할 수 없다고 생각한 성종은 마지막으로 개경을 공격하기 위해 군사를 돌렸다. 만약 서경에서 군사를 돌리지 않았다면 함락되었을 것이다. 이때 서경은 이미 군량미가 바닥났고 적군을 막을 수 있는 군사도 없었다.

하지만 고려 현종은 개경

> **하공진(河拱辰, ?~1011년)**
>
> 고려 현종 때 문신으로 본관이 진주이고, 진주 하 씨(河氏)의 시조다. 거란이 고려를 침입하자 적진으로 들어가 자신이 볼모로 잡혀 있는 것을 조건으로 거란군을 철병시키는데 성공했지만 탈출에 실패하면서 피살되었다.

으로 쳐들어오는 요나라 때문에 절망에 빠졌다. 도저히 그들을 방어할 능력이 없었다. 할 수 없이 현종은 경기도 양주로 피신을 했다. 개경은 요나라공격으로 잿더미로 변했고, 현종은 눈물을 흘렸다. 그러자 충신 하공진이 이렇게 아뢰었다.

"폐하! 소신이 요나라 임금을 만나겠습니다."

며칠 뒤 하공진이 요나라 성종을 만났다. 성종은 하공진에게 눈을 부라리며 소리쳤다.

"항복문서를 가지고 왔느냐?"

"폐하! 원래 강조를 벌하기 위래 고려로 온 것 아닙니까? 그리고 얼마 전 강조를 죽여 폐하의 화가 풀렸잖습니까?"

"그건 그것이고. 우리가 물러가면 현종이 요나라로 인사를 온다고 하더냐?"

하공진은 성종의 협박에도 불구하고 흔들림 없이 또박또박 대답했다.

"그것이 소원이라면 제가 볼모로 가겠소."

요나라 성종은 하공진의 설득으로 군사를 퇴각시켰고, 고려는 위기에서 살아났다.

강감찬 장군의 귀주대첩

요나라의 1,2차 침략은 도리어 고려 백성들을 단결시키는 계기가 되면서 점차적으로 부강의 길로 접어들었다.

요나라 성종은 고려에서 아무런 소식이 없자 현종을 불렀다. 이에 현종이 고민하고 있을 때 강감찬 장군이 말했다.

"만약 요나라가 침략하면 당당하게 맞서야 합니다. 지금 우리군사들의 사기와 군량미가 넉넉합니다."

현종은 강감찬 장군의 말을 믿고 성종을 무시했다. 이에 화가 난 성종은 사자를 보내 흥화진, 통주진, 용주진, 철주진, 곽주진, 귀주진 등을 달라고 했다. 과거 이곳은 서희가 개척해 놓은 곳으로 여진족들이 모두 떠나고 지금은 고려의 영토였다.

이때 요나라가 세 번째 침공을 준비하고 있을 때 고려는 문신과 무신들의 권력싸움이 일어났다. 전쟁 때면 무신들의 세력이 커지고, 태평세월이면 문신들의 세력을 커졌다.

그러나 이때는 문신들이 권세를 누리고 있어 무신들의 불만이 많았다. 그러던 중 조정에서 무신들에게 내린 영업전을 문신들이 가로채자 무신 김훈과 최질 등 열아홉 명의 장수들이 폭발했던 것이다.

상황의 위급함을 직시한 현종은 무신들의 요구조건을 들어주겠다고 약속했다. 막상 약속을 해놓은 현종은 고민하다가 김맹과 이자림을 불렀다. 이자림은 한참 현종의 이야기를 듣다가 입을 열었다.

"폐하, 궁중잔치에 그들을 모두 불러 제거하시면 됩니다."

그제야 현종은 얼굴이 밝아졌다. 며칠 후 현종은 무신들을 서경 장락궁으로 초대했다. 그러나 무신들은 현종의 계략임을 전혀 모르고 있었다. 무신들이 술에 취하자 이자림은 매복시켜 둔 군사들에게 목을 베게 했다.

1018년 현종 9년 12월, 요나라 성종은 소배압을 선봉장으로 삼아 10만 대군을 앞세워 침략해왔다. 그러자 현종은 많은 장수들을 제거한 것이 후회스러웠다.

요나라 대군이 압록강을 건너 남쪽으로 내려오자 강감찬 장군은 부장 강민첨과 함께 20만 대군과 함께 안주에 진을 쳤다. 그리고 돌격대 1만2천 명을 선발해 강민첨에게 내주면서 흥화진 동쪽 대천강가에 매복시켰다. 요나라 대군이 대천강을 반쯤 건넜을 때 고려 군사들의 공격으로 전멸되고 말았다.

그렇지만 적장 소배압은 개경을 함락시키고 현종을 잡기위해 남쪽으로 내려왔다. 이때 개경엔 1만 명의 군사들이 있었고, 개경으로 들이오는 길목인 신은현에도 군사들이 지키고 있었다.

강감찬(姜邯贊, 948년~1031년)

시호는 인헌(仁憲)이고 본관은 금주(衿州) 또는 진주이며 어릴 때 이름이 은천(殷川)이다. 귀주대첩의 승리를 이끈 고려시대의 명장이며 문신이다. 삼한벽상공신(三韓壁上功臣) 궁진(弓珍)의 아들로 983년 진사시에 합격하고, 임헌복시(任軒覆試)에서 갑과에 장원한 뒤 관직을 시작해 예부시랑까지 올랐다. 그 뒤 국자제주(國子祭酒), 한림학사, 승지, 중추원사, 이부상서를 역임했고, 1018년 서경유수와 내사시랑평장사를 겸했다. 문종 때 수태사 겸 중서령(守太師兼中書令)에 추존되었다. 묘는 충청북두 청원군 옥산면 국사리에 있다.

소배압은 초승달이 뜨자 신은현을 함락시키기 위해 총공격을 시도했지만 도리어 고려군에게 수많은 군사들을 잃고 말았다. 이때 전령이 달려와 소배압에게 급하게 보고했다.

"장군! 고려군이 뒤쪽에서 공격하고 있습니다."

"뭣이라고!"

소배압은 급하게 군사들을 골짜기로 피신시켰는데 10만 명중 6만뿐이었다. 그는 돌격대를 조직한 다음 삼 일째 되는 날 명령을 내렸다.

"고려군으로 변장해 성으로 잠입해라. 그리고 성문을 연 다음 재빨리 횃불을 올려라."

마침내 횃불이 오르고 소배합은 군사들에게 진군명령을 내렸다. 그러나 성문은 굳게 닫혀 있었고 성 앞엔 돌격대의 시체들만 뒹굴고 있었다. 소배합이 함정이라고 생각하는 순간 불화살이 사방에서 날아와 요나라 군사들은 우왕좌왕했다. 더구나 비바람까지 몰아쳐 도망칠 궁리부터 했다.

이에 강감찬 장군은 총공격명령을 내렸고 그 결과 소배압과 함께 살아서 돌아간 요나라 군사가 기병 2천여 명뿐이었다. 이것이 유명한 강감찬 장군의 귀주대첩이다.

전쟁에 패한 요나라는 세력이 약해지다가 1029년 내란으로 멸망하고 말았다. 요나라를 물리친 고려는 예성강 하류 벽란도를 무역항으로 만들어 무역을 시작했다.

고려 최초 사립교육기관 구재학당

최충은 신라가 망하면서 고려로 귀순한 최언위의 손자다. 그는 22세로 문과 장원으로 뽑힌 천재였다. 최충은 30여 년 동안 중단되었던 팔관회를 열도록 왕에게 건의했다. 이날은 등불을 밝히고 춤과 놀이로 즐겼다.

문종 때가 되면서 과거를 치르지 않으면 벼슬길에 나아갈 수가 없었다. 당시 나라소속의 국자감 외엔 사립교육기관이 없었는데, 최충이 벼슬에서 물러나면서 사립교육기관인 구재학당을 세워 젊은이들을 가리켰다.

문종 초기 문하시중까지 오른 최충은 고려서북지방의 흉년으로 백성들이 굶주림에 허덕이고 있자 임금에게 이렇게 간언했다.

"폐하! 서북지방 여러 고을에 흉년이 들어 백성들이 굶주리고 있습니다. 수리사업을 전개해 부역을 금하고 백성들이 농사에 전념케 하십시오. 그리고 개경에 붙잡혀 있는 여진추장들을 모두 석방해주십시오."

최충은 70세이 되자 벼슬에서 물러나겠다고 청했지만 도리어 문종은 그를 위로하면서 승낙하지 않았다.

"나이 탓은 그만하시오. 몸이 불편하다면 내가 경에게 지팡이를 주겠소."

몇 년이 흐른 뒤 문종은 최충에게 벼슬에서 물러나게 한 다음 좌리공신이란 호를 내렸다.

최충에겐 두 아들이 있었는데, 큰아들 최유선은 지중추원사란

벼슬자리에 있었다. 그 역시 아버지 최충 못지않게 임금의 잘못을 직선적으로 간언했다. 문종이 덕수현에 흥왕사창건을 허락하자 최유선은 옳지 않음을 설명했다.

"폐하, 당태종은 백성들의 출가를 허락하지 않아 후대사람들이 아름다운 역사라고 했습니다. 태조대왕께서도 훈요십조에 '도선국사가 산천을 두루 살펴 절을 세웠지만, 후세 임금들은 함부로 절을 지어 집터의 좋은 기운을 손상하지 말라' 라고 하셨습니다. 이제 조상들의 은덕에 나라가 날로 부강해져 태평세월을 맞이했습니다. 폐하께서는 마땅히 나라살림을 절약하고, 백성들을 사랑한 업적을 후대에 전해야 됩니다. 그런데 어찌 폐하께서는 절 때문에 나라의 재정을 소모하고 백성들에게 부역을 감당케 하여 원망을 사려고 하십니까?"

그러자 문종은 절을 짓는 일을 중지했으며 최유선에게 이부상서의 벼슬을 제수했다.

둘째 아들 최유길 역시 벼슬이 상서령에 이르렀으며 조정과 백성들에게 신임을 얻은 충신이다. 문종은 80살이 넘은 최충을 불러 공적기념으로 연회를 베풀었다. 최충은 나이가 많아 두 아들의 부축을 받으며 연회

최충(崔沖, 984년~1068년)

고려의 문신 겸 학자이며 본관은 해주로 아버지는 주(州) 향리인 최온(崔溫)이다. 자는 호연(浩然), 호는 성재(惺齋), 월포(月圃), 방회재(放晦齋), 시호는 문헌(文憲)이다. 1005년(목종 8년) 과거에 장원급제하고, 1011년(현종 2) 우습유(右拾遺)가 되었다. 글씨와 문장에 뛰어났으며 해동공자로 추앙되었다. 문집 『최문헌공유고(崔文憲公遺稿)』가 전한다.

장에 들어섰다. 이때 한림학사 김행경은 흰 수염을 길게 늘어뜨린 그의 모습이 마치 신선 같다며 시 한수를 읊었다.

'상서령이 중서령을 모시고 가니
을 장원이 갑 장원을 부축하는구나'

최충은 살아생전 집필한 책이 많았는데 안타깝게도 시구 몇 구절과 약간의 금석문만이 남아있다. 1068년 최충이 83세로 죽자 문종은 문헌공이란 시호를 내리고 정종사당에 함께 제사지냈다.

최초로 돈을 도입한 대각국사 의천

고려의 국교는 불교이기 때문에 과거제도에 승과를 두었으며, 덕망이 높은 스님을 왕사로 모셨다.

문종은 고려불교의 총본산인 흥왕사를 12여 년에 걸쳐 완성했다. 절의 전각이 30여 채에 2천8백 칸이며, 큰 종 2개에 작은 종 16개나 되는 웅장한 사찰이었다. 그러나 이 사찰은 몽골군의 침입으로 불타고 없어졌다.

불심이 강한 문종은 왕비에게 어느 왕자를 출가시킬지에 대해 물었다. 그러자 왕비는 넷째아들 의천을 추천했다. 11세 때 의천은 영통사로 들어가 경덕국사에게 불경을 공부했다. 10년이 지나면서 승려가 된 의천은 송나라로 유학해 불교를 더 배우고 싶었지만 왕비의 반대로 뜻을 이루지 못했다.

1083년 65세로 문종이 죽자 맏아들이 고려 12대 순종으로 즉위했다. 그러나 순종은 3달 만에 죽고 둘째 형이 고려 13대 선종이 왕위에 올랐다. 이때 의천은 송나라로 유학할 뜻을 비치자 순종과 마찬가지로 선종 역시 반대했다. 그렇지만 의천은 자신의 뜻을 굽히지 않고 1085년 4월 수개 한사람만 데리고 몰래 배에 올라 송나라로 향했다. 보름 만에 황주에 도착한 의천은 양자강의 운하를 따라 송나라 서울인 동경으로 들어갔다.

당시 송나라 황제 철종은 고려왕자가 불경을 공부하러 왔다는 소식에 그를 수소문한 끝에 궁궐로 불렀다.

"왕자가 승려가 되었다니 기쁜 일이오. 더구나 불경공부를 위해서 말이요."

철종은 신하들에게 령을 내려 의천을 극진히 대접하라고 했다. 그 후 의천은 계성사를 거쳐 송나라 황제가 추천한 각엄사 유성법사를 만났다. 그는 유성법사를 스승으로 모시고 천태종을 공부했다.

어느 날, 의천은 유성법사와 함께 번화한 거리에 있는 찻집으로 들어가 차를 마셨다. 그때 물건을 사고파는데 돈이 사용된다는 것을 알았다.

의천은 본국으로 돌아가면 물건을 사고파는데 필요한 돈을 만들자고 건의할 생각을 했다. 그는 송나라에 머물면서 상국사, 흥국사 등에서 인도불경을 공부했고, 가끔 견문을 넓히기 위해 각 지방을 여행했다.

그러다가 대종상부사로 가서 당나라의 명승이었던 정원의 제자 밑에서 공부했다. 또한 자변대사로부터 천태종을, 정원법사에겐 천태사상을 배웠다.

의천은 1086년(선종 3년) 어머니 인예태후의 간청으로 불경 3천여 권을 싣고 고려로 돌아왔다. 그는 흥왕사에 교장도감을 두고 4,740여 권의 불경을 간행했다. 그리고

대각국사 의천(大覺國師 義天)

고려의 천태종(天台宗)을 창종한 고승이다. 성은 왕(王)씨이고 이름은 후(煦)이며 호는 우세(祐世)이다. 대각국사(大覺國師)는 시호다. 송악출신으로 고려 문종의 넷째 아들로 태어나 11세에 중이 되고 30세에는 송나라에 건너가 화엄, 천태 등을 공부하고 돌아와 속장경 『신편 제종교장총록』 4,740여 권을 만들었다.

승주 선암사, 가야산 해인사 등을 둘러본 후 흥왕사 주지가 되어 천태종을 가리켰다.

이 무렵 고려불교는 여러 종파로 갈라지고 세력다툼이 심했다. 1093년 5월 선종이 46세로 죽자 맏아들이 고려 14대 헌종으로 왕위를 물려받았다. 왕위에 오른 헌종은 삼촌 계림공 때문에 목숨이 불안했다. 그래서 헌종은 1년5개월 만인 1095년 삼촌에게 왕위를 물려주었다.

계림공은 고려 15대 숙종으로 즉위했지만 조카에게 왕위를 찬탈했다는 백성들의 원성으로 불안했다. 그러자 숙종은 의천을 불렀다. 당시 의천은 숙종의 동생이자 왕사자격으로 임금인 형에게 불경을 가르치고 있었다.

"백성들이 조카를 밀어내고 왕위를 빼앗았다고 원망하는구나!"

"폐하, 세상사에서 마음가짐이 중요합니다. 백성들의 말보다 나랏일에 집중하시는 것이 좋겠습니다."

"그렇다면 묘안이라도 있는 것인가?"

"네, 백성들에게 세금을 적게 거두면 됩니다. 그리고 백성들이 물건을 사고 팔때 편리하게 사용하는 돈을 만들면 됩니다."

그러자 숙종은 1097년 주전도감을 설치하고 엽전을 만들었다. 백성들은 처음으로 돈을 사용해 물건을 거래했고, 상업까지 발달하게 되었다. 의천은 1101년(숙종 6년)에 죽었는데, 왕은 그에게 대각국사라는 칭호를 내렸다.

윤관이 쌓은 9성의 위력

문종은 침범한 여진족을 몰아내기 위해 문정, 최석, 염한, 이의 등에게 군사 3만을 내주며 정주로 출정시켰다.

고려군 세 부대는 깊은 잠에 취해 있는 여진족들의 진영으로 함성을 지르며 공격했다. 이에 여진족들은 혼비백산하여 산속으로 달아났고 고려군은 때를 놓치지 않고 추격해 여진족소굴을 점령했다.

그곳엔 수십 명의 고려여인들과 금은보화를 비롯해 일용품까지 수북이 쌓여 있는 것을 보고 놀랐다.

문종은 개선한 군사들을 위로하고 상을 내렸으며, 이후부터 여진족들로 인한 피해가 없었다. 그 무렵 만주 하얼빈근처에 추장 영가가 이끄는 완안족이 강성해져 함흥부근의 갈뢰전까지 세력이 미쳤다.

이에 고려는 영가에게 사신을 보내 친교를 맺게 하고, 갈뢰전에 살고 있는 여진족들을 부추겨 영가에게 대항토록 했다. 영가가 죽자 맏아들 오아속이 아버지의 유지를 받들어 갈뢰전 여진족을 무찔러 통합하면서 정평지방까지 침략했다.

그러자 숙종은 평장사 임간을 정평으로 보내 오아속을 공격하게 했지만 패했다. 오아속은 연전연승을 거두면서 남으로 내려와 선덕관성까지 점령했다. 다급한 숙종은 윤관을 동북면 행영병마도통으로 임명해 출전시켰지만, 그 역시 패하면서 화의를 했다. 이에 숙종은 조정중신들을 불러 대책을 물었다. 이때 윤관이 앞으로 나서면서 이렇게 말했다.

"신이 적군과 부딪쳐봤는데, 몹시 강했습니다. 더구나 적은 기병이고 우리는 보병이기 때문에 불리합니다."

윤관의 건의로 숙종은 말을 잘 다룰 수 있는 자를 뽑아 기병부대인 신기군을, 20세 이상의 장정들을 뽑아 산길을 달리는 훈련을 신보군을, 여러 사찰에 있는 젊은 중들을 뽑아 항마군을 창설했다.

이처럼 강한 군대를 양성하다가 1105년 숙종이 52세로 죽자 맏아들이 고려 16대 예종으로 왕위에 올랐다. 예종은 아버지 숙종의 유서를 대신들에게 보이며 이렇게 말했다.

"선왕께선 생전에 여진을 정벌하지 못한 것을 한스럽게 생각해 이런 유서를 남겼다오. 경들은 선왕의 뜻을 받들어 여진을 무찌르도록 하시오."

그러나 조정대신들로부터 아무런 말이 없자 예종은 윤관에게 물었다.

"장군, 그동안 군사들을 훈련시켰는데, 실력이 어떠하오?"

"백전백승할 실력을 갖췄습니다."

1107년 예종 2년 윤 10월 고려는 윤관을 원수로, 오연총을 부원수로 삼아 17만

윤관(尹瓘, ?~1111)

고려 예종 때의 학자?장군으로 본관은 파평(坡平)이고 자는 동현(同玄)이다. 고려 태조 때 삼한공신 신달(莘達)의 후손으로, 아버지는 검교소부소감(檢校小府少監) 집형(執衡)이다. 문종 때 과거에 급제하여 관직에 나아갔다. 어사대부?한림학사, 이부상서 등을 지내고 예종 2년(1107)에 여진정벌을 하고 9성을 쌓았다.

대군을 내주면서 정평 정벌에 나서도록 했다. 석상에서의 첫 싸움에서 척준경이 좌군 부장으로 나서서 크게 승리했다. 그런 후 윤관은 영주, 웅주, 복주, 길주 등 네 곳에 성을 쌓고 고려의 영토를 확장시켰다.

이런 여세를 몰아 고려군은 가한촌을 향해 병목처럼 생긴 작고 험준한 고개로 쳐들어갔다. 그러나 여진족은 이곳에 군사들을 매복시켜 윤관과 오연총이 이끄는 고려군을 포위했다.

오연총은 적군 화살에 맞았고 윤관은 군사들을 많이 잃었다. 이때 척준경은 결사대 10여 명과 함께 윤관과 오연총을 구하기 위해 출전채비를 차렸다. 그러자 아우 척준신이 이를 말렸다.

그렇지만 척준경은 동생에게 부모님을 잘 부탁한다는 말을 남기고 적진으로 뛰어들었다. 적군은 척준경의 등장에 깜짝 놀랐지만 곧바로 그의 결사대와 맞섰다. 싸움이 한창 전개되었을 때 최홍종과 이관진의 구원병이 산골짜기에서 적의 뒤쪽을 공격했다. 그러자 적은 포위망을 좁히지 못하고 고려군의 공격을 막기 위해 군대 대형을 넓힐 수밖에 없었다.

이틈에 척준경은 윤관과 오연총을 무사히 구출했다. 포위망에서 탈출한 윤관은 척준경의 용감성에 감탄한 뒤 양아들로 삼았다. 얼마 후 여진 군사가 여주성을 포위해 공격했지

팔만대장경

만 척준경의 방어로 적을 무찔렀다. 이때 고려군은 적군 진지 135개를 점령했고 포로 1,030여 명을 사로잡았다. 또한 고려군에게 잘린 적군의 목은 4,940여 두나 되었다.

이로써 윤관은 함주, 영주, 웅주, 길주, 복주, 공험진, 숭녕진, 통태진, 진양진 등에 9성을 쌓아 여진족의 공격을 막았다. 이런 공과로 윤관과 오연총은 공신칭호를 받았다.

하지만 여진족은 기회가 있을 때마다 고려국경을 침범했다. 이에 최홍사를 비롯한 조정대신들은 9성을 여진에게 되돌려주자고 했다. 그러나 예부낭중 박승중, 호부낭중 한상은 끝까지 반대했다. 그렇지만 예종은 이들의 말을 듣지 않고 간신과 대신들의 의견에 따라 여진의 사신 마불과 사현 등을 불러 9성을 고스란히 내주고 말았다.

꿈 풀이로 왕비를 맞은 임금

1122년 예종이 죽자 13세의 어린 태자가 뒤를 이을 준비를 하고 있었다. 이때 숙부 대방공과 대림공이 임금 자리를 노리고 있었다. 그러나 그들의 음모를 눈치 챈 외할아버지 이자겸은 군사를 동원한 다음 태자를 고려 17대 인종으로 등극시켰다.

그렇지만 이자겸은 인종을 앞세워 권력을 휘두르며 사리사욕을 채웠다. 더구나 그는 자신의 권력을 연장시키기 위해 셋째 딸과 넷째 딸을 인종에게 시집보냈다. 이중 넷째 딸은 왕비가 되었다. 그녀들은 인종에게는 어머니의 동생들이며 이모였다. 특히 아자겸은 자신의 정적인 대방공과 이중약 등을 참하고 문공미, 적극영, 이영 등도 귀양 보냈다.

이 사건 이후부터 대신들은 이자겸 앞에서는 고양이 앞에 쥐 꼴이었다. 그렇지만 인종은 점점 나이가 들어가면서 외할아버지 이자겸이 눈에 가시가 되었다. 이자겸이 권세를 움켜쥔 것은 사돈 척준경의 후광이 컸다.

그러자 인종은 내시녹사 안보린과 내시지후 김찬에게 이자겸을 제거하라고 밀명을 내렸다. 그들은 그를 척살하기 위해 집으로 쳐들어갔지만 도리어 그의 군사들에게 사로잡히고 말았다.

이때부터 이자겸은 임금을 제거하고 자신이 그 자리에 오르겠다는 음모를 꾸몄다. 하지만 충신 내의군기소감 최사전은 이자겸의 세력을 잠재우기 위해선 척준경과의 사이를 떼어놔야겠다고 생각을 했다. 그는 어느 날, 비밀리에 인종을 만나 이자겸을 없앨 계략을 말했다. 임금은 흔쾌히 승낙하고 그에게 밀령을 내렸다.

최사전은 하인문제로 이자겸과 척준경 사이가 좋지 않다는 사실을 알고 먼저 척준경을 찾아갔다. 최사전은 그를 만나 잡담을 나누다가 은근 슬쩍 주제를 바꿨다.

"소문을 듣자하니, 이자겸 대감께서 척 장군을 의심한다는데요."

그 순간 성격이 급한 척준경은 얼굴이 벌겋게 달아오르며 말했다.

"뭐요? 누가 그런 엉뚱한 소리를 한단 말이오?"

"보아하니, 이 대감께서 척 장군의 세력이 커져 불편해진 모양이오."

"그자가? 그자가 어떻게 그럴 수가 있어!"

"고정하시고, 이번에 대감께서 폐하께 충성하면 해결되지 않겠소."

최사전의 보고를 받은 인종은 척준경에게 은으로 만든 안장을 얹은 백마 한필과 은병 수십 개를 내렸다.

황송한 마음에 척준경은 이자겸을 체포해 인종 앞으로 끌고 갔다. 그러자 인종은 이자겸을 전라도 영광으로 귀양 보내고 그의 아들들을 동해나 남해로 귀양 보냈다. 이후 척준경은 조정의 실력자로 군림하기 시작했다. 또한 인종은 이자겸의 딸인 두 왕비를 쫓아내고 임원애의 딸을 새 왕비로 맞았다. 새 왕비를 간택하기 며칠 전 인종은 최사전에게 이렇게 말했다.

"지난밤 꿈에 선녀가 나에게 왔소. 그 선녀는 짐에게 깨 닷 되와 아욱 세단을 줍디다. 도대체 이게 무슨 꿈인 게요?"

"정확한 것을 천관에게 알아보겠습니다."

최사전은 천관에게 꿈 해몽을 듣고 임금에게 아뢰었다.

"폐하! 임씨 성을 가진 분을 왕비로 간택하면 아들 다섯을 얻고, 삼형제가 임금이 된다고 했습니다."

인종은 꿈 해몽에 맞춰 임원애의 딸을 왕비로 간택했다. 과연 꿈처럼 인종 5년 4월에 맏아들이 태어났고 그 후 네 아들을 차례대로 얻어 다섯 왕자가 되었다. 이들은 훗날 의종, 명종, 신종으로 등극했다.

인종은 개경에 싫증을 느껴 도읍지를 서경으로 옮기기 위해 그곳으로 자주 행차했다. 그러자 인종의 마음을 읽은 중신 정지상과 중 묘청이 도읍지를 서경으로 옮길 것을 주장했다.

그들은 서경으로 도읍지를 옮기자는 것과 척준경의 횡포 또한 낱낱이 보고해 귀양 보낼 것을 주장했다. 당시 척준경은 이자겸을 없앤 공으로 중서문하평장사에 올라 공신대우를 받고 있었다. 그렇지만 무인이기에 글을 좋아하는 임금과는 거리가 멀어졌다. 그들은 그를 제거할 계략을 인종에게 말했다.

"폐하! 갑자기 영을 내려 척준경이 군사를 동원할 시간을 빼앗으면 성공할 수 있습니다."

며칠 후 인종은 갑자기 령을 내려 척준경을 귀양 보내

이자겸(李資謙, ?~1126)

고려 예종, 인종대의 외척 세력가이다. 본관은 경원(慶源)으로 할아버지는 중서령 자연(子淵)이고, 아버지는 경원백(慶源伯) 호(顥)이다. 어머니는 평장사 김정준(金廷俊)의 딸이고, 처는 문하시중 최사추(崔思諏)의 딸이다.

고 말았다. 조정에서 무인 척준경이 제거되면서 문신 김부식과 정지상의 세력이 커졌다.

1129년 인종 7년 서경에 짓고 있는 궁궐 대화궁이 완성되었다. 그러자 서경으로 도읍지를 옮기자는 묘청과 정지상일파와 이를 반대하는 김부식, 임원애, 이지서 등이 맞섰다. 이에 김부식과 정지상의 사이가 나빠졌다.

그래서 왕비 아버지 임원애는 묘청을 제거해야한다는 상소문까지 올렸던 것이다. 이 소문을 들은 묘청은 1135년 1월 개경에서 조과, 유참 등과 함께 평양을 대위국으로 칭하고 나라를 세워 연호를 천개, 군대호칭을 견청충의군으로 명명해 반란을 일으켰다.

다급해진 인종은 묘청의 반란을 진압하기 위해 김부식을 평원수로 삼았다. 김부식은 출정에 앞서 말했다.

"폐하! 개경에 묘청의 무리들이 남아있는데, 먼저 그들의 목부터 베야합니다."

이에 인종은 김정순에게 명하여 정지상 일당을 참하도록 했다. 이때 정지상, 백수한, 김안 등이 죽었다. 김부식은 묘청의 반란군을 진압하고 무사히 개경으로 돌아왔다.

묘청의 반란을 진압한 김부식의 세도가 더욱 높아졌고 아버지의 힘을 믿고 아들 김돈중도 거만해졌다. 김돈중은 1140년 12월31일 궁전 나례에서 인종의 신임을 받고 있는 정중부가 눈에 거슬려 촛불을 켜는 척하면서 긴 수염을 태웠다. 화가 난 정중부였지만 무인의 비애라고 생각해 참았던 것이다.

무능한 임금과 무신반란의 시작

1146년 2월 인종이 죽자 20세의 태자가 뒤를 이어 고려 18대 의종으로 왕위에 올랐다. 총명하기로 이름난 의종은 태자로 봉해졌을 때부터 풍류를 좋아했다. 그런 의종이었기에 임금이 된 후부터 매일 큰 잔치로 허송세월을 보냈다.

그러자 나라를 걱정하고 있는 충신 정습명이 수차례 간언했지만 의종은 귀를 막고 있었다. 이를 안타깝게 생각한 정습명은 자살했는데, 그는 의종이 태자였을 때 왕사였다.

이런 의종 측근에는 환관 정함, 내시사령 영의, 형부낭중 김돈중, 정성 등의 간신배들로 채워져 있었다. 특히 환관 정함은 의종의 비위를 기가 막히게 맞추고 있었다. 이때 천성이 간사한 김돈중은 충신 정서를 모함했다.

"정서일파가 대령후 왕경과 친하게 지내면서 왕위를 노리고 있습니다."

이에 발끈한 의종은 조사도 없이 정서에게 벌을 내리려고 하자 어머니 공예태후가 놀라 임금을 나무랐다.

"황상은 어찌 간사한 무리의 말만 듣소. 정서에게 벌을 내리는 것은 신중에 신중을 기해야 하오."

어머니의 꾸중을 들었지만 의종은 정서를 고향 동래로 낙향시켰다. 정서는 낙향해 호를 과정으로 짓고 임금의 부름을 기다렸다. 그러나 끝내 자신을 부르지 않자 안타까운 마음에서 '정과정곡' 이란 노래를 지어 불렀다. 그 노랫소리가 너무 슬퍼 듣는 사람

의 심금을 울렸다고 전해진다.

'내 임이 그리워서 울더니 /
산 접동새 또한 나와 같으오이다 /
시비를 묻지 마라, 새벽달 샛별이 아시리로다 /
넋이라도 임과 함께 가고 져라 /
아! 늘 말하시던 이 누구시던가, 죄도 허물도 없소이다 /
여럿의 참언일랑 듣지 마소서 /
슬프구나! 임이 벌써 나를 잊으셨사옵니까 /
아서라 임아, 내 간곡한 정회를 들으사 날 총애하여 주옵소서.'

1170년 8월 무신정변이 일어났다. 의종은 개경에서 멀리 떨어진 보현원으로 향했다. 중간쯤 갔을 때 의종은 하늘이 청명하고 기분까지 상쾌해 신하들과 술 한 잔 나누기 위해 행차를 멈췄다.

"여기서 목을 축이자. 무신들은 오병수박희로 무술을 자랑하여라."

무신들이 제각기 자신의 권법을 자랑한 후였다. 대장군 이소응이 젊은 무사와 재주를 겨루게 되었다. 이소응은 힘이 장사였지만 예순이 가까운 노인이라 젊은 무사에게 지고 말았다.

이때 환관 한뢰가 경기장으로 뛰어와 이소응의 뺨을 후려쳤고, 여러 문신들까지 비웃었다. 이때 화가 치민 정중부가 벌떡 일어나 한뢰의 멱살을 움켜잡고 소리쳤다.

"이놈! 이소응은 비록 늙었지만 삼품대장군이다. 감히 누구에게 손찌검을 하느냐?"

모든 군신들이 정중부를 쳐다보는 순간 무신 이고가 한뢰를 없애겠다고 눈짓했다. 이를 눈치 챈 의종은 경기장으로 내려와 정중부의 손을 잡고 이렇게 말했다.

"장군, 진정하시오. 오늘은 모두가 즐겁게 노는 날이 아니오?"

의종의 말에 정중부는 분함을 참고 그를 놓아주었다. 그 후 의종은 궁궐로 돌아가지 않고 보현원으로 떠났다. 앞에는 선발대가 섰고 가운데는 임금이 탄 가마, 그 뒤에는 문신들이 탄 가마, 맨 뒤에 임금을 호위하는 정중부 등의 무신들이 말을 타고 따랐다.

말위에서 한참을 생각한 정중부는 이고와 이의방에게 뒷길을 이용해 보현원에 먼저 도착해 문신들을 전부 척살하라고 명령했다.

정중부의 명령을 받은 그들은 앞질러 보현원에 도착했고 날은 어두워졌다. 보현원 문 앞엔 이고와 이의방이 군사들과 함께 숨어 있었다. 의종일행이 문에 들어섰고 그 뒤를 따르던 문신들이 들어서는 순간 이고가 임종식과 이복기를 척살했다.

이것을 목격한 김돈중은 도망쳤고 한뢰는 의종에게 무신들이 난을 일으켰다고 보고한 다음 용상 밑으로 숨었다. 이어 정중부와 이고가 들어오자 의종은 점잖게 타일렀다.

"장군, 왜 그러시오? 그리고 까닭을 이야기 해보시오."

그렇지만 정중부는 아랑곳하지 않고 이고가 용상 밑에 숨어있는 한뢰를 끌어냈다.

정중부(鄭仲夫, 1106~1179)

고려 시대의 무신으로 무신을 학대하는 데에 불만을 품고 정변을 일으켜, 임금을 폐하고 정권을 잡은 후 무단 정치를 행하다가 경대승에게 피살되었다.

그러자 한뢰는 의종의 용포자락을 잡고 애원했다.

"폐하! 제발 살려 주옵소서!"

이고가 그런 한뢰를 잡아채자 용포자락이 찢어졌고 그가 넘어지는 순간 목을 내리쳤다. 의종은 그저 어안이 벙벙해 아무 말도 못했다. 잠시 후 의종은 김석재를 시켜 모두 밖으로 나가라고 명했지만 무신들은 꼼짝도 하지 않고 서 있었다. 재차 의종의 명이 떨어지자 무신들은 의종과 함께 있던 문신들을 끌어내 모두 죽였다. 이때 정중부가 부하장수들에게 김돈중을 잡았냐고 물었다.

"김돈중을 포획했느냐?"

"그놈은 벌써 달아난 것 같습니다."

"당장 개경으로 달려가 잡아라! 그 놈이 태자를 내세워 우리를 역적이라고 둘러대면 어떻게 되겠느냐?"

급히 군사들은 개경으로 달려갔다가 한밤중이 되어서야 돌아와 정중부에게 보고했다.

"장군! 김돈중은 아직 개경에 도착하지 않았습니다."

"그러면 됐다! 어서 출발하자!"

정중부는 이고, 이의방, 이소응 등과 함께 대궐로 돌아와 문신들

고려의 화폐

을 닥치는 대로 죽였다. 특히 의종에게 아첨하던 간신배들까지 죽였다. 그때 궁중에서 숙직하던 문신 문극겸이 가로막았다. 그는 의종에게 직언을 간하다가 미움을 받은 충신이다. 이의방이 문극겸을 베려는 순간 정중부가 말렸다.

"문극겸은 충신이다. 우린 충신을 죽여선 안 된다."

평소 문신들로부터 천대받은 그였지만 충신 문극겸을 알아보고 목숨을 구해 주었다. 이튿날 정중부는 의종과 태자를 내쫓고 의종의 동생 익양공을 고려 19대 명종으로 등극시켰다. 이와 함께 그는 군사를 풀어 감악산에 숨은 김돈중을 찾아내 목을 베었고 의종은 경주로 귀양 보냈다.

정중부의 패배와 경대승의 승리

무신정변 이후 정중부, 이의방, 이고는 조정의 공신이 되었는데, 이중에서 이고는 다른 욕심을 품기 시작했다. 그는 정중부는 버거운 상대로 생각했고 이의방은 가볍게 생각했다.

그래서 이고는 이의방을 누르기 위해 개경 불량배들을 모으는 한편 법운사의 승 수혜와 결탁했다. 수혜는 여진족 토벌을 위해 윤관이 창설한 항마군 대장출신이었다. 이고가 수혜를 은밀히 만나 이렇게 말했다.

"태자 혼례식 때 이의방을 제거할 테니 항마군을 대기시키게."

"차질 없이 하겠소."

그러나 이들의 음모는 교위 김대용의 아들이 알고 아버지에게 알렸다. 김대용은 친구이자 내시 채원에게 전달했다. 채원은 잠시 머뭇거리다가 이의방을 찾아가 일러주었다.

"저런 괘씸한 놈! 내 마음대로 되는지 두고 보자!"

1171년 이의방은 이고와 수혜를 죽였다. 즉 이고의 과욕이 죽음을 불러왔던 것이다. 2년 후인 1173년 8월 장수 김보당은 경주로 귀양 간 의종을 다시 복권시킨다는 명분으로 반란을 일으켰던 것이다. 이 반란은 부하의 밀고로 실패하고 말았다. 이에 반란의 원인을 제거한다는 명분으로 이의방은 심복 이의민을 경주로 보내 의종을 척살하게 했다.

이보다 1년 전인 1172년 귀법사 승 백여 명이 반란을 일으켰고, 1174년 서경유수 조위총이 자비령 이북의 세력과 함께 반란을 일으켰다. 1176년 공주 명학소에서 망이와 망소이가 민란을 일으켜 공주를 차지했다. 이처럼 전국 각지에서 반란이 일어나자 조정에서는 장황재를 대장군으로 임명해 모두 평정했다.

이 무렵 권력의 실세 이의방은 자신의 딸을 명종 태자에게 시집보내 세력을 넓힐 계획을 했었다. 그러나 태자는 이미 태자비를 맞이한 기혼남이었다. 그렇지만 그는 억지로 태자비를 퇴출시키고 자신의 딸을 태자비로 삼게 했다.

그때 정중부의 아들 정균은 이의방의 세력이 점점 커지자 경계하기 시작했다. 마침 서경에서 조위총이 반란을 일으켜 윤인첨이 토벌하기로 했다. 그는 출발에 앞서 군사를 점검하고 있을 때 이의방이 감독으로 나왔다. 그러자 정중부 아들 정균이 이의방의 뒤를 따라가 살해했다.

이의방을 제거한 정균은 태자비가 된 이의방의 딸을 대궐에서 쫓아냈다. 이로써 일흔 살의 정중부가 고려 최고 실력자가 되었다. 정균은 아버지의 세력을 믿고 조강지처를 내쫓고 젊은 여자와 혼인했다. 더구나 궁녀들까지 마음대로 가지고 놀았다.

그러나 명종은 그의 세력 앞에 허수아비였지만 경대승만은 이를 좌시하지 않고 있었다. 26세의 경대승은 청주가 고향으로 15세 때 장수의 반열에 올랐다. 그의 수하에는 천하장사 허승이 따랐는데, 경대승은 그를 불러 정균의 횡포에 울분을 토했다.

"장군께서 정균을 친다면 전 여러 대장들과 함께 따르겠습니다."

"반드시 난봉꾼 정균을 내 손으로 죽일 것이야."

"장군, 9월 보름 궁중에서 장경회가 이틀 동안 열립니다. 그때 군졸들은 피곤에 지쳐 곯아떨어져 있을 것입니다. 이날 거사하시면 됩니다."

1179년(명종 9년) 경대승은 대궐 밖에서 장경회가 끝나기를 기다렸고 허승은 정균의 처소로 숨어들었다. 정균이 놀라 몸을 일으키는 순간 그의 목은 순식간에 달아났다.

허승의 신호로 경대승은 자신을 따르는 군사들과 함께 공격했는데, 공교롭게도 정중부 사위 송유인이 보이지 않았다. 그래서 경대승은 군사들과 함께 그의 집으로 달려가 집에 불을 질렀다. 순간 놀라서 뛰어나오는 그의 목을 베었다. 그 다음 경대승은 정중부의 집으로 달려갔지만 이미 도망치고 없었다. 군사들은 농가에 숨어 있는 그를 찾아내 죽였다. 상황이 끝나자 경대승은 대궐로 들어가 명종에게 자초지종을 설명했다.

"폐하! 정중부 무리들은 모두 처단했습니다."

그의 보고를 받은 명종은 그저 고개만 끄덕이다가 입을 열었다.

"경이 알아서 나랏일을 처리하시오."

경대승은 명종의 윤허로 나라를 잘 다스려보겠다고 생각했다. 하지만 허승은 태자 방 근처에서 술을 마시고 궁녀들과 어울리기 일쑤였다. 이에 경대승은

> **경대승(慶大升, 1154~1183)**
>
> 고려 명종 때의 장군이다. 본관은 청주, 아버지는 중서시랑평장사(中書侍郎平章事)를 지낸 진(珍)이다. 무신의 횡포에 분개하여 금군(禁軍)을 이끌고 정중부, 송유인 등을 살해하였다. 그 뒤 신변을 보호하기 위하여 도방(都房)을 두었다.

허승에게 죄를 물어 죽였다.

고려의 권력을 손아귀에 쥔 경대승은 자신의 세력을 키우기 위해 사람을 풀어 대궐 안팎을 감시했다. 그러던 중 뜻밖에 자신의 목숨을 노리는 자가 부지기수라는 보고를 받았다. 이에 경대승은 무예가 뛰어난 군사들을 뽑아 자신을 지키는 도방을 구축했다. 경대승이 30세가 되면서 병으로 자리에 누웠다가 1183년 7월에 단명했다.

허수아비 임금과 무신들의 권력 싸움

경대승이 30세의 나이로 단명하면서 남은 권력자는 이의민뿐이었다. 그는 이의방의 명령으로 경주로 내려가 의종을 살해하고 개경으로 돌아오기 위해 기회를 노리고 있었다. 이때 경대승의 반란으로 정중부가 죽자 몸을 숨겼다.

그러나 그는 경주에서 명종에게 연락해 자신을 불러달라는 청을 넣었다. 명종은 후환이 두려워 이의민을 불렀고 그는 조정에서 권력을 쥐었다. 이이민은 경주에서 태어났고 힘이 장사였다. 싸움을 잘해 경주일대에서 이름깨나 날린 건달 두목이었다.

이의민의 아들 이지영과 이지랑은 그의 권세를 믿고 설쳐대는 안하무인이었다. 어느 날 이지영은 최충헌의 아우 최충수에게 집에서 기르는 비둘기를 달라며 윽박질렀다.

최충수가 거절하자 하인을 시켜 그를 잡아와 볼기를 때렸다. 최충수는 억울하고 분해 형 최충헌에게 분통을 터뜨렸다.

"형님, 억울해서 살겠습니까? 그들을 그대로 내버려둬서는 안 됩니다."

"지금은 뾰쪽한 수가 없다. 억울해도 참고 기다려보자."

1196년(명종 26년) 4월, 명종은 보제사로 나들이 갔지만 이의민은 몸이 불편하다는 핑계로 미타산 별장에 있었다. 이의민의 일거수일투족을 살피던 최충헌 형제는 조카 박진재와 부하 노석숭과 함께 미타산 별장을 습격했다.

박진재의 칼에 이의민이 쓰러지고 최충헌은 이의민의 머리를 베

어 칼끝에 꿰어 개경저잣거리를 돌며 외쳤다.

"역적 이의민의 목을 베었다!"

한편 아버지가 최충헌의 손에 죽자 이지순, 이지영, 이지랑 삼 형제는 복수를 결심하고 군사를 동원해 최충헌 집으로 쳐들어갔다. 하지만 미리 준비하고 있던 최충헌의 군사들에게 기습공격을 당해 패했다.

조정에서는 최충헌 형제에게 공신의 칭호를 내려지고 그들의 시대가 막을 열었다. 1197년 9월 최충헌은 명종을 내쫓고 허수아비로 그의 아우를 고려 20대 신종으로 등극시켰다.

한편 형을 도와 권력을 쥔 동생 최충수는 세력을 키우기 위해 자신의 딸을 태자비로 만들겠다고 결심했다. 하지만 신종의 맏아들 태자에게는 태자비가 있었다. 그렇지만 최충수는 태자를 찾아가 태자비를 쫓아내라고 위협했다.

그러자 목숨에 위험을 느

이의민(李義旼, ?~1196)

고려 명종 때의 무신이다. 천민출신으로 본관이 정선이다. 1170년 정중부의 난에 가담하여 공을 세웠으며, 경대승이 죽은 후, 권력을 잡아 13년 동안 독재하다가 최충헌에게 살해되었다.

최충헌(崔忠獻, 1149년~1219년)

고려시대 무신을 개성 우봉(牛峯)에서 상장군(上將軍) 원호(元浩)의 아들로 태어났다. 본관은 우봉(牛峰)이고 초명은 난(鸞)이며 시호는 경성(景成)이다. 음보로 양온령이 되고, 1174년(고려 명종 4) 조위총(趙位寵)의 난을 진압하는 데 큰 공로를 세워 별초도령(別抄都令)에 올랐으며, 뒤에 섭장군(攝將軍)이 되었다. 1196년에 동생 최충수와 함께 권신 이의민을 죽이고 정권을 장악했으며 폐정개혁을 위한 봉사 십조를 왕에게 올렸다. 이듬해 왕의 측근을 몰아낸 후 최 씨 무단정권을 확립하였다.

낀 태자는 태자비를 궁에서 내보냈다. 그렇지만 형 최충헌은 이것이 백성들에게 알려져 비난받는 것을 두려워했다.

최충헌은 몇 번을 동생 최충수를 불러 타일렀지만 말을 듣지 않았다. 그래서 최충헌이 어머니에게 부탁하자 그를 불러 꾸짖었다.

"충수야, 사람은 분수에 맞게 살아야 탈이 없다. 왜 태자비에게 그런 짓을 했느냐?"

이 말에 화가 난 최충수는 어머니를 밀쳤는데, 넘어지면서 피를 토하고 말았다. 그러자 최충헌은 화가 나서 벌떡 일어나 아우의 집으로 곧장 쳐들어갔다. 이때 최충수는 형이 군사들을 거느리고 쳐들어온다는 소리에 깜짝 놀라 사람을 보내 용서를 빌었다. 결국 최충헌은 동생 충수를 참하고 말았다.

권력을 독차지한 최충헌은 무신의 행패가 너무 심해져 걱정했다. 그래서 이규보, 최자에게 벼슬을 주어 나랏일을 돕게 하였다. 이 무렵 최충헌도 신변에 위험을 느껴 그 역시 경대승이 설치했던 도방제도를 부활시켜 도방정치를 시작했다. 그는 도방에 들어앉아 대신들을 불러 정사를 처리했다.

최충헌이 권력을 차지하면서 평화가 찾아오는 듯했지만 1204년 1월 신종이 죽고 태자가 고려 21대 희종으로 왕위에 올랐다. 희종은 최충헌을 좋게 보지 않았지만 진강후 벼슬을 내리고 남산에 큰 집을 지어 주었다.

어느 날 희종은 최충헌이 입궐하는 순간 숨겨둔 군사들을 시켜 죽이려고 했다. 하지만 최충헌은 김약진과 정숙첨의 도움으로 간신히 목숨을 구했다. 그는 도방으로 돌아와 군사를 동원해 희종

을 강화도로 내쫓고 60세인 명종의 태자를 고려 22대 강종으로 등극시켰다. 강종은 이의방의 딸인 옛 태자비를 궁궐로 들이려했지만 최충헌의 반대로 뜻을 이루지 못했다.

몽골군에 대항한 삼별초의 운명

1219년 고려 23대 고종 때 최충헌이 죽고 그의 아들 최우가 권력을 승계했다. 칭기즈칸의 몽골제국은 고려로 수십 차례 사신을 보내 괴롭혔지만, 그때마다 간신히 피했다.

1231년(고종 18년) 8월, 몽골은 고려에 왔던 몽골 사신 찰고여가 귀국하다가 압록강근처에서 도적떼들에게 죽임을 당한 것을 트집 잡아 침략했다. 이때 칭기즈칸의 셋째 아들 오고타이 황제는 살리타이를 대장으로 삼았다.

그는 압록강을 건너 의주를 함락시키고 단숨에 철주까지 점령했다. 그 여세를 몰아 귀주성을 포위했지만 김경손 장군이 굳게 지켰다. 그러자 살리타이는 귀주성을 두고 충주와 청주로 내려갔다. 그러자 고종은 회안공 왕정을 사신으로 보내 화친을 청했다.

살리타이는 최우가 보낸 선물을 받고 군사를 돌리겠다고 약속했다. 하지만 조건으로 몽골인 관리 72명을 두었는데, 이들을 달로화적 혹은 다루가치라고 했다.

달로화적들은 고려정치를 간섭하기 시작했고 최우는 몽골군의 침입이 계속될 것으로 판단해 도읍지를 강화도로 옮겼다. 이듬해 12월 몽골군들이 또 다시 침략해 개경을 함락시키고 남부지방 일부를 폐허로 만들었다.

하지만 그들은 강화도까지 쳐들어가지 못했고 안성과 용인사이의 처인성에서 진격을 멈췄다. 그것은 처인성을 지키고 있던 김윤후 장군이 쏜 화살에 살리타이가 전사했기 때문이었다.

1235년 몽골군은 또 다시 쳐들어왔는데, 이때 경주 황룡사 9층 탑이 불탔고, 대구 부인사의 대장경까지 화재로 소실되었다. 이에 고려는 1236년 대장도감을 설치하고 대장경을 판각하는 작업을 벌여 1251년 1,497종, 6,558권의 경전을 완성하였다.

완성된 대장경판은 강화도성 성문 밖 대장경판당에 보관했다가 1318년 선원사로 옮겨졌다. 1398년 5월 마지막으로 해인사로 옮겨져 현재까지 보관되고 있다.

1249년 11월 최우가 죽자 그의 아들 최항이 권력을 이어받았다. 그때 몽골군이 쳐들어와 고려 왕자 창을 볼모로 잡아갔고, 고려 백성 20여만 명이 죽었다. 1257년 윤4월 최항이 죽고 그의 아들 최의가 대를 이었다. 이때부터 1258년부터 60년간 고려의 권력을 손아귀에 쥔 최 씨 정권이 무너지고 고종에게 권한이 되돌아왔다.

최 씨 집안의 세력을 꺾은 사람은 김준이었다, 그는 최의의 눈에 들어 호위책임자로 있다가 야별초 대장으로 승진했다. 그는 최의로부터 의심을 받자 최 씨 일파를 모두 척살한 것이다.

몽골의 침략에 진절머리가 난 고려는 그들과 의형제를 맺고 도읍을 강화도에서 개경으로 옮겼다. 하지만 삼별초는 이를 거부하고 강화도에 남아 있다가 1270년 6월, 삼별초의 장수 배중손, 노영희, 김통정 등이 의기투합하여 반란을 일으켰다. 이들은 왕족 왕온을 임금으로 내세워 남쪽의 섬진도로 내려가 나라를 세웠다. 그런 다음 용장성을 쌓고 거제, 제주, 남해, 창선 등 30여 개 섬을 점령했다.

하지만 고려조정에서 보낸 김방경과 몽골 장수 아해의 토벌군에게 밀려 삼별초는 제주도로 옮겼지만, 그들은 제주도까지 쫓아와 삼별초를 전멸시켰다.

한 마디 말 때문에 피살된 공민왕

1351년 공민왕이 31대로 고려왕으로 등극했다. 공민왕은 어릴 때 원나라에서 자랐기 때문에 몽골의 풍속은 물론 그들을 잘 알았다. 공민왕과 결혼한 원나라 노국공주는 고려에 많은 도움을 주었다. 공민왕은 볼모에서 풀려나 고려로 돌아온 순간 몽골식 변발을 거두고 고려방식으로 고쳤다.

또한 고려조정엔 원나라의 세력을 믿는 권신들이 많았는데, 공민왕은 원나라 기황후의 친척과 일파를 모두 죽였다. 또한 쌍성총관부를 고려영토로 만들기도 했다.

공민왕이 늦도록 후사를 얻지 못하자 대신들의 권유로 이제현의 딸을 혜비로 맞았다. 공민왕 10년 홍건적이 개성으로 쳐들어오자 왕과 노국공주는 남쪽으로 피신했다.

이듬해 정세운과 이방실 장군이 송도를 재탈환했지만 권신들의 싸움은 여전했다. 더욱이 공민왕 12년 평장사 김용과 정세운이 왕이 흥왕사에 있음을 알고 습격했지만 최영과 오인택에게 진압되었다.

노국공주는 마침내 아기를 잉태해 1365년(공민왕 14년) 2월, 아기를 낳으면서 죽고 말았다. 공민왕은 슬픔에 젖어 애통한 나날을 보내고 있을 때 최영이 찾아왔다.

"폐하! 옥체를 보전하시옵소서. 병환일 올까 걱정됩니다."

불교 신자인 공민왕은 7일마다 큰 재를 올리게 해 노국공주의 명복을 빌었다. 더구나 공민왕은 3년 동안 고기를 먹지 않았으며,

큰일이 있을 때마다 정릉을 찾아갔다. 그러면서 공민왕은 왕륜사 동쪽에 공주의 영전을 짓도록 명했다. 하지만 이것은 나라의 재정을 파탄 내는 원인이 되었다.

이 무렵 대신들뿐만이 아니라 학자들까지 파벌싸움만 하고 있었다. 이때 혜성처럼 나타난 사람이 신돈이다. 그는 삼중대광영도첨의라는 벼슬에 진평후라는 봉작까지 받았다.

신돈은 원로대신과 공신들을 한꺼번에 몰아내고 신정치를 펼쳤다. 더구나 전민변정도감을 만들어 공신들의 토지를 몰수해서 농민에게 되돌려주었다. 그러자 당연히 백성들은 신돈을 좋아할 수밖에 없었다. 이 무렵 그를 시기하는 정추와 이존오가 상소를 올렸다.

'문수회가 열렸을 때 신돈은 폐하와 동격인 자리에 앉았습니다. 이것은 군신의 예를 범한 것이고, 영도첨의판감찰 벼슬이 내려질 때도 머리를 숙이지 않았습니다. 또한 말을 타고 대궐문을 드나들었고, 폐하의 용상에 걸터앉는 무례까지 범했습니다. 그의 무례한 행동으로 천재지변이 일어나고 있습니다. 그에게 사찰을 지어 내보내시는 것이 옳은 처사라고 생각합니다.'

그러나 공민왕은 그들의 충언을 듣지 않고 도리어 벼슬을 박탈했다. 그러자 대학자 이제현이 공민왕에게 신돈을 멀리하라고 충언했다.

"폐하! 신돈의 관상이 흉악상이라 뒷날 반드시 폐하를 해칠 것입니다."

공민왕의 두둔아래 신돈이 정권을 잡자 벼슬을 얻기 위해 사람들이 몰렸다. 그러자 신돈은 우쭐하면서 중얼거렸다.

'자리가 사람을 만드는구나. 과거 나를 외면하던 자들까지 비굴하게 찾아오다니….'

신돈은 궁궐 뒤쪽 조용한 곳에서 살고 있었는데, 옆집에는 이운목이 살고 있었다. 이운목은 일찍이 관직에 나갔다가 쉬고 있었다. 어느 날 저녁, 이운목이 신돈을 자기 집으로 초대했다.

"대감께서 누추한 곳까지 와주시어 감사합니다."

"별 말씀을…. 세상 돌아가는 이야기나 합시다."

"제가 먼저 찾아뵈려고 했는데, 마침 오늘이 제 생일이라 대감께 간단한 음식이라도 대접하려고 합니다."

잠시 후 상다리가 휘어질 정도로 음식이 나왔다. 그러자 신돈은 자신에게 청이 있을 것으로 생각했다. 술잔이 몇 배 돌아가자 뒷방에서 미모의 처녀가 등장했다. 처녀는 신돈에게 인사를 마치고 춤을 추었다.

신돈은 그녀의 춤에 빠져 시간가는 줄을 모르고 놀았다. 밤이 깊어지면서 이운목이 자리를 비켜주었다. 신돈은 그녀와 가까운 사이가 되었는데, 그녀는 이혼녀였다. 그 후 이운목의 벼슬이 응양군 대호군까지 승진했다.

신돈의 특권은 궁궐을 드나들 때 정문이 불편하다며 궁궐 뒤에 작은 문을 만들어 출입할 정도로 대단했다. 궁궐 뒤쪽 봉선사를 넘어가면 담 옆에 빈터가 있었는데, 그곳에 집을 짓고 살았다. 깨끗이 정리정돈 된 방 가운데 부처를 모셔놓았다.

왕이 찾아오는 날이면 부처 앞에 꿇어앉아 향을 피우고 불경을 외웠다. 신돈은 왕에게 먼저 불교이야기 한 후 정치를 말했다. 그러면 공민왕은 신돈의 말대로 따랐다.

신돈의 집엔 공민왕 외에 오직 기현의 아내만 드나들었다. 그것은 모든 청탁의 통로를 기현과 그의 아내로 고정시켰기 때문이다. 이에 따라 기현의 집에는 항상 벼슬자리를 청탁하기 위한 사람들이 북적거렸다.

그러나 공민왕은 이 사실을 전혀 모르고 있었고 신돈의 집을 드나들면서 반야라는 여자를 애첩으로 두고 있었다. 시간이 지나면서 공민왕은 나라의 정권을 신돈이 마음대로 휘두른다는 것을 알고 그를 멀리했다. 신돈이 이것을 눈치 채고는 왕을 죽이려는 음모를 꾸몄다.

신돈은 공민왕 20년 7월, 왕이 헌릉과 경릉으로 행차할 때 거사일로 잡았지만 왕을 호위하는 군사들 때문에 암살을 감행하지 못했다. 이때 신돈의 음모를 눈치 챈 이인임은 재상 김속명에게 은밀히 말했다.

그러자 재상 김속명은 이 사실을 공민왕에게 전하고 왕은 신돈과 한패거리인 기현을 잡아 국문했다. 마침내 기현은 신돈의 역모 사실을 모두 자백했다.

공민왕은 신돈과 패거리들을 모두 잡아 죽였지만 그의 권력남용으로 고려는 멸망의 구렁텅이에 빠지고 말았다. 역모를 밀고한 수시중 이인임은 공민왕의 신임을 크게 받았다. 어느 날 공민왕은 그를 불러 말했다.

"시중, 과인은 이제 죽어도 한이 없어."

"폐하! 왜 불길한 말씀을 하십니까?"

"짐에게 후사가 없던 차에 신돈의 집에 드나들다기 모니노라는 아이를 낳았소. 만약 짐이 죽으면 그대가 그 아이를 잘 보살펴주오."

이인임은 모니노를 궁궐로 데려와 명덕 태후궁에서 길렀는데, 후에 강녕부원대군으로 봉해졌다.

역적 신돈을 죽였지만 공민왕의 마음은 매우 허전했다. 그는 허전함을 달래기 위해 자제위(미남 시중)를 두었는데 그들은 왕의 침전에서 왕과 함께 먹고 자고했다. 공민왕은 자제위들을 데리고 노국공주가 묻혀있는 정릉을 찾아갔다. 공민왕은 최만생에게 술과 음식을 가져오게 해 산소 이곳저곳에 부으며 혼자 중얼거렸다.

'여보, 내가 왔소. 함께 나눠 먹읍시다.'

그러는 사이 해가 서쪽으로 기울자 자제위들은 공민왕에게 대궐로 돌아가야 한다며 재촉했다. 그렇지만 왕은 자리에서 일어나지 않고 술을 모두 마시고 대궐로 돌아왔다. 술에 취한 공민왕이 침전에 드는 순간 최만생이 따라가 나지막이 말했다.

"폐하! 긴히 아뢸 말씀이 있습니다."

"그래?"

"익비께서 수태를 하셨다고 합니다."

"익비가! 지금 몇 달이 되었다고 하더냐?"

"5개월쯤 되었다고 들었습니다."

공민왕은 손가락으로 날짜를 짚어보다가 최만생에게 다시 물었다.

신돈(辛旽, ?~1371)

고려 말기의 중으로 자는 요공(耀空)이고 호는 청한 거사(淸閑居士)이다. 공민왕에게 등용되어 국정을 장악하고, 전제 개혁(田制改革), 노비 해방 따위의 개혁 정책을 폈으나, 상층 계급의 반발로 실패하였으며, 후에 왕의 시해를 음모하다 발각되어 처형되었다.

"그렇다면 수태를 시킨 상대가 누구라고 하더냐?"

"홍륜이라고 합니다."

"이 사실을 그대 말고 알고 있는 사람이 또 있더냐?"

"폐하, 다행스럽게도 소인밖에는 모릅니다."

"내일 당장 홍륜이란 놈을 죽여야겠구나. 그리고 자네도 함께 죽어야 아무도 모르겠지?"

최만생은 공민왕의 이 말에 눈앞이 캄캄했다. 최만생은 공민왕을 침전에 모신 후 급히 홍륜에게 찾아가 자세하게 말했다. 이들은 꼼짝없이 죽은 목숨이었기 때문에 살아날 방법으로 공민왕을 암살하기로 했다. 두 사람은 몰래 침전으로 들어가 깊이 잠들어 있는 공민왕을 살해했다. 잠시 후 최만생은 침전에서 급히 뛰어나오면서 외쳤다.

"자객이다! 자객!"

이 소리에 자제위 대장 김홍경이 달려 나왔다.

"자객이라니? 어디로 갔단 말이냐?"

그러자 공민왕을 암살한 최만생과 홍륜은 거짓말을 하였다.

"저쪽입니다!"

얼마 후 시중 이인임과 경부흥 등이 왕의 침전으로 먼저 들어갔고 이 소식을 들은 명덕태후가 달려와 참혹하게 죽어 있는 공민왕을 보면서 통곡했다. 그러자 이인임이 명덕태후를 달래며 이렇게 말했다.

"태후마마! 진정하십시오. 곧 대책을 마련하겠습니다."

"어서, 이 시중께서 잘 수습하시오."

이인임은 재빨리 움직였고 궁궐에서 숙직하던 벼슬아치들은 공포에 떨었다. 어전회의를 열어 자객을 잡기 위한 대책을 세웠다. 그때 이인임이 말했다.

"왕을 시해한 자는 우리주변에 있습니다."

"그렇다면 누가 이런 끔찍한 일을 저질렀단 말이오?"

"궁궐에 신조라는 자가 있습니다. 그는 여러 가지 꾀를 잘 낸다고 합니다. 우선 그 자부터 잡아와 조사해 보겠습니다."

이인임은 신조를 채포해 옥에 가둔 후 왕의 측근에서 일하는 사람들을 모두 조사했다. 문득 최만생의 옷에 핏자국이 묻어 있는 것을 발견한 이인임은 그를 불러 세웠다.

"만생아, 잠깐 이리로 오너라."

그러자 최만생은 얼굴이 하얗게 변했고 이인임은 그가 범인이라는 것을 눈치 챘다. 옷에 묻은 핏자국 때문에 최만생은 자백할 수밖에 없었다. 마침내 공민왕을 시해한 범인들이 모두 체포했다.

이제부터의 문제는 누구를 임금으로 앉히는 것이었다. 태후와 경부홍은 종친 중에서 뽑자고 했지만 이인임은 강녕대군을 적극 추대하면서 말했다.

"태후마마, 폐하께서 돌아가시기 전 소신에게 강녕대군만이 유일한 혈통이라고 말씀하셨습니다."

10세의 강녕대군은 공민왕의 뒤를 이어 고려 32대 우왕으로 즉위했다. 공민왕을 시해한 최만생과 홍륜을 비롯해 시해사건에 연류 된 자제위들 모두가 처형되었다.

무명옷 탄생의 비밀

1360년 32세의 문익점은 과거에 합격해 김해부 사록 벼슬로 부임했다. 1363년 35살 때 좌정언 벼슬로 승진해 서장관을 제수 받고 원나라 사신으로 떠났다.

그가 원나라에 도착했을 때 고려에서 죄를 짓고 도망친 최유가 개성에 있는 김용과 작당해 공민왕을 몰아내고 어릴 적 원나라로 들어간 덕흥군을 왕으로 세우려는 역모를 꾸미고 있었다. 최유는 사신으로 원나라에 온 문익점에게 접근했다.

"문공, 나와 동지가 되면 장차 후한 벼슬을 주겠소. 덕흥군을 왕으로 세우는 일에 협조해 주시지요."

그러자 문익점은 최유를 호되게 꾸짖었다.

"안타깝구나. 원나라까지 와서 역적을 도모하다니! 어리석구나."

이에 최유는 마지막 카드로 원나라 순제의 힘을 빌렸다. 어느 날 순제는 문익점을 불렀다.

"문공, 공민왕이 정치를 잘못해 바꾸려고 하는데, 어떻게 생각하느냐?"

"폐하의 생각과는 달리 공민왕께서는 그런 분이 아니십니다."

문익점의 거절에 화가 난 순제는 일방적으로 윈난지방으로 귀양을 보냈다. 억울하게 귀양 온 문익점은 책을 읽으면서 쓸쓸하게 보내고 있었다. 그때 윈난지방의의 향토선비가 그를 찾아왔다. 두 사람은 학문에 관한 이야기를 주고받았다. 이야기 도중 그는 중국선비의 옷을 뚫어지게 쳐다보았다. 그러자 중국 선비가 이유를 물었다.

“어째서 내 옷만 쳐다보는 것이오.”

“공의 옷이 너무 따듯하게 보여서요. 그게 무명옷이라는 겁니까?”

“그렇습니다.”

“무명옷의 재료는 무엇입니까? 더구나 이곳 사람들 모두가 선비처럼 무명옷을 입고 있는데?”

“재료는 목화라는 식물에서 맺는 봉우리의 솜털로 실을 뽑은 것입니다.”

“그래요? 전 아직까지 한 번도 목화라는 것을 본 적이 없답니다.”

“걱정 마세요. 목화가 피면 자연적으로 볼 수가 있답니다.”

문익점은 당시 고려백성들이 헐벗고 지낸다는 것을 잘 알고 있었다. 고려의 옷감재료는 삼베, 모시, 명주 등이다. 특히 삼베나 모시는 옷을 만든 후 관리하기에 불편했다. 더구나 명주나 모시는 값이 비싸 귀족들 외엔 감히 입을 수가 없었다. 그래서 백성들은 삼베나 짐승털가죽으로 옷으로 만들어 입었다.

그래서 문익점은 무명옷에 대한 관심이 높았다. 고대하던 가을이 되자 문익점은 중국선비의 안내로 목화밭을 구경하러 갔다. 들판에 핀 하얀 목화송이가 마치 흰 구름이 땅으로 내려와 덮인 것 같았다. 문익점은 그저 놀라움 그 자체였다.

“감사합니다. 생전에 이처럼 아름다운 꽃은 처음 봅니다.”

문익점이 목화밭으로 향하자 중국선비가 뒤따라오면서 말했다.

"법으로 목화씨를 다른 나라로 유출하는 것을 엄중히 막고 있답니다."

한 마디로 목화송이를 만지지 말라는 의미 같았다.

"설마, 가까이서 구경하는 것은 괜찮겠지요?"

"제가 있으니까 괜찮습니다."

당시 중국에서 목화를 재배한 시기가 수십 년밖에 안 되어 법으로 반출을 금하고 있었다. 문익점은 중국선비와 목화밭을 둘러본 것만으로도 만족했다. 그날 밤 그는 생각에 잠겨 제대로 잠을 이룰 수가 없었다.

'목화씨를 고려로 가져가면 백성들이 따뜻할 텐데!'

다음날 목화밭으로 다시나가자 주인이 그를 따뜻하게 맞아주었다. 이것은 어제 함께 왔던 중국선비 덕분이었다. 목화밭 주인과 친해지면서 며칠에 걸쳐 목화꽃송이 두어 개를 몰래 숨겨 집으로 돌아왔다. 문익점은 꽃송이에서 잘 익은 씨앗 9개를 골라 소중하게 보관했다. 그런 후 고려로 안전하게 가져갈 방도를 생각했다.

이 무렵 최유의 반란군이 고려로 쳐들어갔다가 패하면서 순제는 그해 10월 문익점을 귀양에서 풀어주었다. 고려로 돌아가기 전날 국경을 무사히 통과하기 위해 보관했던 목화씨 9개를 붓두껍 속에 감췄다.

그 다음날 문익점은 국경에 도착했는데, 중국선비의 말처럼 조사가 엄했다. 문익점은 중국 관리 앞에 봇짐을 풀어놓자 뒤지기 시작했다. 그때 중국관리가 붓을 집어 들고 말을 걸었다.

"붓을 많이 사셨네요."

"그렇소, 중국의 붓이 고려 것보다 훨씬 부드럽고 좋지요."

그러자 중국 관리는 문익점을 물끄러미 쳐다보다가 통과시켰다. 그는 빠른 걸음으로 국경을 넘은 다음 두 팔을 벌려 소리쳤다.

"이젠 고려백성들도 따뜻하게 옷을 입겠구나!"

문익점은 공민왕에게 귀국인사를 올리자 반갑게 맞이하며 그간의 귀양살이에 대해 위로했다. 공민왕은 곧바로 예문관 제학벼슬을 내렸다. 하지만 벼슬보다 시급한 것은 경상도 고향땅으로 내려가 목화를 재배하는 것이었다.

마침내 문익점은 붓두껍 속에서 목화씨 9개를 끄집어 낸 다음 5개를 장인 정천익에게 심도록 했다. 문익점 역시 목화씨 4개를 자기 집 양지바른 밭에 심었다. 그렇지만 봄이 되어도 목화씨는 싹을 틔우지 않았다. 더구나 기름진 땅에 비까지 흠뻑 내렸는데, 도저히 이해가 되지 않았다. 궁금해서 땅을 파보았는데 목화씨가 모두 썩어 있었다.

문익점은 안타까움에 실망하다가 문득 장인이 떠올랐다. 곧바로 장인 정천익을 찾아가 대문에 들어서는 순간 인사보다 목화씨에 대해 물었다.

"장인어른, 목화씨는 어떻게 됐습니까?"

"싹 하나가 돋았네."

정천익은 문익점을 데리고 밭으로 갔는데, 과연 목화

문익점(文益漸, 1329~1398)

고려 말기의 문신으로 초명은 익첨(益瞻)이고 자는 일신(日新)이며 호는 삼우당(三憂堂)이다. 사신으로 중국 원나라에 들어가 덕흥군(德興君)을 왕으로 내세우는 일에 가담하였으나 실패하고, 돌아올 때 목화씨를 붓대 속에 넣어 가지고 와서 심어 우리나라에 처음으로 목화를 번식시켰다.

씨 하나가 싹이 터 자라고 있었다. 결국 9개 씨앗 중 1개가 성공한 것이다. 가을이 되자 목화송이가 여러 개 달렸고 그것에서 씨앗 1백여 개를 얻었다. 그 씨앗을 잘 말려 두었다가 이듬해 봄에 또 다시 심었다. 문익점은 원나라에 있을 때 눈여겨보아 둔 재배방식대로 가꾸면서 재배일지까지 상세히 기록했다.

그해 가을이 되자 문익점의 밭에는 목화송이가 하얗게 피었다. 3년째 되던 해 문익점은 목화씨를 마을사람들에게 나누어 주면서 재배방법까지 자세하게 알려주었다. 이렇게 하여 목화재배가 전국으로 퍼져나갔다.

그러나 목화에서 실을 자아내어 그것으로 옷감을 짜는 방법을 몰랐다. 그가 안타까워하고 있을 때 홍원이라는 중국스님이 장인 정천익을 찾아왔다. 정천익은 스님에게 목화에서 실을 자아내 무명을 짜는 기술을 배웠다. 이때 목화씨를 가려내는 씨아와 물레가 발명되었다.

몽골제국의 원나라 건국

칭기즈칸은 죽기 전 몽골제국의 영토를 3명의 아들과 손자와 동생에게 나눠주었다. 죽은 큰아들 주치대신 손자인 바투에게 남러시아의 알타이산 북쪽지방을, 둘째 아들 차카타이에겐 호라즘을, 셋째 아들 오고타이에겐 서하를 주었다.

그러나 막내아들 툴루이는 영토를 받지 못했지만 칭기즈칸이 가장 사랑하는 아들이며 몽골본토를 물려주려고 하였다. 당시 몽골의 풍습은 막대아들에게 모든 유산을 물려주었다. 그래서 1229년까지 툴루이가 몽골제국을 다스렸던 것이다.

그해 봄, 케룰렌 강가에서 몽골 부족 중 나이가 가장 많은 사람과 장군들이 모여 부족회의를 열어 새로운 황제를 뽑았다. 여기에서 막내아들에게 유산을 물려주는 전통을 없애고, 칭기즈칸의 셋째 아들 오고타이를 몽골제국 제2대 황제로 선출했다.

또한 칭기즈칸은 야율초재에게 오고타이를 부탁했기 때문에 그 역시 그를 스승으로 받들고 모든 일을 상의했다. 오고타이는 아버지가 생전에 이루지 못한 금나라를 멸망시키고 중국대륙을 통일했다. 그의 조카 바투는 남부 러시아와 유럽을 정벌해 기독교 세계를 공포 속으로 몰아넣었다.

바투는 유럽을 정벌하는 도중 볼가강 하류 볼고그라드 부근의 사라이를 도읍으로 정하고 킵차크 칸국을 세웠다. 그 후 바투는 유럽을 원정하여 모스크바를 초토화시켰으며, 러시아 최대도시 키예프를 폐허로 만들었다. 툴루이의 여섯째아들인 훌라그는 이란지방을 점령하여 압바스 왕조를 무너뜨리고 일칸국을 세웠다.

쿠빌라이는 몽골제국의 제5대 황제에 올라 할아버지 칭기즈칸 이후 가장 강력한 황제로 이름을 떨쳤다. 쿠빌라이는 몽골제국을 통일한 후 1260년 개평부에서 즉위했고 수도를 북경으로 옮겼으며 1271년에 나라의 이름을 원으로 바꾸었다. 그 뒤에 일본, 고려, 안남, 버마(미얀마), 자바, 수마트라 등을 차례로 정복하였다. 그러나 잦은 외국원정과 반란 때문에 1368년 98년 만에 한족에게 멸망한다.

마르코 폴로의 여행과 생애

1275년 쿠빌라이 황제로 있을 때 이탈리아인 3명이 원나라에 들어왔다. 그들 중 1명은 17살의 마르코 폴로였다. 2명은 마르코 폴로의 아버지 나코로 폴로와 작은아버지 마테오 폴로였다. 마르코 폴로는 무역을 하는 아버지와 작은아버지를 따라 원나라로 오게 되었다.

마르코 폴로일행이 쿠빌라이 황제를 만나러 가자 반갑게 맞이했다. 쿠빌라이 황제는 그들을 극진히 대접한 뒤 서양의 여러 가지 일을 물어보았다. 그러자 이들은 황제의 물음에 자세히 설명해 주고 기독교에 대해서도 오랫동안 이야기를 나누었다. 황제는 서양에 대해 깊은 관심을 가진 끝에 그들을 궁전에 계속 머무르게 하면서 친구처럼 진했다.

그 후 마르코 폴로는 혼자 중국에 남아 쿠빌라이로부터 황제의 칭호인 대칸으로 대우를 받았다. 또한 17년 동안 동남아시아와 인도와의 무역을 도맡았다. 1295년, 마르코 폴로는 고향 베네치아로 돌아갔다.

당시를 이탈리아 학자 겸 여행가 라무시오는 이와 같이 기록했다.

"…그들의 겉모습은 마치 타타르인 같았고, 말투까지 타타르어와 닮았다. 누더기 차림의 옷은 형편없는 천으로 만들어진 것이었다. 이처럼 기괴한 차림의 일행을 고향사람들은 아무도 알아보지 못했다."

마르코 폴로는 베네치아로 돌아와 제노바와의 싸움에 참가했다가 포로가 되었다. 이때 함께 포로가 되었던 루스티첼로에게 이야기를 들려준 것이 『동방견문록』이란 제목으로 발간되었다. 이 책엔 원나라 때의 일들이 자세하게 실려 있으며, 우리나라를 '코리아' 로 일본을 '지팡구' 로 소개되어 있다.

쿠빌라이 황제가 죽자 몽골제국은 그 세력이 점점 약해졌다. 그것은 황제의 자리를 놓고 집안싸움이 벌여졌고, 더구나 몽골족에게 억눌려 살던 한족들의 반란이 일어났기 때문이다. 1368년, 쿠빌라이가 세운 원나라가 막을 내리고 한족 주원장이 명나라를 건설했다.

아이러니컬한 성지 예루살렘

안정기의 유럽은 넘치는 힘을 외국으로 발산하기 위해 성지예루살렘을 되찾기 위한 십자군원정을 시작했다.

당시 예루살렘은 이슬람교를 믿는 터키의 수중에 있었다. 터키인들은 날이 갈수록 늘어나는 기독교의 성지순례자들에게 위협을 느꼈다. 그래서 그들은 정당방어의 구실을 내세워 기독교인들을 억누르면서 잦은 충돌이 빚어졌다.

10세기경 중앙아시아에서 이슬람제국으로 이주하여 열렬한 이슬람교도가 된 셀주크투르크족이 바그다드를 점령하면서부터 성지순례가 어려워지기 시작했다.

그러자 동로마제국이 그들을 공격했지만 크게 패하자 교황 우르반 2세에게 도움을 청했다. 교황은 셀주크투르크족을 공격해 예루살렘성지를 되찾고, 비잔틴 교회와 로마 가톨릭교회를 합칠 수 있는 좋은 기회라고 생각했다. 이에 1095년 11월, 프랑스 중부에 있는 도시 클레르몽에서 종교회의를 열었다. 이 회의 결과에 따라 십자군원정이 시작되었다.

예루살렘왕국의 멸망

교황 우르반 2세는 기사들로 중심이 되는 십자군을 구성하겠다고 마음먹었다. 그렇지만 십자군이 되려는 사람들 중엔 신앙심이 깊은 농민들이 대부분이었다. 더구나 그들은 예루살렘이 어디에 있는지조차 모르고 있었다.

1096년 오합지졸로 구성된 십자군은 도나우강을 건너 발칸반도와 콘스탄티노플을 거쳐 아시아로 진군했다. 그러나 예루살렘에 있던 이슬람교도들과의 전투에서 패전했다.

그러자 곧바로 교황이 몸소 조직한 정규십자군이 원정을 떠난 것은 1096년 이른 가을이었다. 정규십자군에 국왕들이 참가하지는 않았지만, 영국과 프랑스는 국왕의 형제들이나 이름을 떨치던 기사들이 대거 참가했다.

정규십자군의 수는 기병 5천과 보병 1만5천이었으며, 예루살렘을 공격한 군사들은 3분의 2정도였다. 십자군의 주력부대와 비잔틴군은 힘을 합쳐 예루살렘으로 가는 길목에 있는 도시 안티오키아를 공격하기고 약속했다.

그러나 비잔틴이 빠지면서 십자군은 이탈리아도시들의 도움으로 2개월 만에 안티오키아를 점령했다. 안티오키아의 점령은 십자군에게 매우 전략적인 도시였다. 그들은 안티오키아를 무사통과하여 예루살렘을 공격해 승리했다.

제1차 십자군원정으로 예루살렘은 회복되었고, 순례자들은 예루살렘성벽에 기대어 벅찬 감격에 싸여 흐느끼며 하나님의 은혜에 감사했다.

십자군은 1차 원정에 성공한 뒤 지중해 동쪽기슭에 예루살렘왕국을 세우고 로렌의 성주 고드프르에게 다스리게 했다. 이때 원정에 참가했던 십자군군사들은 모두 예루살렘순례를 마치고 고향으로 되돌아갔다.

그러나 이 승리는 오래가지 못했는데, 그것은 12세기에 접어들면서 이슬람군의 반격이 시작되었기 때문이다. 이에 따라 예루살렘왕국이 위태롭자 유럽에서는 제2차 십자군을 조직했다. 이때는 프랑스 왕 루이7세와 독일의 콘라드3세가 참가했다.

그러나 2차 십자군은 소아시아에서 이슬람과 맞서 싸웠지만 패전했으며, 시리아 수도 다마스쿠스공격까지 실패로 하고 말았다.

제1차 십자군원정의 승리로 세운 예루살렘왕국은 12세기 후반부터 나날이 쇠퇴했다. 그때 이집트를 세운 살라딘 왕이 1187년 예루살렘왕국을 공격하여 수도 예루살렘을 점령했다.

전설적 인물 로빈 후드의 활약

살라딘에게 예루살렘을 빼앗기자 유럽은 제3차 십자군을 조직했다. 이때 영국 왕 리처드 1세, 프랑스 왕 필립, 신성로마제국 황제 프리드리히 1세가 참가하기로 결정했다.

당시 영국과 프랑스는 프랑스 내의 영국영토인 노르망디문제로 다투면서 십자군 출발이 늦어졌다. 그러자 프리드리히 1세가 먼저 십자군을 이끌고 소아시아에서 강을 건너다가 실수로 익사하고 말았다. 그러자 리처드 1세는 애통해하면서 용감한 기사를 모았고, 프랑스의 영국 영토인 노르망디와 브레타뉴 지방에서도 희망자들을 모집했다.

1191년, 리처드 1세는 1백 척의 배에 4천의 기사와 4천의 군사를 싣고 예루살렘으로 떠났다. 필립도 50척의 배에 군사를 싣고 같은 날 출발했는데, 지중해 동쪽에서 폭풍은 만나 고생했지만 무사히 시리아해안에 도착했다.

하지만 리처드 1세를 따르던 1백 척의 배들은 폭풍 때문에 키프로스 섬에 이르렀다. 키프로스 섬에서 폭풍을 피한 영국원정군은 다시 항해를 시작해 그해 6월에 시리아 해안 아크레 항구에 도착했다.

한편 예루살렘을 놓고 기독교와 이슬람교의 싸움은 계속되고 있었다. 이때 프랑스원정군은 영국원정군보다 먼저 아크레를 공격했지만 쉽지 않아 장기전에 놀입했다. 이 무렵 리처드 1세가 8천의 군사를 이끌고 오자 프랑스군의 사기가 올라갔다.

이미 알려진 리처드 1세의 용맹으로 살라딘의 이슬람군도 겁을 먹고 있었다. 리처드 1세는 진격을 계속하여 아크레를 공격하여 마침내 이슬람을 쳐부수고 성을 빼앗았다.

프랑스군과 신성로마제국군은 아크레를 빼앗은 후 곧바로 돌아가 버렸다. 그래서 리처드 1세가 이끄는 영국군만 예루살렘회복에 나섰던 것이다.

1191년 가을, 영국군과 이슬람군이 아르스프에서 싸웠는데, 영국군이 승리를 거두고 예루살렘근처까지 진격했다. 이때 갑자기 소나기가 퍼붓자 영국군은 꼼짝도 못했다. 그때 사막에 익숙한 이슬람군이 일제히 공격하여 패하고 말았다.

이듬해 8월, 영국군과 이슬람군이 지중해 야파에서 싸웠는데, 이때 영국군은 고작 50명의 기사와 2천의 군사뿐이었다. 리처드 1세를 비롯하여 영국군은 죽음을 각오하고 있을 때 뜻밖에 살라딘이 선물과 함께 편지를 보내왔다.

당시 리처드 1세가 풍토병에 걸려 고통을 받고 있다는 사실을 알게 된 살라딘이 걱정하며 위로의 편지를 보냈던 것이다. 살라딘의 편지에서 존경한다는 말과 함께 친구가 되기를 바란다는 내용도 있었다.

이때 영국국사를 대신 맡아온 동생 존이 프랑스 왕 필립과 손잡고 영국 왕의 자리를 노린다는 급보가 도착했다. 놀란 리처드 1세는 순례자들이 자유롭게 예루살렘에 드나드는 것을 허락해 달라는 조건을 제시하면서 살라딘에게 휴전을 제의했다.

마침내 우호협정이 맺어졌고, 제3차 십자군원정은 예루살렘을 회복하지 못한 채 신도들의 자유로운 출입만은 보장받은 채 막을 내렸다. 리처드 1세는 영국군을 이끌고 귀국길에 올랐지만, 지중해에서 또 다시 폭풍을 만나 표류하다가 이탈리아해안에 닿았다.

한시가 급한 그는 자신의 정체를 숨기기 위해 순례자로 변장하고 오스트리아로 갔다. 그러나 옛날부터 리처드 1세를 미워한 오스트리아 왕에게 발각되어 감옥에 갇히고 말았다.

오스트리아 왕은 리처드 1세의 몸값을 영국에게 요구했지만, 형의 대리로 왕 노릇을 하고 있던 동생은 좋은 호재를 만났다며 그의 요구를 거절했다. 그때 리처드 1세가 신뢰한 신하 가운데 브론텔이란 시인이 있었다. 그는 왕을 구하기 위해 신하들과 의논한 다음 몸값을 오스트리아 왕에게 주었고, 리처드 1세는 5년 만에 영국으로 돌아왔다.

그렇지만 영국 왕좌는 이미 아우 존이 버티고 있었다. 리처드 1세는 귀족이자 전설적인 인물 로빈 후드의 힘으로 왕좌에 복귀한다. 제자리에 돌아온 리처드 1세는 훌륭한 정치로 백성들로부터 존경을 받았다.

그러나 동생을 충동질하여 왕좌를 빼앗게 한 프랑스 왕 필립을 도저히 용서할 수가 없었다. 더구나 십자군원정 때도 서로 다툼이 있었다. 이에 리처드 1세는 군사를 동원하여 프랑스로 건너가 프랑스군과 싸웠는데, 그는 이 전쟁에서 입은 큰 부상 후유증으로 1199년 42세로 죽었다.

해결사 4차 십자군원정대

로마교황 이노센트 3세는 제4차 십자군원정을 결성하기 위해 각국에 호소했지만 대다수 국왕들은 못들은 척했다. 그렇지만 볼드윈을 비롯한 북프랑스 기사들은 참전했다.

교황은 제4차 십자군을 일으켜 예루살렘회복과 이집트를 공격해 이슬람세력을 몰아내려고 생각했다. 이에 기사 4,500명과 말 4,500필, 보병 2만, 식량 9개월분을 베네치아상인들이 수송하기로 하고 계약을 맺었다.

그렇지만 실제로 모은 기사, 말, 군사, 식량 등은 절반도 채 되지 않았기 때문에 베네치아상인들에게 지불해야 할 수송비마저도 부족했다. 더구나 나머지 병력과 수송비용을 마련하다가 빚만 늘었다. 이렇게 되자 베네치아상인들이 한 가지 해결책을 내놓았다.

그것은 헝가리인들이 차지하고 있는 아드리아해안의 기독교도시인 자라를 되찾아주면 해결해준다는 것이었다. 한시가 급한 십자군은 그들의 제안을 덥석 받아들이고 말았다.

이것을 알게 된 교황은 자신과 함께 십자군을 파멸했다. 하지만 교황과 함께 파문당한 십자군은 쉽게 자라시를 빼앗고 그곳에서 겨울을 보냈다. 그때 또 다시 십자군의 탈선을 부추기는 사건이 발생했다.

동로마에서 쫓겨나 유럽으로 망명한 아이작 2세와 그의 아들 알렉시우스 4세가 제안을 했다. 그들은 콘스탄티노플을 빼앗아 자신들을 황제자리에 앉혀주면 베네치아상인에게 진 빚을 모두 갚아주겠다고 제의했다. 그리고 십자군의 이집트원정을 도와줄 뿐만 아니라 그리스정교회를 로마교황청과 합치게 하겠다고 했다.

그러자 십자군에 소속된 북프랑스 기사들은 아이작 2세와 그의 아들의 제안대로 해결해주었다. 하지만 그들은 약속을 지키지 않았고, 반란이 다시 일어나면서 살해 되었다.

1204년 치열한 싸움 끝에 콘스탄티노플을 차지한 십자군과 그들을 배에 싣고 온 베네치아상인들은 빼앗은 재물을 나누었다. 그리고 제3차 십자군원정 때 참가해 크게 활약한 볼드윈을 황제로 삼아 라틴제국을 탄생시켰다. 하지만 라틴제국은 58년 만에 사라졌다.

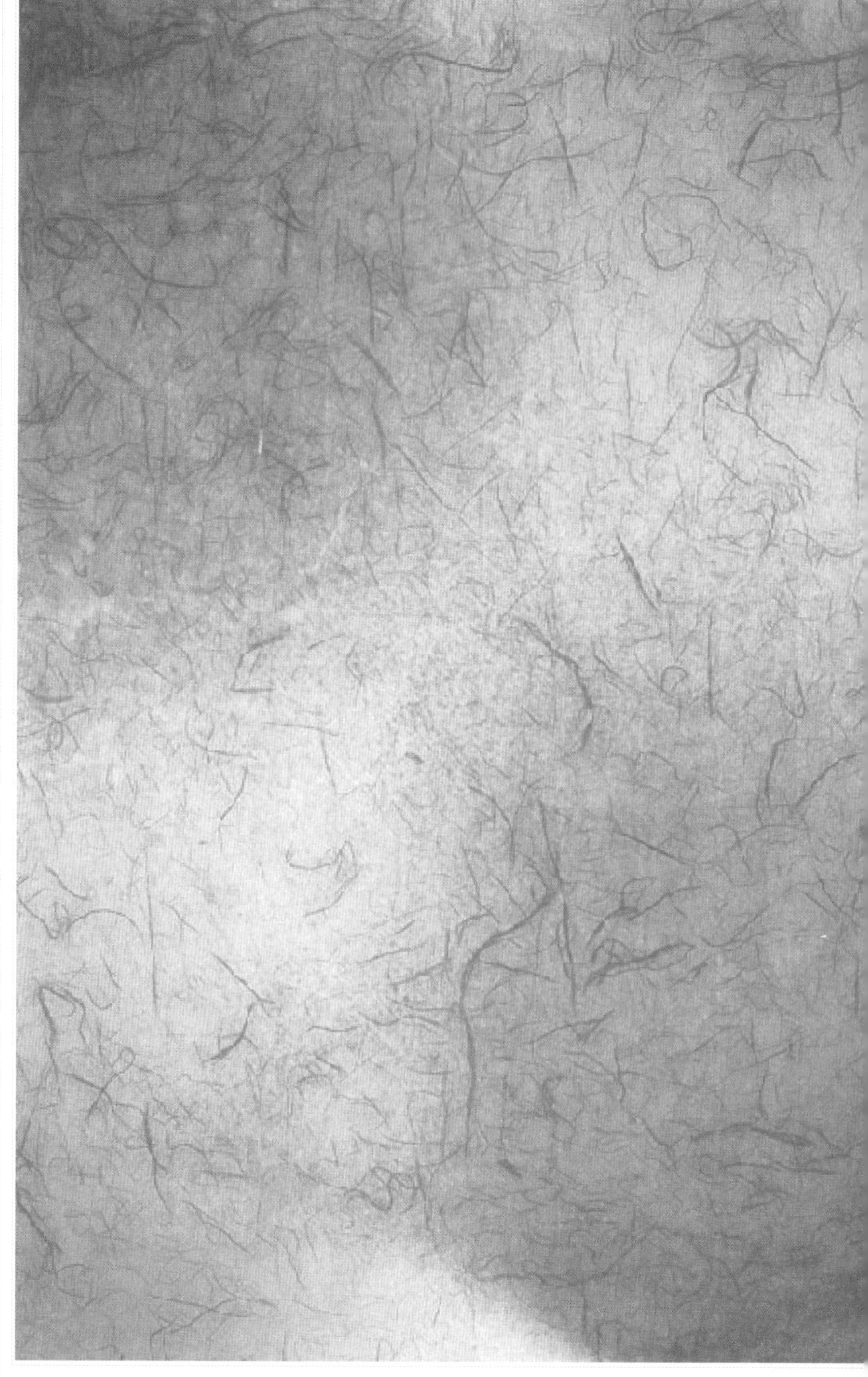

조선

태조 이성계

(1392년 음력 7월16일~ 1398년 음력 9월5일 재위)

이성계((李成桂, 1335년 음력 10월11일 ~1408년 음력 5월24일)는 고려 말 무신이자 조선의 시조다. 성은 이, 본관은 전주, 휘는 단(旦), 초명은 성계, 초자는 중결(仲潔), 자는 군진(君晋), 호는 송헌(松軒)이며 몽골식 이름은 아기바토르(阿其拔都)이다. 사후 시호는 태조 강헌지인계운성문신무대왕(太祖康獻至仁啓運聖文神武大王)이다.

왜장의 벌린 입으로 들어간 이성계 화살

고려 중 말기, 함경도 영흥에 이자춘이 살고 있었다. 그는 어느 날 낮잠을 자다가 꿈을 꾸었는데, 꿈속에서 신선이 나타나 말했다.

"난 백두산 신령이다. 명산에서 정성껏 빌면 귀한 아들을 얻을 것이다."

이날부터 부부는 몸과 마음을 깨끗이 하고 명산을 찾아가 정성껏 백일기도를 드렸다. 기도를 마치고 집으로 돌아온 밤 이자춘은 또 꿈을 꾸었다. 꿈에 선녀가 하늘에서 오색구름을 타고 내려와 소매 속에서 황금 자를 꺼내주면서 이렇게 말했다.

"이것은 천제께서 하사하는 것이다. 잘 보관했다가 나라를 다스릴 때 사용하라."

이자춘의 아내는 태기가 있었고, 다른 사람보다 3개월이 넘은 열세 달 만에 아들 이성계를 낳았다. 이성계의 본관은 전주이고 자가 중결이며 호가 송헌이다. 이성계는 골격이 컸고 용의 얼굴에 봉의 아름다움을 닮았다. 원숭이 팔에 걸음걸이는 범을 연상케 했고 기상은 영웅호걸이었다.

그는 어릴 때부터 총명했으며 남을 포용하고 은혜 베풀기를 즐겼다. 또한 칼 쓰기, 활쏘기, 진(陣)치기 등 군사와 관련된 것을 좋아했다. 열 살이 넘으면서 무술을 익혔는데, 활솜씨는 천하제일이었다.

이성계가 영흥에서 함흥으로 이사한 뒤 키가 큰 남자가 그를 찾아와 공손히 허리를 굽히며 인사했다.

"듣자하니 활솜씨가 신기에 가깝다고 하더군요. 소생에게 한 수 가르쳐주었으면 합니다."

그러자 이성계는 기꺼이 받아들였다. 며칠 후 도전자는 이성계를 초대해 자신의 활터로 안내했다. 그때 이성계는 그에게 백보를 센 다름 자신을 과녁으로 활을 쏘라고 했다.

이에 도전자는 눈 하나 깜짝하지 않고 활에 화살을 메겨 이성계의 얼굴을 향해 쏘았다. 그 순간 이성계는 날아오는 화살을 두 팔을 뻗어 가볍게 잡았다. 열에 받친 도전자는 이성계의 이미를 향해 연속으로 화살을 쏘았다. 그렇지만 이성계는 그의 화살을 모두 피했다.

도전자는 정신을 가다듬고 세 번째 화살을 이성계 이마를 향해 당겼다. 이번에는 공중으로 뛰어오르면서 화살을 피했다. 패배를 인정한 도전자는 이성계에게 급히 달려와 머리를 조아렸다.

"죄송하옵니다. 감히 장군을 알아보지 못하고 무례를 범했습니다."

"하하하…, 과찬의 말씀을. 인사나 나눕시다."

이성계에게 도전한 인물은 천하명궁인 퉁두란으로 송나라 명장 악비의 자손이었다. 하지만 악비가 역적으로 몰려 흑룡강 부근으로 은둔했고 신분을 감추기 위해 외가의 성을 따라 퉁가라고 했다. 그는 공민왕 때 부하들과 함께 압록강 건너 북청에 살았다.

이런 계기로 이들은 화살을 꺾어 의형제를 맺었고 이성계가 한 살 연상이라 형이 되었다. 이성계는 그의 손을 잡고 단결을 청했다.

"오늘 이 시간 이후부터 우린 형제다. 앞으로 마음과 마음을, 힘과 힘을 합쳐 큰일을 이룩해보자!"

이에 퉁두란은 이성계를 떠나지 않고 일을 도왔다. 이성계가 조선을 건국해 임금이 되었을 때, 퉁두란에게 '이씨' 성을 하사하고 이름을 '지란' 으로 고쳤다.

이성계가 알려지기 시작한 것은 고려 최영 장군이 동북쪽 쌍성을 칠 때였다. 고려군사가 원나라군사를 치기위해 출전했다는 말에 이자춘은 아들 이성계에게 성문을 활짝 열어놓게 했다. 그들 부자덕분에 고려군은 쌍성을 순식간에 함락시켰다.

이런 공로로 이자춘과 이성계는 고려로부터 서북면 병마사벼슬을 제수 받았다. 이자춘이 죽자 이성계가 아버지의 벼슬을 물려받았다. 그 후 이성계는 원나라에 빼앗겼던 동녕부를 되찾았고, 홍건적과 왜구를 무찌르는 등 수많은 공을 세웠다.

1308년(고려 우왕 6년) 8월, 왜장 아지발도가 군사 5천을 거느리고 전라도로 침략해 여러 고을을 초토화 시켰다. 아지발도는 15~16세정도의 소년으로 얼굴이 여자처럼 생겼다. 그렇지만 그의 무술과 전략은 백전노장보다 뛰어났다. 그의 용맹스러움에 고려군사들은 싸움에서 연전연패했다.

이 소식에 왕은 이성계와 정몽주에게 그를 물리치게 했다. 이성계의 군사가 운봉에 도착했을 때 왜구와 일대일전을 벌이고 있었다. 그때 아지발도는 금으로 만든 갑옷에 창을 비껴들고 성난 사자처럼 전장을 누볐다.

그를 본 이지란이 달려가 맞섰지만 이기지 못하자 이성계가 아지발도의 얼굴로 활을 쏘았다. 그러나 그는 날아오는 화살을 창으로 튕겨버렸다. 또 다시 이성계가 연거푸 화살을 쏘았지만 이번엔 잽싸게 손으로 받아 화살을 꺾거나 피했다.

이런 아지발도를 매서운 눈으로 쳐다본 이성계는 군사들을 성안으로 물리고 성문을 닫았다. 이성계는 이지란을 불러 그를 꺾을 수 있는 방도를 의논했다.

"대단한 놈이야, 그래서 더더욱 죽이기엔 아깝다. 가능하면 생포하도록 해야겠다. 그렇게 안 될 땐 죽일 수밖에 없다. 아우는 내일 내가 일러주는 대로 하여라."

이튿날 싸움이 시작되자 이성계는 활 잘 쏘는 군사 서너 명에게 지시해 아지발도를 향해 활을 쏘게 했다. 이성계와 이지란은 그 광경을 지켜보면서 약점을 찾고 있었다. 아지발도는 비 오듯 자신에게 날아오는 화살을 창으로 치고 손으로 받기에 정신이 없었다. 이성계가 무릎을 탁치며 이지란에게 일렀다.

"지란아! 저놈의 투구를 맞춰라. 그 다음엔 내가 알아서 처리하겠다."

이지란의 화살이 정확하게 아지발도의 투구를 맞추자 아지발도가 놀라면서 입을 여는 순간 이성계의 화살이 그의 목을 꿰뚫었다. 아지발도를 잃은 왜구들은 사기가 떨어졌고 급히 그의 시체를 거두어 달아났다.

가시방석에 앉은 정종 임금

이성계가 조선을 건국해 태조로 등극했지만 항상 맘이 편안하지 못했다. 그것은 수많은 고려충신들이 자신을 역적으로 취급해 떠났기 때문이다. 이성계와 세상을 버리고 광덕산 두문동에 고려충신과 선비 72명, 무관 48명 등이 함께 살고 있었다.

이성계는 매일 이곳으로 사자를 보내 자신과 함께 새로운 세상을 펼치자고 권했지만 그들이 끝까지 타협하지 않았다. 그러자 신세력들은 이 마을에 불을 질렀는데, 한사람도 나오지 않고 스스로 불에 타죽었다.

그들의 만행을 괘씸하게 생각한 목은 이색은 여주의 깊은 산골짜기로 은둔했고, 야은 길재는 이성계가 자신을 찾자 쓸데없는 짓이라고 한 뒤 구미 금오산으로 들어갔다. 김주는 명나라 사신으로 갔다가 돌아오던 중 고려가 망했다는 소식을 듣고 입고 있던 옷과 신을 벗어 종에게 주고 명나라로 되돌아갔다.

이성계가 조선을 건국하는데 큰 공을 세운 다섯째 아들 이방원은 피가 끓는 26세였다. 자신의 공과를 생각해 차기 임금은 자기 것이라고 생각했다. 그러나 이방원의 생각과는 달리 이성계는 사랑하는 둘째 부인 강 씨가 낳은 막내아들 방석을 세자로 책봉했다. 세자 책봉에 정도전과 남은 등의 도움이 컸다.

당시 태조 이성계는 아들 8형제를 두었는데 여섯 명은 이미 세상을 떠난 한 씨의 자식이고, 끝의 두 아들 방번과 방석은 강 씨가 낳은 자식이다. 방석이 세자로 책봉되면서 화가 난 이방원은

심복 하륜과 이숙번을 불러 불만을 털어놓았다. 그러자 이방원의 부인 민 씨가 말렸다.

"대군, 모든 것을 서두르면 잃어버리기 쉽습니다. 사람마다 때가 있답니다."

정도전 등의 신세력들은 고려 왕족들을 여러 곳으로 나눠 귀양을 보냈다. 그 다음 거제도 한곳에 모여 살게 해 준다며 왕족들을 구슬렸다. 그들의 속임수에 놀아난 왕족들은 기뻐만 했다. 하지만 신세력들의 사주로 뱃사공들은 배 바닥에 구멍을 뚫었다. 결국 왕족들은 바다 가운데서 모두 익사하고 말았다.

그런 일이 있은 후부터 이성계는 침전에 드는 순간마다 악몽에 시달렸다. 특히 백성들은 이성계에게 왕위를 찬탈한 역적이라고 했다. 이런저런 상황 속에서 이성계는 모든 것이 불리하다는 생각에 개경이 싫었다.

1394년(태조 3년) 10월 도읍지를 개경에서 한양으로 천도했다. 이성계가 새로운 의욕으로 나랏일을 시작한지 2년이 지난 1396년 왕비 강 씨가 죽었다.

그는 큰 슬픔에 잠겨 전혀 정사를 돌보지 않았다.

그때 이방원의 세력과 세자 방석을 지지하는 정도전 일파는 서로 경계를 늦추지 않았다. 이방원은 이숙번, 하륜 등을 시켜 무장한 군사들로 하여금 집을 지키게 했다.

그러던 중 방석과 정도전 일파는 자객들을 보내 이방원을 제거하려고 했다. 하지만 공교롭게도 자객들이 이방원 일파에게 사로잡혀 음모가 탄로 났다. 이때 이방원은 정도전 일파를 제거하기로 결심했다. 얼마 후 왕자들에게 대궐로 모두 모이라고 했다. 이때 이방원에게 부인 민 씨가 귀띔했다.

"예감이 이상합니다. 입궐을 미루시고 자세한 것을 미리 알아보세요."

이방원 역시 뭔가 이상한 느낌을 받아 부하를 시켜 형제들에게 입궐하지 말라고 전했다.

한편 정도전은 보낸 자객들이 사로잡혀 음모가 드러나자 당황한 나머지 임금의 명이라 속여 왕자들을 모두 궁궐로 불러 모아 제거할 생각이었다. 그렇지만 이방원은 곧장 군사와 함께 먼저 정도전 일당을 참살했다. 이와 함께 세자 방석을 음모의 주동자라며 귀양 보내면서 죽였다. 이것이 1398(태조 7년) 8월에 일어난 1차 왕자의 난이다.

병석에 누운 이성계는 이방원의 행위에 슬픔과 놀라움에 말문이 막혔다. 분노한 태조는 방원을 불러 꾸짖었다.

"네가 사람이냐! 임금 자리가 탐나 형제까지 죽였느냐? 너에게 절대로 임금 자리를 주지 않을 것이다."

의욕을 잃고 깊은 고민에 빠졌던 이성계는 왕위를 둘째 아들 방과에게 물려주었다. 방과는 조선 2대 정종

> **정도전(鄭道傳, 1342년~1398년)**
>
> 고려 말기에서 조선 전기의 문인, 학자로 본관이 봉화(奉化)다. 이다. 자는 종지(宗之)이고 호는 삼봉(三峯)이다. 아버지는 형부상서 염의선생 정운경이고 어머니는 우연의 딸 영천 우 씨이다. 이색의 문인으로, 조선 개국 일등공신이 되었으며 성리학을 지도 이념으로 내세워 불교를 배척하였다. 전략, 외교, 법제, 행정에 밝았으며 시와 문장에 뛰어나 『고려사』 37권을 개수하고, 「납씨가」, 「신도가」 등의 악장을 지었다. 저서에 『조선경국전』, 『경제육전』과 문집 『삼봉집』 따위가 있다.

으로 등극했는데, 옥새는 이성계가 쥐고 있었다. 또한 정종은 생각지도 않았던 임금 자리에 올랐지만 하루가 바늘방석이었다. 그때 왕비 김 씨가 정종에게 이렇게 말했다.

"이 자리는 전하께서 머물 곳이 못 됩니다. 하루빨리 물려주는 것이 좋겠습니다."

1400년(정종 2년) 2월 방간을 중심으로 2차 왕자의 난이 일어났다. 방간은 방원과 친형제로 바로 위의 형인데, 그 역시 왕위를 탐내고 있었다. 이때 간신 박포가 그를 찾아와 이렇게 말했다.

"대군, 방원이 대군을 해치려고 한답니다. 선수를 치지 않으면 화가 미칠 것입니다."

박포는 1차 왕자의 난 때 방원을 도와 공을 세웠다. 하지만 자신에게 돌아오는 공과가 적다며 불만을 품었다. 성질이 급한 방간은 박포의 말만 듣고 즉시 군사를 동원했다. 그때 그들의 움직임을 간파한 방원 역시 군사를 준비했다. 얼마 후 양쪽군사들은 큰 싸움이 벌어졌다.

그러나 방간은 방원에게 패해 사로 잡혔다. 이에 정종은 군사를 일으켜 친형제를 해치려했다는 죄를 물어 방간을 황해도 토산으로 귀양 보냈고 박포는 그 자리에서 목이 달아났다.

정종은 2차 왕자의 난이 평정된 같은 해 11월, 아우 방원에게 임금 자리를 내주고 상왕이 되었으며, 그는 조선 3대 태종으로 등극했다.

이성계와 무학 대사와의 인연

이방원이 보기 싫어 이성계는 한양을 떠나 금강산과 오대산을 유람했다가 고향 함흥으로 들어갔다. 이때부터 태조 이방원은 문안인사차 이성계에게 사람을 보냈지만, 모두 죽임을 당해 돌아오지 않는다고 함흥차사란 말이 생겨났다.

이성계는 한양보다 조용한 함흥이 마음에 들었다. 어느 날 이성계는 내시 몇 사람을 데리고 누각에 올라갔다. 그때 저편 길 위를 한 나그네가 지나가고 있었다. 유심히 살펴보니 그는 옛 친구의 아들 성석린이었다.

그의 아버지 성여완은 일찍이 고려조정에서 정승벼슬을 지낸 이성계의 친구였다. 성석린은 태종 밑에서 재상으로 봉직하고 있었다. 문득 이성계는 의심이 들었지만 내시에게 명을 내렸다.

"여봐라! 저 사람을 데리고 오너라."

성석린과 이성계는 별궁에서 정다운 얘기를 밤늦도록 주고받았다. 이야기가 한창 무르익을 때 성석린은 현재 상황을 이야기했다.

"태상왕 전하, 부자간의 정은 하늘이 맺어준 것입니다. 태상왕 전하께서 이곳 함흥으로 오신 후 한양의 상감께서는…."

성석린의 말이 끝나기도 전 이성계가 벌떡 일어나 화를 내며 말했다.

"너도 방원이 놈의 부탁으로 왔구나!"

이성계는 칼을 빼들고 바른대로 말하지 않으면 죽이겠다고 했다. 그러자 성석린은 태종의 명령을 받고 모시러 왔다고 이실직고했다. 막상 이 말을 전했지만 태조의 노기에 겁을 먹은 그는 엉겁결에 말했다.

"태상왕 전하! 소신은 전하를 개인적으로 뵙고자 왔습니다. 신이 태상왕 전하를 속였다면 저의 자손들 모두가 눈이 멀게 될 것입니다."

성석린은 이런 변명으로 위기를 모면했지만, 그것은 거짓맹세였다. 그 뒤부터 성석린의 아들과 손자들은 모두 눈이 멀었다고 한다. 성석린이 조정으로 돌아온 뒤로부터는 아무도 함흥으로 가겠다는 사람이 없었다.

이에 대해 태종이 고민에 빠져있을 때 박순이 자진해서 나섰다. 박순은 태조와는 옛정이 두터웠기 때문에 반드시 성공할 것으로 생각했기 때문이다. 그래서 한 가지 꾀로 젖을 떼지 않은 망아지와 어미 말을 끌고 함흥으로 찾아갔다.

함흥별궁 앞에 도착한 그는 망아지만 궁밖에 매어둔 채, 어미말만 데리고 들어갔다. 그는 태조에게 사적으로 왔다고 전하자 태조는 기뻐하며 반겼다. 두 사람은 술을 마시고 이야기를 나눈 다음 장기를 두었다.

그 순간 갑자기 별궁 안 마구간에서 말울음 소리가 요란스럽게 들려왔다. 그러자 궁밖에 매어놓은 망아지도 덩달아 울었다. 이런 일이 계속되자 태조는 시종을 불러 그 이유를 물었다. 그러자 시종은 허리를 굽히며 말했다.

"박 대감께서 타고 온 어미 말이 새끼를 부르자, 궁밖에 떼어놓은 망아지가 대답하는 울음소리입니다."

시종의 말이 끝나기가 무섭게 태조는 장기판을 뒤엎고 눈을 부릅뜨고 박순에게 고함쳤다.

"네 놈도 방원의 심부름으로 나를 어떻게 해보겠다는 심산이구나!"

"태상왕 전하! 죽어도 마땅하옵니다. 그렇지만 짐승들도 저렇게 애틋하게 어미를 그리워하는데, 사람으로서 어찌 짐승의 행동에 감동치 않겠습니까? 굽어 살피소서!"

태조는 그제야 마음을 진정시키면서 혼자 중얼거렸다.

'하기야, 천륜의 정이란 인간으로선 어찌할 수가 없구나.'

이성계가 한양으로 돌아갈 뜻을 보이자 박순은 감격의 눈물을 흘렸다. 박순은 함흥을 떠났고 태조는 그를 죽이고 싶지 않았다. 그래서 태조는 그가 이미 강을 건넜을 것으로 짐작하고 칼을 내어주며 부하에게 일렀다.

"만약 박순이 흑룡강을 건넜다면 쫓지 말고, 건너지 않았다면 목을 베어라."

그러나 안타깝게도 박순은 한양으로 돌아가던 중 병으로 일정이 지체되고 말았다. 병이 완쾌된 후 길을 재촉해 흑룡강 나루에서 배에 오르는 순간 태조의 부하가 당도해 목을 베고 말았다. 부하들이 박순의 목

> **무학 대사(無學, 1327년~1405년)**
>
> 고려 말, 조선 초의 승려로 속성은 박이고 속명은 자초(自超)이며 법명은 무학이다. 18세에 소지선사 밑에서 승려가 되었으며, 용문산(龍門山) 혜명국사로부터 불법을 배운 뒤 묘향산의 금강굴에서 수도하였다.

을 바치자 태조는 목 놓아 울면서 옛 친구와의 약속을 지키겠다고 결심했다.

한양에서도 이 소식을 들은 태종 역시 그의 죽음을 슬퍼했으며, 후하게 장사지내주었다. 태종은 마지막으로 무학 대사에게 요청했다.

"대사께서 함흥으로 가시어 태상왕 전하를 설득해주셨으면 합니다."

무학 대사는 함흥에 도착해 이성계에게 문안인사를 하자 반갑게 맞아들였다. 며칠 후 무학 대사는 입을 열었다.

"태상왕 전하, 지금의 임금은 허물이 큽니다. 하지만 그분 또한 태상왕 전하의 아드님입니다. 만약 부자의 정을 끊는다면 임금께서는 편안하게 그 자리에 앉아 계실 수가 없지요. 그렇게 되면 신하나 백성들의 마음이 안정되지 못하면서 나라가 또 위태롭게 됩니다."

무학 대사의 일목요연한 말에 이성계는 마음이 돌아섰고, 함흥 별궁을 떠나 한양으로 귀경해 방원에게 옥새를 주고 왕으로 인정했다.

태종의 선견지명

태종은 대궐 앞에 백성을 위해 신문고를 달았고 호패법과 주자소를 설치했다. 한양에 홍수를 막기 위해 배수로 청계천을 만들었다.

태종은 자신이 형제의 난을 겪었기 때문에 큰아들 양녕대군을 세자로 책봉했다. 하지만 셋째 아들 충녕대군이 형들보다 뛰어나 태종의 마음이 흔들렸다. 이때 양녕대군은 태종의 속마음을 모두 읽고 있었다. 이와 동시에 동생 충녕이 자신보다 훨씬 좋은 임금의 재목감이란 것도 알았다. 그래서 그는 동생 충녕에게 세자자리를 넘겨주기 위해 일부러 못난 짓만 골라서 했다.

태종은 양녕대군이 망나니 노릇을 하고 미치광이 소리까지 듣게 되자 마음을 돌렸다. 그러자 둘째 아들 효령대군이 기회를 노리고 있었다. 그래서 아버지의 눈에 들기 위해 열심히 학문을 닦았다. 그러자 양녕대군이 동생 효령대군을 찾아가 타일렀다.

"효령아! 아직도 나의 참뜻을 모르느냐? 더구나 아버지의 의중을 깨닫지 못했느냐?"

"무슨 말씀이신지요?"

"다음 임금 자리는 나나 너도 아니다. 아버지는 충녕을 생각하고 있다."

그제야 효령대군은 세자인 형의 참뜻을 깨닫고 머리를 숙였다. 효령대군은 곧바로 머리를 깎고 양주 회암사로 들어가 승려가 되었다. 태종은 세자가 미치광이가 되었고 둘째는 승려가 되어 마음이 홀가분해졌다. 1418년 태종은 세자를 폐하고 충녕대군을 세자로 삼았다. 그러자 자신이 가장 신임하고 있던 황희가 반대했다.

"폐하! 세자를 폐하고 셋째 왕자를 세자로 봉하는 것은 왕실의 법도를 어기는 것입니다."

이에 태종은 화가 나 황희를 전라도 남원으로, 세자에서 쫓겨난 양녕대군은 경기도 광주로 귀양 보냈다. 1418년 8월, 태종은 임금 자리에서 물러나고 충녕대군이 조선 4대 세종대왕으로 등극했다.

세종은 왕위에 오르자 형님 양녕대군을 자유스럽게 살도록 했다. 그리고 남원으로 귀양살이하던 황희를 복원시켜 나랏일을 맡겼다. 그리고 종종 형님들인 양녕과 효녕을 대궐로 불러 후하게 대접하고 위로했다.

세종은 1421년 3월 집현전을 설치해 학문을 연구하게 했다. 이때 집현전에는 성산문, 최항, 유성원, 박팽년, 하위지, 이개, 신숙주 등 유능한 학사들이 근무하고 있었다.

이들은 하루에 한사람씩 궁궐에서 숙직을 하고 있었는데, 밤늦게 세종이 집현전으로 행차했다. 때마침 숙직하던 신숙주가 책상에 엎드려 깊이 잠들어 있었다. 세종은 그를 보자 자신이 입고 있던 수달피 겉옷을 벗어 그의 어깨를 덮어주었다

아침에 눈을 뜬 신숙주는 임금의 겉옷이 어깨 위에 걸쳐져 있음을 알고 감격의 눈물까지 흘렸다. 이후부터 집현전 학사들은 임금의 은혜에 보답하기 위해 더더욱 학문에 정진했다.

1433년(세종 15년) 겨울, 북쪽 여진족이 함경도로 쳐들어왔다. 그러자 세종은 김종서에게 압록강과 두만강 일대에 살고 있는 여

진족을 정벌케 했다. 김종서는 여진족을 정벌하고 부령, 회령, 종성, 온성, 경원, 경흥 등에 6진을 개척했다.

당시 여진족들은 김종서를 '호랑이 장군' 또는 '백두산 호랑이'로 부르며 두려워했다. 김종서는 6진을 둘러본 다음 백두산으로 올라가 시 한수를 읊었다.

'삭풍은 나무 끝에 불고 명월은 눈 속에 찬데 /
만리변성에 일장검 짚고 서서 /
긴파람 큰 한 소리에 거칠 것이 없어라'

또한 압록강 일대의 여진족은 대마도정벌 때 공을 세운 최윤덕이 몰아내고 4군을 개척했다. 이때부터 우리나라의 국경이 백두산에서 동쪽과 서쪽으로 흐르는 두만강과 압록강으로 완전히 정해졌다.

1443년 세종은 성삼문, 신숙주, 최항 등 집현전 학사들과 닿소리 17자와 홀소리 11자로 된 28자의 훈민정음을 반포했다. 언문으로 불린 28자는 우리의 어떠한 소리도 글로 나타낼 수가 있다.

줄서기로 성공한 한명회

세종의 뒤를 이은 문종은 효성이 지극했으며 동기간에 우애도 깊었다. 그러나 그는 왕위에 오른 뒤 병을 앓다가 39세의 나이로 죽었다. 그 뒤를 이어 12세의 어린 아들이 조선 6대 단종으로 왕위에 올랐다.

단종은 1448년(세종 30년)에 세손으로 봉해져 정인지에게 글을 배웠다. 세종은 어린 손자의 앞날이 걱정되어 성삼문, 신숙주 등 집현전 학사들에게 친탁을 했다.

“세손은 지혜가 총명하고 임금의 자질과 인품을 갖추고 있소. 내가 그대들에게 친히 당부하니, 후일에 꼭 보호해주기 바라오.”

세종이 어린 손자를 걱정한 원인은 아들 문종의 건강 때문이었다. 특히 세종은 아들들을 믿을 수가 없었다. 그 중에서 수양대군은 야심이 커서 세손에게는 호랑이 같은 존재였다. 단종의 앞날을 염려한 것은 아버지 문종도 마찬가지였다. 문종은 임종이 가까워지자 김종서와 성삼문 등 여러 집현전 학사들을 불러 유탁까지 했다.

“경들은 내가 믿고 의지하는 분들이오. 내가 얼마 살지 못할 것 같아서 부탁하오. 앞으로 어린세자를 잘 보호해주기 바라오.” 이렇게 말한 후 어린 세자를 불러 이렇게 말했다.

“세자는 잘 들어라. 여기 있는 분들은 나라의 중신들이며 부왕이 가장 믿는 충신들이다. 너는 장차 임금이 되더라도 이분들을 스승으로 받들고 아비같이 받들어라.”

결국 1452년 2월 문종이 죽고 단종이 왕위에 오르자 영의정 황보인, 좌의정 김종서 등이 보필했다. 이때부터 수양대군은 임금 자리를 호시탐탐 노리고 있었다.

수양대군은 병서를 읽고 예를 익혔으며, 자신의 집에 사병(私兵)까지 길렀다. 이때 권람과 친했고 그를 통해 한명회를 소개받았다. 권람은 과거에 합격하고도 벼슬길에 나가지 못한 불평분자였고, 한명회는 모사꾼으로 일곱 달 만에 태어나 별명이 '칠삭동이'로 불렸다. 이밖에 홍달손, 홍윤성, 양정 등 30여 명의 장사들까지 부하로 데리고 있었다.

단종을 제거하려고 했지만 김종서 때문에 함부로 거사할 수가 없었다. 그러자 수양대군은 김종서를 제거하기 위해 권람, 한명회 등과 기회를 노리고 있었다. 1453년 10월 수양대군은 홍윤성, 홍달손, 양정 등을 데리고 김종서의 집으로 달려갔다. 마침 김종서는 집에서 쉬고 있었고 아들 승규가 들어와 아뢰었다.

"아버님, 밖에 수양대군이 오셨습니다. 더구나 인상이 험악한 장사들을 거느리고 있습니다."

아들은 수양대군을 돌려보낼 것을 권했지만 김종서는 이렇게 말했다.

"이 밤중에 찾아왔는데,

한명회(韓明澮, 1415년~1487년)

조선 세조 때의 문신이다. 자는 자준(子濬)이고 호는 압구정(狎鷗亭)과 사우당(四友堂)이다. 수양대군을 도와 김종서를 비롯한 여러 대신을 차례로 죽이고 단종을 몰아내는 데 공을 세워 좌익공신 1등이 되었으며, 뒤에 사육신의 단종 복위 운동을 좌절시키고 그들을 주살하도록 하였다.

내가 직접 맞이하는 것이 예의가 아니겠느냐."

밖으로 나간 김종서는 수양대군에게 정중하게 허리를 굽히면서 인사했다. 그러는 순간 홍달손이 쇠뭉치로 내리쳐 김종서를 죽였다. 그리고 함께 있던 두 아들 승규와 승백을 비롯해 집안가족들을 몰살시켰다. 그런 다음 대궐로 들어가 단종에게 아뢰었다.

"김종서 일당이 모반을 저질렀습니다. 시간이 촉박해 사전에 전하께 아뢸 겨를이 없었습니다."

수양대군의 말에 단종은 벌벌 떨고 있다가 그의 번뜩이는 눈을 보며 입을 열었다.

"숙부께서 알아서 잘 처리해 주시오."

곧바로 수양대군은 거짓 왕명으로 중신들을 대궐로 불러들였다. 이때 한명회가 만든 생살부에 따라 황보인, 조주관, 이양 등의 중신들을 차례로 참살했다. 황보인과 김종서 등은 역적으로 몰려 머리가 저잣거리에 내걸렸다.

반란에 성공하자 수양대군은 영의정, 정인지가 좌의정, 한확이 우의정으로 임명되었다. 포악한 수양대군은 친아우 안평대군을 김종서와 같은 일당이라며 강화도로 귀양을 보냈다가 사약을 내려 죽였다.

1455년(단종 3년) 윤6월, 단종은 수양대군에게 왕위를 내주고 물러나 조선 7대 세조로 등극했다.

헛되지 않은 사육신의 죽음

1456년 6월, 명나라는 왕위에 오른 세조를 축하하기 위해 사신을 보내왔다. 이에 세조는 창덕궁 광연전에서 잔치를 베풀기로 했다.

이에 성삼문은 단종복위에 자신과 뜻을 같이하는 동지들과 계획을 세웠다. 그것은 연회장에서 성승과 유응부가 세조와 그 일당들은 없애기로 한 것이다. 또한 성삼문, 박팽년, 이개, 하위지, 유성원, 김질 등은 한명회, 정인지, 신숙주, 권람 등을 참하기로 약속했다.

그런데 세조가 갑작스럽게 연회장소가 좁기 때문에 운검을 거두라는 명령을 내렸다. 이것은 세조를 위한 한명회의 방어책이었다. 그렇지만 유응부는 거사를 그대로 진행하자고 했다.

"운검을 서지 않게 되었지만, 세조를 기다렸다가 죽이면 된다."

하지만 성삼문은 다음기회를 노리자며 말렸다. 그런데 거사를 함께 꾸민 김질은 거사가 실패할 것 같아 장인 좌찬성 정창손을 찾아가 상의했다. 그는 장인에게 공을 세우게 하고 자신은 살아야겠다고 생각했다.

정창손은 곧바로 세조에게 달려가 모든 사실을 고하고 성삼문 등이 체포되어 세조가 직접 국문했다. 맨 먼저 성삼문을 끌어내어 소리를 쳤다.

"너는 무슨 이유로 나를 죽이려했느냐?"

"옛 임금은 복위시키려했을 뿐인데, 그것이 어찌 역모요. 세상

에 어린조카를 내쫓고 자리를 차지한 삼촌이 어디에 있겠소?"

"너는 지금까지 내가 주는 녹을 먹지 않았느냐? 녹을 받아먹고 배반하는 자가 바로 역적이니라."

"말은 똑바로 하시오. 제 임금이 상왕으로 계신데 나리가 어찌해서 나를 신하라고 부릅니까? 더구나 나리가 준 녹은 한 톨도 먹지 않았소. 제가 받은 녹은 광에 고스란히 쌓여 있소."

화가 난 세조는 형리들에게 시뻘겋게 달군 쇠로 성삼문의 다리를 꿰뚫게 했다. 그 다음 팔까지 잘라 버렸다. 그러나 성삼문은 얼굴빛 하나 변하지 않고 태연스럽게 말했다.

"나리의 형벌은 이토록 참혹하구려."

이때 세조 옆에 서있던 신숙주를 본 성삼문은 그를 꾸짖었다.

"이놈, 숙주야! 너는 집현전에 있을 때 세종대왕께서 세손을 간곡히 당부하신 말씀을 잊었느냐?"

이 말을 들은 신숙주는 얼굴을 붉히며 자리를 피했다. 그리고 강희안이 끌려나오자 그는 어리둥절한 표정을 지었다.

"전하, 소인이 왜 끌려나왔는지 그 까닭을 모르겠습니다."

그러자 세조는 성삼문을 내려다보며 강희안을 가리키며 물었다.

"이놈도, 너와 공모하지 않았느냐?"

"그는 우리와 아무런 상관이 없소. 나리는 이 자리에서 어진신하들을 모두 참할 셈이오?"

강희안은 무사히 풀려나고 박팽년이 끌려나왔다. 세조가 꾸짖었다.

"너는 어찌 나를 배반했느냐? 너도 내가 준 녹을 먹지 않았느냐?"

그의 말에 박팽년은 껄껄 웃으면서 대답했다.

"나리, 오해하지 마십시오. 나는 나리의 신하가 된 적이 없습니다."

그러자 세조는 더더욱 가혹한 고문을 가했지만 박팽년은 조금도 굽히지 않았다.

"나리께서 내 말을 믿지 못하면 내가 올린 글들을 뒤져보시오."

세조는 그가 올린 문서를 가져오게 했다. 정말 문서엔 신하 신(臣)자가 모두 클 거(巨)자로 쓰여져 있었다.

다음은 이개가 끌려나와 처참한 고문을 당하다가 죽고 말았다. 이어 유응부가 끌려나오자 세조가 그에게 물었다.

"너는 나에게 무슨 짓을 하려고 했느냐?"

이 말에 유응부는 눈을 부릅뜨고 세조를 노려보며 말했다.

"나리를 제거하고 옛 임금을 복원시키려 했소. 그렇지만 간사한 놈의 고자질로 이렇게 붙잡히고 말았소. 골치 아프게 여러 말 묻지 말고 어서 죽이시오."

세조가 그를 고문하자 성삼문을 돌아보며 이렇게 말했다.

"예로부터 나약한 선비들과는 큰일을 함께 할 수가 없다고 했다. 내가 당하고 보니 틀린 말은 아니었다. 그대들을 믿다가 오늘 이런 수모를 당하니 정말 분하구나. 하지만 이제 와서 누구를 원망하겠느냐." 말을 마친 그는 세조를 쳐다보며 입을 열었다.

"나리, 더 묻고 싶거든 나에게 묻지 말고 저들에게 물어 보시오."

이에 세조는 불에 달군 쇠꼬챙이로 그의 배를 지지게 했지만 꿈쩍도 하지 않고 태연하게 말했다.

"나리, 쇠꼬챙이가 식었소이다. 다시 달궈서 가지고 오시오."

할 말을 잃은 세조는 끌려나온 하위지에게 심문했다. 그도 세조가 주는 녹을 먹지 않고 광에 쌓아두었다. 세조는 끝내 그의 마음을 돌리지 못했다. 마지막으로 유성원이 끌려나왔지만 이미 싸늘한 시체로 변해 있었다. 그가 자살한 이유는 수양대군이 김종서와 황보인 등을 죽이고 계유정난을 일으켰을 때였다. 유성원은 집현전에 있다가 그들의 협박으로 수양대군을 찬양하는 글을 지었다. 그는 그것을 항상 부끄러워했고 단종복위에 나섰던 것이다. 단종복위가 실패하자 집안에 있는 사당으로 들어가 스스로 목숨을 끊었던 것이다.

며칠 후 이들은 수레에 실려 노량진 형장으로 끌려갔다. 성삼문은 수레에 엎드려 있었다가 갑자기 고개를 번쩍 들고 조정신하들을 보고 외쳤다.

"너희들은 어진 임금을 도와 태평성세를 이룩하여라."

그 뒤를 따르는 수레엔 아버지와 삼촌 셋을 비롯해 자신의 네 아들까지 타고 있었다. 형장에 도착하자 성삼문은 유언시 한수를 읊었다.

'사람의 목숨을 재촉하는 북소리가 드높은데

해는 비스듬히 기울어지고 서풍이 부는구나

황천에는 쉬어 갈 여인숙이 없을 텐데

오늘밤은 뉘 집에서 묵게 될까'

세소는 성삼문의 유언시가 몹시 궁금해 형리들에

성삼문(成三問, 1418년~1456년)

조선 세종 때의 문신으로 자는 근보(謹甫)이고 호는 매죽헌(梅竹軒)이다. 집현전 학사로 세종을 도와 「훈민정음」을 창제하였다. 사육신(死六臣)의 한 사람으로, 세조 원년에 단종의 복위를 꾀하다가 실패하여 처형되었다. 저서에 『성근보집(成謹甫集)』이 있다.

게 묻자 이렇게 대답했다.

"예, '너희들은 어진 임금을 도와 태평성세를 이룩해라.' 고 했습니다."

이 말에 세조는 언짢은 표정을 짓고는 고개를 숙였다. 박팽년과 하위지 역시 처형되었고 하위지의 아들 하호, 하백도 죽임을 당했다. 이밖에 김문기와 단종의 외삼촌 권자진 등 모두 70여명이 함께 처형되었다.

귀신을 쫓아낸 남이 장군

청년 남이 앞에 지게꾼이 보자기로 싼 짐을 지게에 지고 걸음을 재촉하고 있다. 짐 위엔 하얀 얼굴에 눈이 빨간 여자귀신이 앉아 있는 것을 남이가 보았다.

남이는 지게꾼을 따라갔는데, 그는 어느 양반집 대문 안으로 사라졌다. 뒤따라오던 남이가 그 집 문 앞에 멈춰 안을 기웃거리고 있었다. 이때 집안에서 갑자기 울음소리가 들려왔다. 그러자 남이는 틀림없이 처녀귀신의 짓이라고 생각해 대문 밖에서 하인을 불렀다. 그러자 조금 전에 짐을 지고 들어갔던 사람이 나왔다. 남이는 급하게 물었다.

"이 댁에 무슨 변고라도 일어났느냐?"

하인은 머뭇거리다가 남이에게 누구냐며 되물었다.

"나는 남이라고 하네. 이제 그 연유를 들어보세."

"예, 작은 아가씨께서 갑자기 돌아가셨습니다."

"그래? 그렇다면 내가 규수를 살릴 테니, 나를 규수 방으로 안내해라."

그렇지만 처녀의 집에선 외간남자를 방으로 들일 수가 없다고 했다. 할 수 없이 남이가 신분을 밝히자 허락했다. 남이가 방에 들어가자 조금 전에 짐 위에서 보았던 귀신이 처녀의 가슴에 앉아 있었다. 귀신은 남이를 보자 벌벌 떨면서 이렇게 말하고 도망갔다.

"장군님! 살려주세요."

곧바로 처녀가 눈을 뜨자 집안사람들은 환성을 올렸다. 남이는 처녀 방에 머무를 수 없어서 사랑으로 옮겼다. 그때 또 다시 울음소리가 흘러나왔다. 그곳으로 남이가 갔는데, 이번에는 요귀가 처녀의 머리를 타고 앉아 있었다. 남이가 처녀에게 다가가자 요귀는 문틈으로 도망쳤다. 이런 일이 서너 번 되풀이 되자 남이가 집주인에게 물었다.

"아까 지게꾼이 지고 온 짐이 무엇이오?"

"시골에서 가지고 온 연시입니다."

남이는 이집 처녀가 연시를 먹고 갑자기 체해 죽은 것으로 짐작했다. 남이는 급히 약을 쓰도록 했고 처녀는 생명을 구했다. 공교롭게도 그 규수는 좌의정 권람의 딸이었다. 권람은 남이를 사위로 삼으려고 마음먹고 점쟁이를 불러 신수점을 보았다.

"장차 귀하게 될 인물입니다만 모함을 받아 일찍 죽을 수 있습니다."

권람은 실망했지만 단념할 수가 없어 이번엔 딸의 신수를 부탁했다.

"따님 역시 수명이 짧고 자식이 없습니다만 반드시 귀하게 돕니다."

권람은 남이를 사위로 삼았다. 남이는 태어나면서부터 기골이 장대하고 기상이 웅대했다. 힘이 장사에 무예가 뛰어났으며, 호탕한 성격이 외증조부 태종을 빼닮았다. 17세에 무과에 급제하고 21세에 장군이 되었다. 1467년, 이시애의 난을 평정했고 명나라 요청으로 건주위의 여진족을 물리치기도 했다. 그의 시를 보면 어떤 인물이지를 알 수가 있다.

'백두산의 돌은 칼을 갈아 다하고 /

두만강 물은 말을 먹여 없애리 /

사나이 스무 살에 나라를 평정 못하면 /
후세에 그 누가 대장부라 하리오'

남이는 스물여섯 살에 국방의 최고 책임자 병조판서에 올랐다. 또한 세조로부터 공 일등의 상과 칭호까지 받았다. 스물여덟 살에 그는 간신 한명회의 모함을 받았지만 세조는 듣지 않았다.

세조가 죽고 아들 예종이 왕위에 올랐는데, 예종의 왕비는 한명회의 딸이었다. 한명회는 자신보다 세력이 커진 남이를 역모로 몰아 죽이기로 작정했다. 그는 간신 유자광을 시켜 남이에게 죄를 뒤집어씌워 임금에게 고하게 했다.

"폐하! 병조판서 남이가 역모를 꾀하고 있습니다. 그 증거로 여진족을 토벌하고 돌아올 때 지은 시가 있습니다. 그 시 가운데 '사나이 스무 살에 나라를 얻지 못하면' 이란 구절이 있습니다."

유지광은 남이의 시 구절 '사나이 스무 살에 나라를 평정 못하면' 을 '나라를 얻지 못하면' 으로 바꾸어 말했던 것이다. 예종은 크게 놀라 남이를 잡아들여 자신이 직접 심문했다.

"너는 벼슬이 높은데도 무엇 때문에 역적모의를 했느냐?"

"폐하! 신은 절대로 그런 일을 생각한 적이 없습니다."

남이 장군(南怡, 1441년~1468년)

세조 때의 장군으로 본관이 의령이다. 태종과 원경왕후의 넷째 딸인 정선공주(貞善公主)의 손자이기도 하다. 할아버지는 태종의 사위인 의산군(宜山君) 남휘(南暉)이고, 아버지는 군수 남빈이며, 어머니는 현감 홍여공(洪汝恭)의 딸이다. 부인은 좌의정 권람(權擥)의 딸이다. 17세에 무과(武科)에 장원(壯元) 급제(及第). 27세에 병조(兵曹) 판서(判書)가 되었다. 예종이 즉위하면서 유자광의 무고로 처형되었다.

그러나 예종은 남이의 결백함을 믿지 않고 고문을 가해 정강이 뼈가 부러뜨렸다. 이에 실망한 남이는 이렇게 말했다.

"신이 살려고 한 것은 폐하와 나라를 위해 이 몸을 바치려고 결심했기 때문이었습니다. 그러나 이제 병신으로 살아남은들 무슨 소용이 있겠습니까."

남이는 이 말을 한 후 역모를 꾸몄다고 거짓자백을 하고 말았다. 더구나 자신을 구해줄 수 있었던 장인 권람은 3년 전에 이미 죽었다. 그에게 죄가 없다는 것을 알고 있지만 누구 하나 나서서 도와주지 않았다. 또 다시 예종이 물었다.

"누구와 함께 역모를 꾸몄느냐?"

그러자 남이는 영의정을 바라보며 서슴지 않고 대답했다.

"영의정과 함께 모의했습니다."

그때 영의정 강순은 80세 노인이었다. 예종은 강순을 문초하자 자기의 결백함을 주장하며 억울하다고 호소했다. 그러나 그 역시 고문에 못 이겨 거짓자백하고 말았다. 형장으로 끌려갈 때 강순은 남이에게 꾸짖었다.

"이 놈! 혼자서나 죽지 어째서 죄 없는 나까지 끌어들였느냐?"

그러자 남이가 껄껄 웃으면서 대답했다.

"영감, 전들 죄가 있어 죽는 것이오? 저에게 죄 없음을 대감이 잘 아시면서 한 마디 말씀도 없었지 않소, 그게 영의정으로서 할 행동입니까? 더구나 대감은 오래 사셨는데 이제 죽는다고 무슨 여한이 있겠소."

임금을 망친 임사홍의 상소

예종이 죽고 세조의 장남 덕종의 둘째 아들 자을산군이 조선 9대 성종임금으로 즉위했다. 성종은 13살의 어린 나이였기 때문에 할머니 정희대비가 수렴청정 했다. 그러나 불교신자였던 정희대비는 정치에는 관심이 없었다. 이에 따라 한명회, 신숙주, 정인지, 정창손 등의 세력이 확장될 수밖에 없었다.

성종은 왕위에 오르는 순단 정희대비에게 세자 때 죽은 아버지를 임금으로 받들자고 청했다. 그 후 자기 덕종으로 추앙했으며 어머니 한 씨를 소혜왕후로 부르게 했다가 후에 인수대비로 개칭했다.

1467년 성종은 왕위에 오르기 2년 전 한명회 딸을 아내로 맞았지만, 7년 만에 19세의 나이로 한 씨가 죽었다. 결국 한명회는 두 딸을 예종과 성종의 왕비로 만들었지만 모두 죽었다.

그 후 성종은 윤기무의 딸을 두 번째 왕비로 맞아들였고, 6년 만에 정희대비는 수렴청정에서 물러났다. 성종은 왕비 윤 씨에게 태어난 아들 융을 세자로 책봉했다. 그러나 윤 씨는 질투심이 많았기 때문에 시어머니 인수대비가 왕비의 성품을 경계하며 말했다.

"부녀자의 투기는 칠거지악 중의 하나이니, 부디 고치도록 해라."

인수대비의 말에도 강 씨는 반성의 기미가 전혀 없었다. 당시 성종에겐 후궁 정귀인, 엄소용, 권숙의 등의 있었다. 어느 날, 윤 씨는 이들 세 후궁들을 유난히 시기하고 질투했다. 그러던 중 임금은 윤 씨의 처소로 갔다가 문갑 위에 상자 하나가 놓여 있는 것을 보았다.

"중전, 전에는 보지 못하던 물건인 것 같소이다."

"아, 그건…."

왕비는 당황해하며 얼른 한쪽 구석으로 치워버렸다. 그러자 궁금증이 더 심해진 성종은 상자를 달라고 했다. 윤 씨는 마지못해 상자를 내밀었다. 임금은 손수 뚜껑을 열자 그 속엔 흰 가루약과 이상한 책이 나왔다. 순간 임금은 움찔했다.

"중전, 이건 비상이고, 이 책은 남을 저주할 때 사용되는 주문책이 아니오?"

말을 마친 성종은 화난표정으로 윤 씨 처소에서 나왔다. 성종은 지금까지 단 한 번도 화를 낸 적이 없었기 때문에 윤 씨는 곧 큰 벌이 내려질 것으로 생각했다. 며칠 후 임금은 신하들에게 어명을 내렸다.

"중전 윤 씨의 거처를 자수궁으로 옮기고 근신토록 하라."

그 후 윤 씨의 친정식구들조차 궁궐출입이 금지되었고, 아들 세자를 보는 것도 금지되었다. 성종 11년 가을 어느 날, 임금은 왕비 윤 씨를 찾아가자 그녀는 자신의 잘못을 반성하기는커녕 오히려 앙심을 품고 있었다. 성종을 보는 순간 손톱으로 용안을 할퀴고 말았다. 이에 인수대비가 크게 화가 났다.

"백성들의 집에서도 이런 일이 없는데 하물며 용안에 손톱자국을 내다니! 당장 왕비를 폐하라!"

1479년 6월, 성종은 왕비 윤 씨를 폐하여 친정으로 내쫓았다. 폐비 윤 씨는 아들 세자에게 희망을 품고 눈물과 한숨으로 나날을 보냈다. 1482년 8월, 폐비 윤 씨를 찾아온 것은 아들 세자가 아니라 사약이었다. 사약을 마신 윤 씨는 피가 솟구치자 한삼자락에 뱉었다. 윤 씨는 한삼자락을 어머니 신 씨에게 주면서 유언을 남기 후 죽었다.

1494년 12월, 38세의 일기로 성종이 죽고 뒤이어 9살 세자 융이 조선 10대 연산군으로 즉위했다. 1498년 무오년, 유자광, 이극돈 등 훈구파가 김종직이 지은 '조의제문' 을 트집 잡아 상소하자, 김일손, 권오복, 권경유 등을 처형했고, 사림파를 귀양 보냈다.

당시 간신배들은 연산군에게 건의해 노래와 춤에 능한 미인 장록수를 후궁으로 들이도록 했다. 장록수는 연산군의 총애를 한몸에 받자 점차적으로 정사에도 손을 뻗었다. 그러자 장록수에게 조정의 벼슬아치들은 승진을 위해 뇌물을 바치기에 급급했다. 더구나 벼슬을 원하는 사람들 역시 많은 재물을 장록수에게 바치고 벼슬을 샀다.

연산군에게 충신 표연말은 연산군이 탄 배의 뱃머리를 붙잡고 간청했다.

"폐하! 하필이면 위험한 뱃길로 내왕하시려고 하시나이까?"

그렇지만 연산군은 화를 내며 물속에 처넣으라고 명령했다. 물속으로 던져진 표연말은 허우적거렸다. 이때 연산군은 다시 그를 건져주라고 말했다. 표연말이 정신을 가다듬자 연산군은 시치미를 뚝 떼고 놀렸다,

"너는 물속에 무슨 볼일이 있어 들어갔다 나왔느냐?"

그때 그는 서슴지 않고 초나라 희왕의 신하 굴원을 만나러 갔다고 했다. 그러자 연산군은 초나라 희왕과 비교된 자신을 알고 버럭 화를 냈다.

"정녕, 굴원을 만났다고?"

"네, 만났습니다. 그리고 시 한 수까지 얻어 왔습니다."

"그래? 어떤 시더냐? 어서 읊어 보아라."

표연말은 낭랑한 목소리로 시 한 수를 읊었다.

" 어리석은 임금을 만나 / 뜻을 이루지 못하고 강물에 빠져 죽었지만 / 너는 어진 임금을 만났는데 / 무슨 일로 이곳에 왔느냐."

연산군은 자신을 어진임금이라는 구절이 마음에 들어 그를 죽이지 않았다. 그러나 표연말은 간신 임사홍의 횡포를 탄핵하다가 귀양을 갔다가 죽임을 당했다.

어느 날 임사홍은 임금에게 줄을 대기 위해 장록수를 찾아갔다. 그는 장록수에게 폐비 윤 씨에 관한 이야기를 전해주고 폐비에게 사약을 전한 사람은 좌승지 이세좌였다는 것도 일러주었다. 또한 임금의 외할머니 신 씨가 아직 살아있다는 것까지 귀띔했다. 장록수에게 자세한 이야기를 전해들은 연산군은 깜짝 놀랐다.

이튿날 연산군은 임사홍을 불렀다. 임사홍이 대궐로 들어오자 그를 곧장 도승지로 임명했다. 그날부터 임사홍은 연산군을 그림자처럼 쫓아다니며 신 씨를 소개할 기회를 만들고 있었다. 그러던 어느 날 연산군은 갑자기 임사홍에게 령을 내렸다.

"도승지, 외할머니를 언제 만나게 해 주겠나?"

"오늘 입궐하시도록 했습니다."

"고맙소!"

외할머니 신 씨가 궁궐에 들어오자 연산군은 부둥켜안고 통곡했다. 15년 만에 외손자를 본 신 씨도 마찬가지였다. 곧바로 신 씨는 옷소매에서 시뻘건 피로 얼룩진 한삼자락을 내놓았다.

"상감마마! 돌아가신 어마마마께서 피 묻은 한삼자락을 저에게 주시면서, 내 아들이 왕위에 오르시거든 꼭 보여 드리라고 유언했습니다."

연산군은 피로 얼룩진 한산자락에 얼굴에 비비며 울부짖었다. 그다음 연산군은 폐비 윤 씨에게 사약을 들고 간 이세좌를 사약으로 죽였다. 더구나 당시 폐비를 주장했던 신하와 상소한 사람들까지 모조리 찾아 죽이라고 명령을 내렸다.

이에 김광필, 윤필상, 이극균 등이 졸지에 죽었고, 이미 죽은 한명회, 정창손, 정여창 등은 묘를 파서 시체의 목을 베었다. 권주 역시 사약을 가져갔다는 죄명으로 해평으로 귀양 보냈다가 죽였고 박은, 표연말 등은 고문으로 죽었다. 성준은 두 아들 중온, 경온과 함께 화를 입었고 성현, 조위 등 많은 사람들이 죽거나 귀양을 갔다.

연산군 11년, 임금의 폭정을 지켜보던 박원종, 유순정, 성희안 등이 연산군을 몰아내기 위해 음모를 꾸몄다. 그들은 은밀히 자순대비의 허락까지 받아놓았다. 1506년(연산군 12년) 9월1일, 박원종, 성희안 등은 군사를 일으켜 연산군을 몰아내면서 간신들을 처단한 다음 진성대군을 조선 11대 중종임금으

임사홍(任士洪, 1445년~1506년)

조선 연산군 때의 권신으로 본관은 풍천(豊川)이고 자는 이의(而毅)이다. 아버지는 좌찬성 원준(元濬)으로 효령대군의 아들 보성군(寶城君)의 사위이다. 아들 광재(光載)와 숭재(崇載)도 각각 예종의 딸 현숙공주(顯肅公主)와 성종의 딸 휘숙옹주(徽淑翁主)에게 장가들어 왕실과 가까웠다. 무오사화와 갑자사화를 일으켜 많은 중신과 선비를 죽였다. 중종반정 때 부자가 한께 처형되었다.

로 등극시켰다.

중종은 연산군을 강화도 교동으로 귀양 보냈고, 귀양지에서 31세로 죽었다. 중종은 훈구파세력을 막기 위해 신진사림파를 조정에 불러들였는데 대표적인 인물이 조광조였다.

그는 중종의 신임을 얻어 소격서를 없애고 현량과를 실시해 인재를 두루 기용했으며, 훈구파의 공훈을 없애는 등 개혁정치를 펼쳤다. 그러자 훈구파인 홍경주, 남곤, 심정 등의 무고로 능주로 귀양 갔다가 사약을 받고 죽었다.

1544년 11월, 중종이 죽고 뒤를 이어 조선 12대 인종임금이 왕위에 올랐다. 그렇지만 인종은 왕위에 오른 지 9개월 만에 죽고, 배다른 동생 경원대군이 조선 13대 면종임금으로 즉위했다.

그러나 명종은 나이가 어려 어머니 문정왕후가 수렴청정 했다. 이때부터 왕비의 친척 윤원형의 권력으로 조정의 기강이 문란해지면서 부정부패가 판을 쳤다. 소윤파의 우두머리 윤원형은 인종 외삼촌 대윤파 윤임에게 역모의 죄를 씌워 유관, 유인숙, 계림군 등이 죽임을 당했다.

명종은 1567년 6월 34세로 죽고 뒤를 이어 덕흥군의 아들 하성군이 양자가 되어 16세에 조선 14대 선조임금으로 등극했다. 이때 조정은 동서로 나눠지면서 당파싸움이 심해졌고 탐관오리들의 매관매직까지 성행하였다. 그러자 충신 율곡 이이는 당파싸움에 연연하지 않고 학문연구에 힘을 쏟았으며, 학문적 가치관은 중용정신이다.

학익진으로 왜적을 물리친 명장 이순신의 죽음

1592년(선조 25년) 4월13일, 일본 장수 고니시 유키나가, 가토 기요마사, 구로타 등이 지휘한 15만 대군이 조선을 침략한 임진왜란이 발발되었다.

그러나 7년 후인 1598년 8월, 임진왜란을 일으킨 도요토미 히데요시가 병사했다. 도요토미 히데요시의 유언으로 조선을 침략한 왜군은 귀국하기 위해 서두르고 있었다.

그때 이순신은 수군을 총집결시켜 노량진 앞바다로 나아갔다. 이순신은 왜군이 돌아가는 바닷길을 막고 그들을 전멸시키는 것이 목적이었다. 이때 명나라 수군까지 합세하였다.

같은 해 11월19일, 왜군들은 그들의 총병력을 노량진 앞바다에 집결시켰다. 그러자 이순신은 하늘을 보며 빌었다.

'이 원수들을 전멸시킨다면 죽어도 한이 없겠습니다.'

왜군 배들이 바다로 움직이자 이순신은 공격명령을 내렸다. 이때 장군 한사람이 이순신이 타고 있는 뱃머리를 스쳐 바다 속으로 떨어졌다. 이에 장수들과 군졸들은 예감이 좋지 않

이순신(李純信, 1554년~1611년)

조선 중기의 무관이다. 본관은 덕수이고 자는 여해(汝諧), 입부(立夫)이며 시호는 충무(忠武)이다. 고려 왕조 때 중랑장(中郞將) 이돈수(李敦守)의 12대손 이며, 조선 초 영중추부사(領中樞府事) 이변(李邊)[1]의 후손이다. 임진왜란 때 중위장(中衛將)이 되어 공을 세웠고 뒤에 완천군(完川君)에 봉하여졌다.

다고 생각했다. 그러나 이순신은 버티고 서서 태연스럽게 소리쳤다.

"생즉사, 사즉생(살려고 하면 죽고, 죽기를 각오하면 산다). 공격하라!"

대포소리가 바다를 흔들고 총알이 우박같이 쏟아졌으며, 화살 역시 비 오듯 날았다. 이순신은 적선 4백여 척을 격침시켰고, 왜군 수만 명을 죽였다. 여세를 몰아 나머지 적군을 섬멸시키려는 찰나 명나라 제독 전린이 탄 배가 적선에게 포위되었다.

이순신은 급히 뱃머리를 돌려 적진으로 쳐들어가 명나라 제독 전린을 구하는 순간 적의 탄환이 이순신의 가슴을 뚫었다. 옆에 있던 조카 완이 달려와 이순신을 부축했다. 이순신은 자신이 죽었다는 말을 숨기라며 손에 쥔 기를 조카에게 준 다음 숨을 거두었다.

조카 완은 슬픔을 억누른 채 군사들을 독려했는데, 결국 적군은 크게 패하고 몇 척의 배만 도망쳤다. 승리의 함성이 울려 퍼질 때 명나라 제독 진린이 이순신이 탄 배를 향하여 승리의 기쁨을 외쳤다.

그러나 조카 이완이 흐느끼며 이순신 장군이 전사했다는 신호를 보냈다. 그러자 진린은 급히 배를 저어 이순신의 배에 올라 그의 주검을 부둥켜안고 통곡했다.

왕실의 적통을 끊어버린 간신

선조가 죽자 광해군이 조선 15대 왕으로 즉위했다. 광해군은 임진왜란 때 형 임해군과 함께 황해도, 평안도, 함경도 등지로 피난했다.

그러던 어느 날 선조는 영창대군을 세자로 책봉하기 위해 중신들에게 뜻을 비쳤다. 당시 간신 이이첨과 정인홍이 있었는데, 선조는 익히 그들의 간사함을 알고 중용하지 않았기 때문에 항상 원한이 쌓여 있었다.

선조가 병으로 눕자 그들은 광해군을 임금으로 세우기 위해 모의를 꾸몄다. 하지만 그들의 모의가 선조에게 발각되면서 이이첨과 정인홍은 귀양에 처해졌다. 그리고 영창대군에게 세자를 넘겨주려고 중신들을 급히 불렀다. 이덕형, 이항복, 이원익 등 원로중신들이 대궐로 들어왔을 때는 선조는 이미 숨을 거둔 상태였다.

광해군이 임금 자리에 오르는 순간 귀양을 간 이이첨과 정인홍을 복원시켜 높은 벼슬을 주었다. 광해군은 남을 의심하는 성격이 있기 때문에 사람들이 곧잘 죽임을 당했다.

어느 날 광해군이 형 임해군을 의심하자 간사한 무리들은 터무니없는 거짓말로 임해군을 역모로 몰아 죽였다. 그런 후 광해군의 화살이 영창대군에게 쏠렸다. 그는 부왕 선조가 매우 귀여워하던 아들이었다. 이이첨은 김제남이 외손자 영창대군을 임금으로 추대하려는 역모를 꾸민다고 거짓으로 고했다.

1613년 광해군은 김제남과 그의 가족들을 모두 멸하고 인목대비의 어머니 노 씨를 제주도로 귀양 보냈다. 더구나 광해군은 영창대군을 죽이려고 나인들에게 잡아오도록 명령했다.

인목대비는 궁녀와 내시들이 들이닥치자 그들을 꾸짖으며 아들을 내놓지 않았다. 내시들은 이 상황을 광해군에게 말하자 그는 미친 듯이 달려와 인목대비에게 대들었다.

"영창이 역모를 꾀했는데, 그냥 있으란 말입니까?"

"상감, 이제 다섯 살 아이가 무슨 역모를 꾸몄겠소? 차라리 날 죽이시오!"

광해군은 인목대비에게 영창대군을 빼앗아간 후 강화도 교동으로 귀양 보냈다. 2년 뒤 간신들은 영창대군을 방에 가두고 불을 마구 땠다. 어린 영창대군은 뜨겁게 달아오르는 방에서 질식사했다.

광해군은 '폐모론' 을 들먹거리며 영창대군 어머니 인목대비를 서인으로 내쫓겠다고 했다. 그러자 간신 이이첨, 정인홍, 유인분 등은 역적의 딸과 어머니라는 죄명을 씌워 인목대비를 폐하여 사가로 내쫓으라고 주장했다.

그렇지만 옛 중신 이원익, 이항복, 기자헌 등이 반대하자 광해군은 이원익을 삭주로, 기자헌을 창성으로, 이항복을 북청으로 귀양 보냈다. 그런 다음 광해군은 인목대비를 서궁에 가뒀다.

어느 날 새벽녘에 정인홍,

인목대비(仁穆大妃, 1584년~1632년)

조선 선조의 계비(繼妃). 성은 김(金). 선조 35년(1602) 왕비에 책봉되었으나 광해군이 즉위하자 대북(大北)의 모략으로 서궁(西宮)에 유폐되었다가 인조반정으로 풀려났다.

이이첨 등의 간신들은 인목대비를 암살하기 위해 서궁으로 잠입했다. 이런 눈치 챈 인목대비의 궁녀가 침실로 달려가 대비를 급히 피신시켰다. 그런 후 자신은 대비의 이불을 뒤집어쓰고 있다가 자객의 칼에 죽었다.

이이첨을 비롯한 간신들의 권세는 하늘을 찔렀고 선조의 왕자까지 제거하기 위해 음밀하게 모의했다. 첫 번째 희생양으로 정원군 둘째 아들 능창군이었다. 이에 동생 능창군이 억울하게 죽게 될 것 같아 형 능양군은 동생을 구하기 위해 애를 썼다.

이때 광해군 처남이 병조판서 유희분이었다. 능양군은 동생을 구하기 위해 집에 있는 패물을 모두를 유희분에게 바치면서 분함에 이를 갈았다. 이처럼 조정은 간신들의 행패로 나라까지 어지러워졌다. 그래서 김유, 이귀, 홍서봉, 김자점 등은 광해군을 내쫓을 계획을 세웠다.

때마침 정의감에 불타는 원두표가 왕을 제거하기에 직전 원로대신의 양해를 구하기 위해 은밀히 이원익을 찾아갔다. 당시 이원익은 여주에서 귀양살이를 하고 있었다. 입이 무거운 원두표는 그와 술을 먹고 함께 잤다. 중대한 일을 함부로 발설할 수가 없었기 때문이다.

그는 일부러 술에 취한 척하면서 이원익의 배에 다리를 올려놓았다. 그러자 이원익은 잠버릇이 고약하다고 중얼거리며 다리를 살며시 내려놓았다. 또다시 다리를 올려놓으면서 '집의 대들보가 썩어 걱정이다' 라며 일부러 잠꼬대를 했다. 이원익 역시 '썩었다면 마땅히 살아치워야지' 라며 잠꼬대했다.

이에 원두표는 벌떡 일어나 광해군을 내치기로 한다는 계획을 말했다. 그는 이원익의 허락을 받고 한양으로 돌아오다가 과천에서 잡히고 말았다. 갖은 고문을 받았지만 결코 자백하지 않았다. 이때 관리들은 그를 한강 백사장에 끌고 가서 목을 자르기로 했다.

한강으로 끌려간 그에게 사형집행관리가 마지막 소원을 묻었다. 그는 목이 컬컬하니 막걸리나 한 사발 마시고 싶다고 했다. 막걸리를 받아든 원두표는 반 대접쯤 마시다가 집행관 얼굴을 내리치고, 발길로 망나니를 쓰러뜨린 후 한강으로 뛰어들어 죽음을 면했다.

1623년(광해군 15년) 3월12일 밤 김유, 이귀, 신경진, 심기원 등은 군사들을 동원해 대궐로 쳐들어가 광해군을 잡아가두고 능양군을 조선 16대 인조임금으로 등극시켰다.

공신으로 추대 받은 이원익은 영의정이 되었고, 광해군은 강화도로 귀양 보내졌다. 그 후 귀양지를 제주도로 옮긴 후에 죽었다. 간신 이이첨, 정인홍, 유희분 등은 참형되었다.

청나라에 굴욕당한 인조

인조는 제일 먼저 승지 이덕희를 제주도로 보내 인목대비의 어머니 노 씨를 모셔오게 했다. 그 다음 공신에 대해 공과를 매겨 상을 주었다. 공신 이괄은 역시 일등공신이 되리라고 믿었는데, 이등공신이 되면서 아들조차 상을 받지 못했다.

이에 불만을 품은 이괄은 도원수 장만의 밑에 부원수가 되어 평안병사를 겸하면서 영변 임지로 떠났다. 1624년 그는 구성부사 한명련과 모반하여 군사를 이끌고 한양으로 쳐들어왔다. 그러자 인조는 공주로 피난했고, 이괄은 도원수 장만의 군사와 정충신이 거느린 군사들을 맞아 길마재에서 싸웠다. 이곳에서 크게 패한 이괄은 도망치다가 이천 묵방리에서 부하들의 손에 죽었다.

당시 중국대륙은 명나라가 망해가고 청나라가 급부상하고 있었다. 인조 3년 후금은 만주 봉천으로 도읍지를 옮기고 명나라 영원성을 공격했다. 명나라 장수 원숭환이 성을 굳게 지켰고, 명장 모문룡이 가도에서 후금의 뒤를 공격했다.

후금의 태조 누루하치는 영원성을 점령하지 못하고, 이 전쟁에서 입은 상처로 죽었다. 그의 아들 홍타시가 뒤를 이어 나라이름을 청이라 고치고 스스로 태종으로 등극했다.

1627년 청나라 태종은 왕자 아민에게 3만 대군을 내줘 안주와 평양을 거쳐 황해도 평산까지 쳐들어왔다. 강화도로 피난 간 인조는 할 수 없이 화의를 맺었다.

인조 14년, 남한산성을 수축하고 성안에 9개의 절을 세웠다. 그곳 중들에게 활쏘기를 장려해 만일의 경우를 대비했다. 강화는 예부터 외적을 막던 중요한 요충지로 이곳의 성과 문을 고친 후 곡식을 저장했다.

청나라 침입 이후 청나라 장수 용골대가 조선의 실정을 탐지하기 위해 찾아왔다. 호조판서 김시양이 용골대의 접대를 맡았는데, 그의 속셈을 읽었다. 김시양은 군사들을 시켜 동대문 밖에서 용골대를 맞도록 명령했다.

용골대는 서대문으로 가는 척하다가 갑자기 말머리를 돌려 동대문으로 달렸다. 동대문엔 뜻밖에도 장막을 치고 관리와 군사들이 기다리고 있었다. 그러자 용골대가 누구를 맞이하는 장막이냐고 물었다. 그러자 통역을 맞은 조선관리가 이렇게 대답했다.

“대인께서 남한산성으로 가시려는 것을 호조판서 대감께서 아셨지요. 그래서 조촐한 잔치자리를 마련했습니다.”

용골대는 속으로 깜짝 놀라 이렇게 중얼거렸다.

‘조선에도 이런 큰 인물이 있구나. 내가 가보지 않아도 그곳의 방비가 어떤지 잘 알겠구나.’

말머리를 돌려 숙소로 돌아온 용골대는 젊은 장수들이 자신을 죽이려 한다는 것을 알았다. 그러다 용골대는 두려워서 김시양에게 작별인사도 하지 않고 밤중에 떠나버렸다.

그때 용골대는 자신이 머물렀던 숙소 벽에 ‘청(靑)’이란 글자를 써 놓고 갔다. 하지만 아무도 그 글자의 뜻을 알지 못했다. 그렇지만 김시양만은 그 글자가 12월을 가리킨다는 것을 알았다. 즉 그해 12월 청나라가 쳐들어온다는 것을 김시양에게 일러주었던 것이다. 김시양은 인조에게 아뢰었다.

"폐하! 오랑캐의 침략이 멀지 않았습니다. 그들은 반드시 겨울이 지나기 전에 쳐들어올 것이기 때문에 군사를 미리 훈련시켜야 합니다."

그의 말이 끝나자 김자점 등이 망령된 소리라며 모함하자 김시양은 벼슬에서 낙향했다.

1636년 병자년 12월, 청나라 10만 대군이 얼어붙은 압록강을 건너 쳐들어왔다. 그들은 조선 명장 임경업이 지키는 의주성을 피해 서울로 쳐들어왔던 것이다. 3일 만에 선발대가 홍제원에 도착했지만 그들은 공격하지 않는 것처럼 행동했다.

인조는 세자와 두 왕자에게 종묘의 위패를 들게 하고 왕비와 빈궁들과 함께 강화도로 피난시켰다. 그런 다음 인조는 신하들과 군사들을 거느리고 남한산성으로 들어갔다.

이윽고 청나라 군사들이 성을 포위했고 태종도 역시 주력부대를 이끌고 도착했다. 이때 태종은 남한산성이 높고 험한 것에 화가 나 용골대를 죽이려고 했다. 그것은 이번 싸움은 용골대의 건의에 따랐기 때문이다. 이에 용골대는 태종에게 10일 간의 여유를 주면 남한산성과 강화도를 함락시키겠다고 했다.

용골대는 군사를 거느리고 통진 문수산에 올라가 강화도를 보았다. 문수산에서 내려다보니 강화도가 손바닥만 하고 갑곶엔 군사가 보이지 않았다. 강화도는 영의정 김유의 아들 김경징이 수비대장으로, 이민구가 부장으로 지키고 있었다.

김경징은 성격이 교만하지만 재주가 없었다. 그는 강화도의 지리적 조건만 생각하고 술로 세월을 보냈다. 강화도는 남북의 길이가 1백여 리고, 동서는 오십 리나 되는 큰 섬이지만 땅이 기름져 농사가 잘 되었다.

이 섬은 육지와 가깝지만 강과 언덕이 모두 절벽이고 절벽 밑은 수렁이라 배를 댈 곳이 없었다. 동쪽은 갑곶이에서 남쪽으로는 손돌목까지 절벽이 요새를 이루고 있었다. 그런 까닭에 오직 갑곶이에서만 배를 정박할 수 있었다.

그래서 수비대장 김경징과 부장 이민구도 마음을 놓고 있었던 것이다. 조정대신들은 갑곶이에 군사를 보내 굳게 지키라고 여러 번 요청했다. 그러나 김경징은 절대로 공격하지 못한다고 장담했다.

그러나 용골대는 뗏목을 만들어 갑곶나루로 건너와 강화도를 함락시켰다. 그렇지만 김경징과 이민구는 어디론가 달아났다. 하지만 강화성을 지키던 김상용은 성루 위로 올라가 불을 지르고 화약고에 몸을 던져 자폭했다.

이렇게 되자 왕자와 여러 비빈, 많은 궁녀들이 적에게 사로 잡혔고 남한산성에 있던 인조가 이 소식을 듣고 크게 놀랐다. 인조는 최명길에게 항복문서를 쓰게 했는데, 이 문서를 본 김상헌이 빼앗아 찢으며 소리쳤다.

"대감들은 어찌 이런 굴욕적인 화의를 하려는 것이오?"

그런 다음 임금에게 이렇게 아뢰었다.

"전하, 절대로 아니 됩니다. 군신이 죽기로 싸워야 하옵니다."

그러나 그는 끝내 자신의 뜻을 이루지 못했는데, 그는 강화도에서 폭약을 입에 물고 자폭한 김상용의 아우였다.

1637년(인조 15년) 1월30일, 인조는 남한산성에서 나와 삼전도에서 청나라 태종에게 항복하고 말았다. 항복문서를 받은 청나라 태종은 소현세자와 봉림대군을 볼모로 잡아 심양으로 데려갔다. 이때 끝까지 싸우기를 주장한 척화파인 오달제, 윤집, 홍익한 등의 '삼학사' 가 함께 끌려갔다. 이들은 청나라 태종에게 오랑캐라고 호령하다가 참형을 당했다.

이후 김상헌과 임경업은 조선이 명나라를 도와 청나라를 칠 것을 계획했다. 하지만 이것을 알게 된 청나라 태종은 3년 후에 김상헌과 임경업을 잡아갔다. 그는 압록강을 건너면서 나라사랑에 대한 변함없는 마음을 시조를 읊었다.

'가노라 삼각산아 다시보자 한강수야 /
고국산천을 떠나고자 하랴마는 /
시절이 하수상하니 올동말동하여라'

그렇지만 임경업은 호송도중에 포승을 끊고 되돌아왔으며 최명길은 한참 뒤에 풀려났다. 김상헌은 심양 옥에서 6년 동안 갇혀 있었는데, 끝까지 절개를 굽히지 않아 태종까지 의로운 선비라며 감탄했다. 김상헌 역시 귀국해 조정에 복귀했다.

북벌의 꿈을 이루지 못한 효종의 한

인조가 죽고 봉림대군이 조선 17대 효종임금으로 즉위했다. 효종은 청나라 침략과 항복의 수모를 두 번이나 직접 겪었다.

소현세자와 봉림대군은 심양에서 볼모생활을 하다가 조선으로 돌아왔다. 귀국한 봉림대군은 왕위에 오르자 부왕에 대한 수치심을 극복하기 위해 북벌을 목적으로 국력을 키웠다.

효종의 북벌계획은 문신 송시열과 무신 이완이 있었기 때문에 가능했다. 그들은 정치와 군사를 각각 맡아 군량미를 비축하고 군사훈련을 했다. 그러던 중 어느 날 밤, 효종은 이완을 급히 대궐로 들어오라고 했다.

'전하께서 밤중에 무슨 일일까?'

이완은 입궐할 준비를 서둘고 있을 때 부인이 뵙자는 하인의 전갈이 왔다. 이완은 안방으로 들어가자 부인은 갑옷을 꺼내놓았다.

"부인, 지금 갑옷이 무슨 필요가 있겠소?"

"대감, 대궐은 안심할 수 있는 곳이 아닙니다. 만사 불여튼튼이옵니다."

곰곰이 생각한 이왕은 부인이 말을 이해하고 갑옷을 관복 밑에 껴입었다. 이완은 곧장 말을 달려 창덕궁 앞에 이르렀다. 이완이 말에서 내리자 수문장은 신분을 확인하고 크게 외쳤다.

"훈련대장 이완 듭시오!"

그러나 주위가 너무 캄캄해 걷기가 불편했다. 이때 어둠 속에서 화살 하나가 날아와 이완의 가슴에 꽂혔다. 이완은 아찔했다. 갑옷을 입지 않았더라면 이미 저세상 사람이 되었을 것이다.

화살을 맞은 이완은 계속해서 어둠 속을 걸어갔다. 이윽고 중문에 이르자 수문장과 몇 명의 군졸이 있었다. 이완이 출입패를 보여 주면 들어갔다.

중문 안 역시 컴컴해서 어디가 어딘지 분간을 할 수가 없었다. 앞으로 걸어가는 순간 또 다시 화살이 날아왔다. 그렇지만 그는 당황하지 않고 가슴에 꽂힌 화살을 뽑아 얼른 소맷자락 속에 넣었다.

세 번째 문을 지나자 높은 정자 위에 효종과 송시열 등이 둘러앉아 술을 마시고 있었다. 이완은 임금 앞에 나아가 절을 하였다.

"이완 어명을 받잡고 대령하였나이다."

효종은 그를 보자 용상에서 내려왔다.

"훈련대장, 밤중에 오시느라 수고가 많았소! 자, 올라가서 술이나 듭시다."

이완이 연거푸 세 배의 술을 받아 마셨을 때였다. 효종은 붓 한 자루와 벼루를 이완에게 하사했다. 그날 임금은 무장으로서 이완의 담력과 사람됨을 시험했던 것이다. 새벽에 집으로 돌아와 부인에게 고마움을 표했다.

"부인! 정말 고맙소. 부인

> **송시열(宋時烈, 1607년~1689년)**
>
> 조선 숙종 때의 문신, 학자로 아명은 성뢰(聖賚)이고 자는 영보(英甫)이며 호는 우암(尤庵)이다. 효종의 장례 때 대왕대비의 복상(服喪) 문제로 남인과 대립하고, 후에는 노론의 영수(領袖)로서 숙종 15년에 왕세자의 책봉에 반대하다가 사사(賜死)되었다. 저서에 『우암집』, 『송자대전(宋子大全)』등이 있다.

이 아니었던들 오늘 황천객이 되었을 것이요."

그러자 부인은 웃으면서 물었다.

"혹시 상감께서 대감께 내려주신 물건이 없으십니까?"

"있소, 붓 한 자루와 벼루를 내리셨소. 대대로 보물로 삼아야겠소."

그러자 부인은 붓과 벼루를 물끄러미 바라보고 있다가 느닷없이 다듬이 방망이로 붓두껍을 후려치는 것이었다. 그러자 이완은 새파랗게 얼굴이 질렸다.

"부인! 이게 무슨 해괴한 짓이오?"

하지만 부인은 태연했다. 붓두껍 속에는 가늘게 말아 끼운 밀서가 들어 있었다. 부인 생각에 임금이 무신 이완에게 붓과 벼루를 내린 것이 앞뒤가 맞지 않았다. 그래서 부인은 붓을 부수었던 것이다.

'훈련대장 이완에게 병조판서를 겸하도록 하노라. 북벌계획에 대한 좋은 의견이 있으면 적어 올리도록 하여라.'

그는 곧바로 청나라를 정벌하기 위한 여러 가지 의견을 보고했다. 북벌계획을 추진한지 10년이 되었다. 마침내 효종은 청나라로 쳐들어갈 결심을 굳혔다. 그러나 효종은 꿈을 이루지 못하고 병을 얻어 갑자기 죽고 말았다.

아들을 죽인 영조의 고집

선조부터 시작한 당파싸움은 영조까지 내려오면서 나라꼴이 엉망이었다. 출신이 불문명한 영조가 왕위에 오르자 그를 시해하려는 무리들이 들끓었다.

영조 4년, 이인좌가 반란을 일으켰지만 박문수에게 군사를 내줘 진압시킨 후 60여 명을 엄한 죄로 다스렸다. 하지만 영조는 꾸준하게 탕평책을 펼쳤다.

박문수는 이인좌의 난을 평정했지만 암행어사로서 많은 업적을 남긴 인물이다. 어느 날, 영조는 박문수를 불러 말했다.

"경은 내가 가장 아끼는 신하요. 하지만 너무 불손한 것이 단점이오."

이 말을 들은 박문수가 깜짝 놀라며 물었다.

"전하! 무슨 말씀이신지 소신이 알아들을 수가 없습니다."

영조

"아직도 모르겠소? 임금에게 이야기를 할 때 고개를 숙이는 것을 본 적이 없소. 그게 불손한 일이 아니오?"

그러자 박문수는 당연한 일이라는 표정으로 얼굴을 꼿꼿이 들고 아뢰었다.

"전하! 그것을 잘못 이해하시고 계십니다. 신하가 전하께 말씀을 올릴 때 머리를 숙이는 것은 간신배들이나 하는 짓입니다."

영조는 박문수의 말을 듣고 껄껄 웃으며 고개를 손을 내저었다.

1725년 영조는 후궁 이 씨가 낳은 장헌을 세자로 삼았다. 장헌세자는 총명했지만 곧잘 아버지 영조에게 잘 따졌다. 뿐만 아니라 부자간에 의견이 틀려 영조는 몹시 불쾌했다.

그래서 세자는 아버지를 멀리하기 했는데, 성격이 까다로운 영조는 그런 아들이 싫었다. 하지만 영조의 왕비 서 씨는 자식이 없어 장헌세자를 사랑하였다. 그런 왕비가 영조 33년에 죽자 세자는 외로움에 지쳐 갈등을 일으켰다.

세자가 나이가 점점 들면서 주변에 아첨하는 무리가 모여들었다. 그러자 세자를 못마땅하게 여긴 반대파들은 영조에게 거짓으로 고해 임금과 세자 사이를 이간질 시켰다. 부자는 서로를 피하려고만 했다. 더구나 영조 후궁 문숙의는 기회가 있을 때마다 세자를 헐뜯었다.

"전하, 세자는 활쏘기, 칼쓰기, 말 타기로 세월을 보내고 있습니다."

영조 38년 5월, 나경언이 세자의 나쁜 짓 열 가지를 적어 임금께 보고했다. 화가 난 영조는 세상을 떠난 왕들의 명복을 비는 휘녕전에 뒤주를 갖다놓고 뒤 세자를 가두고 자물쇠로 채웠다.

장헌세자(莊獻世子, 1735년~1762년)

조선 영조의 둘째 아들로 이름은 선이고 자는 윤관(允寬)이며 호는 의재(毅齋)이다. 영조의 노여움을 사서 뒤주 속에 갇혀 죽었다. 정조가 즉위하자 장헌 세자로 올려 졌으며, 광무 3년(1899)에 장조로 추존되었다. 일명 사도세자라고 불린다.

이때 이이장이 나서서 용서를 빌었지만 오히려 죽임을 당했다. 아흐레 동안 뒤주 속에 갇혀있던 세자는 죽고 말았다. 한참 후, 영조는 간신들의 모함에 아들을 죽인 것을 후회했지만 때가 늦었다. 영조는 세자에게 사도세자라는 칭호를 내리고 그의 죽음을 애도했다.

1795년 사도세자가 죽고 궁중에서 쫓겨난 세자비 혜경궁 홍 씨는 당시 가슴 아팠던 사연과 궁중생활의 고충을 쓴 『한중록』을 집필했다. 이때 혜경궁 홍 씨의 나이가 예순 한 살이었다.

영조는 조선왕조 중에서 가장 오랫동안 임금 자리에 있었는데, 재임기간이 무려 52년이었다. 또한 70세가 넘도록 생존한 임금은 태조와 영조뿐이었다.

영조는 여든이 넘어 왕위를 사도세자의 아들에게 물려주려고 했었다.

하지만 홍인한, 정후겸, 구선복 등이 반대했고, 이들은 사도세자의 죽음에 관련된 인물들이다. 그들이 사도세자를 죽게 한 것은 자신들에게 화가 미칠까 두려웠기 때문이었다.

송충이를 씹어 먹은 효자임금

정조는 아버지 사도세자가 억울하게 죽은 것을 한으로 생각하고 있었다. 자신이 왕위에 오르자 맨 먼저 사도세자의 죽음과 연관된 구선복을 참형하고 문숙원, 문성국, 정후겸, 홍인한, 김상로 등에겐 사약을 내려 죽였다.

이 중에서 문성국은 후궁 문숙의의 오빠였고 홍인한은 영조의 외종조 할아버지였다. 정조가 복수의 칼날을 휘두를 때 어머니 홍대비가 병풍 뒤에서 애원했다.

"폐하! 친정아버지의 제사를 모실 한 사람만 남겨주세요."

홍대비의 애원으로 정조는 외삼촌 홍낙임만 살려주고, 홍홍한은 외할아버지였기 때문에 사약을 내리지 않았다. 홍술해의 아들 홍승범은 정조와 어머니가 다른 아우 은전군을 임금으로 추대하여 반란을 일으켰다. 그들은 자객을 시켜 정조를 시해하기로 했지만 사전에 발각되어 잡혀 죽거나 귀양을 갔다.

이들을 진압한 정조는 학문에 힘을 쏟아 규장각을 세우고 신분에 관계없이 학자들을 뽑아 학문연구에 정진하게 했다. 이 무렵 조선은 상공업이 제법 발달되었다. 더구나 실학자들은 청나라의 문물을 받아들였다.

정조는 효성이 지극했는데, 아버지 사도세자를 사모해 베개가 항상 눈물에 젖어 있었다. 그러다가 양주에 있던 사도세자의 묘를 수원으로 이장해 왕릉보다 화려하게 꾸민 다음 매달 성묘를 갔다. 그 후 현륭원으로 이름을 개칭했다. 또한 경모궁을 세워 아

버지 사도세자의 사당으로 사용했다.

어느 해였다. 정조가 현륭원에 성묘를 갔다가 소나무에 송충이가 번식해 솔잎들이 빨갛게 죽어 있는 것을 보았다. 그러자 정조는 신하들에게 송충이를 잡아오게 했다. 잡아온 송충이를 손바닥에 올려놓고 꾸짖었다.

"네 놈(송충이)들이 감히 내 아버님 산소의 솔잎을 갉아먹을 수 있느냐? 그럴 바에야 차라리 내 오장육부를 갉아먹어라!"

시원하게 꾸짖은 후 정조가 송충이를 삼켜버리자 괴이한 일이 벌어졌다. 솔개와 까마귀 떼가 갑자기 날아와 현륭원 소나무에 있던 송충이들을 모조리 잡아먹었다.

1800년 6월 정조가 49세로 죽자 나이가 어린 세자가 조선 23대 순조임금으로 즉위했다. 순조가 나이가 어려 영조의 계비 정순왕후가 수렴청정 했다. 그러다가 1804년부터 순조가 친정했지만 나라가 혼란스러웠다. 당시 조정은 외척 안동 김 씨들이 권력을 잡았고, 1812년 평안도 용강에서 홍경래가 평서대원수라 자칭하고 난을 일으켰지만 관군에게 진압되어 죽임을 당했다.

신정왕후 조대비와 흥선군의 작품으로 만들어진 고종

1834년 11월 45세로 순조가 죽자 세자가 조선 24대 헌종임금으로 즉위했다. 그러나 1894년 헌종이 23세의 나이로 단명하자, 다음 임금으로 사도세자의 손자 전계군의 아들이 조선 25대 철종임금으로 추대되었다.

철종의 본래 이름은 이원범으로, 강화도에 살았기 때문에 강화도령이라고도 불렸다. 전계군은 사도세자의 후궁에서 태어난 세 아들 중 맏이인 은언군의 아들이다. 이원범의 할아버지 은언군은 김구주의 모함으로 억울하게 사약을 받았다. 그 후 은언군이 억울하게 죽은 사실이 밝혀지면서 김구주는 참형되었다.

당시 왕족들은 언제 어디서 어떤 일로 얽혀 죽을지 모르기 때문에 신분을 숨기고 살 수밖에 없었다. 전계군 역시 강회도로 건너와서 숨어서 살았던 것이다. 철종은 바로 전계군의 세째 아들이었지만 가난한 농사꾼에 일자 무식꾼이었다.

조정에서 대신들이 철종을 모시러 강화도로 내려갔지만 전계군은 이미 세상을 떠난 뒤였다. 전계군의 집에 도착한 대신과 군사들은 황당했다. 더구나 집엔 아무도 없었고, 이에 대신들은 사람을 풀어 원범을 찾아오도록 했다. 얼마 후 나뭇짐을 진 총각이 나타나 집 앞에 늘어선 군사들을 보자 순간 무서워 허둥댔다. 그때 대신 정원용이 정중하게 허리를 굽히고 절을 올리며 말했다.

"경하 드립니다. 대비마마의 명을 받고 전하를 모시러 왔습니

다."

이를 믿지 못한 원범은 뒤로 물러났다.

"나… 나는 아무 죄도 없소이다."

그때 정원용은 그 동안의 이야기를 자세하게 들려주었다. 그래서 의심이 풀린 원범은 대궐로 향했다. 이를 바라보고 있던 섬사람들은 부러움에 이구동성으로 말했다.

"가난뱅이 총각이 임금님이 되다니…."

원범이 대궐에 당도하자 조정대신들은 별궁으로 모신 다음 덕원군이란 칭호를 올렸다. 원범은 순조의 왕비 순원대비 앞에 엎드리는 순간 대비는 와락 껴안으면서 기쁘게 맞았다.

"오! 내 아들이 왔구나. 어디보자."

순원대비는 곧바로 성대한 즉위식을 거행했다. 철종은 글을 배우지 못했으며, 장가도 가지 못했다. 이런 그를 왕위에 올린 것은 안동 김 씨들이 권력을 유지하기 위한 것이었다.

철종이 보위에 오르자 순원대비가 수렴청정 했으며, 2년 후 김문근의 딸이 철종의 왕비가 되었다. 그로부터 나라의 권력이 김문근에게 모이면서 안동 김 씨의 천하가 되었다. 그렇지만 나라의 민심이 흉흉해지면서 도둑떼가 들끓었다. 더구나 지방에서는 '명화적' 이란 도적들이 농민과 관을 괴롭혔다. 당시 가장 썩은 탐관오리는 진주의 백낙신으로 그는 백성들의 재물을 약탈하고 갑부들에겐 온갖 협박으로 돈을 빼앗았다.

1862년(철종 13년) 탐관오리 백낙신을 핑계로 양반 유계춘과 이계열 등이 나무꾼들을 부추겨 반란을 일으켰다. 그들은 백낙신을 잡아 죄를 물었고, 관청창고의 곡식을 백성들에게 골고루 나눠주

었다. 이 난리는 5월까지 지속되었지만 조정에서는 아무런 대책을 세우지 못했다. 이때 천주교의 교세가 넓혀지면서 최제우가 동학을 일으켰다. 동학은 사람의 평등사상을 강조했으며 후에 천도교로 개칭했다.

1863년 철종이 죽었지만 왕위를 물려받을 후사가 없었다. 이때 헌종의 어머니 조대비가 옥새를 손에 쥐고 있었다. 더구나 조대비는 왕실의 최고 큰 어른이라 다음 임금을 결정할 권한을 가지고 있었다. 새 임금을 결정하기 위해 중신회의가 열렸을 때 조대비가 먼저 선수를 쳤다.

"경들은 흥선군 이하응의 둘째 아들 명복을 철종의 뒤를 잇게 하시오."

조대비는 안동 김 씨 세력을 막기 위해 흥선군 이하응의 둘째 아들 명복을 조선 26대 고종임금으로 추대했던 것이다. 그러자 세도가였던 안동 김 씨들은 뒤를 이을 임금을 미리 정해두지 못한 것을 후회했지만 이미 때가 늦었다. 임금에 오른 고종은 겨우 12세로 아버지 흥선군의 노력으로 임금 자리에 오르게 되었다.

고종

흥선대원군은 인조의 셋째 아들 인평대군의 6대손인 남연군의 넷째 아들이다. 남연군은 어릴 때 영조의 아들인 사도세자와 궁녀인 숙빈 임씨 사이에서 태어난 둘째 아들 인신군의 양자가 되었다. 그래서 영조의 고손자가 되는 셈이다.

대원군 이하응은 12세 때 어머니를, 17세 때 아버지를 잃고 불우한 청년기를 보내다가 1843년 24세 때 흥선군으로 봉해졌다. 벼슬로는 도총관이 전부였다. 그는 안동 김 씨들이 권력을 유지하기 위해 왕손을 척살하자 그 화를 피하기 위해 일부러 시정잡배들과 어울리며 방탕생활을 했다. 더구나 안동 김 씨들을 찾아다니며 술을 구걸을 하고, 개 짖는 시늉도 서슴지 않아 붙은 별명이 '상갓집 개 궁도령' 이다.

왕위에 오른 고종이 나이가 어렸기 때문에 조대비가 수렴청정을 맡게 되었다. 하지만 조대비는 흥선군을 흥선대원군으로 봉한 뒤 나라 일을 맡기고 뒷전으로 물러났다. 그로부터 10년 동안 권력을 자기 마음대로 쥐고 흔들었던 것이다.

대원군은 안동 김 씨 세도정치를 무너뜨리고 남인계열의 자손들에게 기회를 열어주었다. 또 땅으로 추락한 왕권을 되찾고 외세에 대적할 과감한 개혁을 추진했다. 불만의 온상이었던 서원을 철폐하고 탐관오리들을 처벌했다. 이와 동시에 양반과 토호들의 면세를 조사해 국가재정을 마련했다.

그리고 백성들의 부담을 줄이기 위해 세금을 없애고, 궁중에 바치는 특산물 진상제도를 폐지했다. 더구나 나라의 재정에 도움이 되는 금은 광산개발을 허용했다. 또한 군포세를 호포세로 바꾸어

조대비(1808년~1890년)

신정왕후(神貞王后)는 조선 시대 추존왕 익종의 정비이며 헌종의 어머니이다. 풍은부원군 조만영(趙萬永)과 덕안부부인 송 씨 사이에서 태어났으며 흔히 조대비(趙大妃)라고 부른다.

양반도 세금을 내도록 했다.

국방 쪽으로는 의정부를 부활시켜 삼군부로 하여 군국기무를 맡게 해 정무와 군무를 분리시켰다. 그리고 '대전회통', '양전편고', '육전조례' 등의 법전도 편찬하였다. 그의 단점은 무리한 정책과 세계정세를 읽지 못한 쇄국정책으로 외교상 많은 어려움을 겪었다.

명성왕후

1865년(고종 2년) 4월 임진왜란으로 불탄 경복궁을 중건하는 도중 화재로 전각들이 불타버렸다. 그는 공사비를 다시 마련하기 위해 이듬해 원납전징수로 재정이 부족하자 당백전을 발행하였다.

하지만 화폐가치가 폭락해 1867년(고종 4년)에 폐지하고, 이에 앞서 2월부터 한양 4대문에서 통행세를 받았다. 1866년(고종 3년) 고종보다 한살 연상인 16세 민 씨를 며느리로 맞았다.

중세유럽 인구를 줄인 페스트

14세기 중엽 유럽은 페스트가 강타했다. 페스트는 1346년경 크림반도남쪽 연안에서 발생, 흑해를 거쳐 지중해 항로를 따라 이탈리아까지 확산되었다. 이 전염병은 1348년에 프랑스, 1349년에 영국, 1350년에는 전 유럽으로 퍼지고 말았다.

당시 프랑스 파리에는 15만의 사람들이 살고 있었는데, 페스트로 5만이 죽었다. 그러나 페스트는 14세기 말이 되면서 서서히 사라졌지만 이것으로 인해 중세유럽의 인구가 줄어들었고, 사기까지 떨어지면서 붕괴를 재촉했다.

페스트에 외에 영국과 프랑스가 싸운 백년전쟁도 붕괴에 한몫했다. 1339년에 시작되어 1453년에 끝난 백년전쟁은 영국이 프랑스왕위를 이으려고 쳐들어간 싸움이었다.

이때 영국 왕은 에드워드 3세로 욕심이 많아 자신이 다스리는 섬나라 영국만으로는 성이 차지 않았다. 때마침 카페 왕조의 마지막 왕인 샤를 4세가 후사가 없이 죽었다. 그러자 샤를 4세의 사촌형제 발루아 백작을 필립 6세로 봉해 왕위를 잇게 하였다.

그러자 에드워드 3세는 자신의 어머니 이사벨라가 프랑스 왕이었던 샤를 4세의 딸로, 자신이 필립 6세보다 핏 줄이 더 가깝기 때문에 왕위를 이어야 한다며 프랑스로 쳐들어왔던 것이다.

백년전쟁이 일어나게 된 또 다른 불씨는 플랑드르의 문제였다. 플랑드르에서는 14세기 초부터 부자상인들이 수공업자와 노동자들에게 임금을 지불하지 않고 부려먹고 있었다. 그러자 수공업자

와 노동자들이 여러 차례 반란을 일으켰다.

플랑드르는 영국의 양털을 다루는 중요한 시장이었다. 양털수출에 대한 관세가 주요수입원이던 영국은 프랑스가 플랑드르를 다스리게 되자 가만히 있을 수가 없었다.

그때 영국은 스코틀랜드와 싸우고 있었는데, 프랑스가 은근히 스코틀랜드를 도와주는 것도 못마땅했다. 반면 에드워드 3세가 충성을 맹세하는 서약의 부족함을 고치지 않았다며 필립 6세가 가스코뉴 지방을 빼앗았다. 그러자 에드워드 3세도 프랑스 왕위를 요구하면서 선전포고를 했던 것이다.

이런저런 이유로 백년전쟁이 일어났는데, 전쟁은 영국해협에서 가까운 프랑스 북쪽해안의 크레시 마을에서 시작되었다. 도버해협을 건너 상륙한 영국군들은 대부분 평민출신의 초라한 보병들이었다. 이와 반대로 프랑스군은 옛날 사라센을 물리친 카를 대제 때부터 용감했던 기사들이었다.

그들은 무거운 투구와 갑옷으로 몸을 감싸고 있었는데, 영국군의 초라한 보병들을 가볍게 보았다. 그러나 영국군에겐 여러 개의 화살을 연달아 쏠 수 있는 쇠뇌와 대포를 보유하고 있었다. 대포를 처음 보는 프랑스 기사들은 포탄이 터지는 소리에 놀라고 말았다.

크레시에서의 첫 번째 싸움은 영국의 승리로 끝났는데, 프랑스는 2만5천명의 병사들이 전사했고, 영국군은 고작 4명만이 전사하였다. 여세를 몰아 영국군은 이듬해 칼레를 점령했지만 1356년 푸아티에에서 싸울 때까지 휴전을 했다.

장원제도의 몰락

봉건사회의 바탕은 장원제도이다. 장원제도는 12세에 접어들어 새로 개척한 땅에 들어선 장원에 소속된 농민은 집과 땅에 대한 정해진 세금만 납부하면 되었다.

그러나 이 제도는 상업 및 도시의 발달과 함께 시장제도와 화폐의 이용에 영향을 받았다. 다사 말해 종전까지는 노동으로 대신했던 토지세를 화폐로 치르면서 장원제도가 무너지게 된 것이다.

또한 중세유럽을 강타한 페스트와 잦은 전쟁으로 인구가 줄어들면서 영주의 수입도 크게 줄었다. 영주들은 이렇게 줄어든 수입을 채우기 위해 농민들에게 더 많은 부담을 안게 했다. 그러자 농민들은 영주들의 횡포를 참지 못하고 반란을 일으키거나 도시로 달아나기 시작했다. 1323년, 경제활동이 가장 활발했던 플랑드르 지방에서 일어난 농민반란은 5년 동안 계속되었다.

1358년 북프랑스에서 농민반란으로 자크리의 난이 일어났다. 이것은 백년전쟁과 페스트와 봉건귀족들이 수탈전쟁으로 일어난 것이다. 자크리의 난은 잠깐 북프랑스를 휩쓸었지만 2개월 만에 진압되었다.

이때 영국왕 리처드 2세는 농민들의 요구를 받아들이려고 마음먹었다. 하지만 이것을 알아차린 귀족들은 와트 타일러를 죽이고 군대를 동원해 농민들을 공격하면서 진압되었다.

상업과 공업의 발달로 생긴 계급사회

누구나 평등했던 시민들은 상업과 공업의 발달로 차등계급이 점차적으로 나타났다. 다시 말해 자본가인 상류층계급과 중산계급을 비롯해 근로자와 막노동의 하층계급이다.

자본인 상류층계급은 외국과의 무역이나 도매상으로 부자가 되었다. 이들은 13세기 후반 들어 도시귀족으로 변하면서 도시의 행정권을 쥐었다. 이것을 이용하여 많은 재산을 모았던 것이다. 또한 부동산 투자로 큰돈을 벌기도 했다. 이런 상류층의 인구수는 도시전체 비해 적었지만 재산을 거의 독차지하고 있었다.

따라서 재산가와 왕과의 사이는 자연스럽게 가까워질 수밖에 없었다. 그것은 통일국가로서 왕권을 강화하기 위해서는 군대가 필요했다. 그러나 군대를 키우기 위해선 막대한 자금이 필요했다. 그래서 왕은 도시의 자본가들에게 자금을 차용했던 것이다. 그 대신 국왕은 그 대가로 그들에게 많은 특권을 주었다.

이때 자본가 계급과 임금 노동자계급 사이에 시민계급이 자리를 잡고 있었다. 그들은 자본가들처럼 부자는 아니었지만 임금노동자들처럼 가난하지도 않았다. 처음엔 소매상인들과 기술자계급이 대부분이었지만 후에는 법관이나 공증인 같은 법률을 다루는 전문직업인과 공무원들까지 들어갔다.

영주와 농민의 싸움이 심한 농촌처럼 도시에도 자본가계급과 임금노동자와의 싸움이 더더욱 심했다.

발달된 유럽 의회제도

프랑스는 중세부터 삼부회가 있었는데, 이것은 승려, 귀족, 서민 계급의 대표자들이다. 즉 삼부회는 지방 부회와 전국삼부회로 부결되고, 이중 전국삼부회는 1302년부터 열려 1614년에 없어졌다. 이것이 1789년에 다시 열리면서 프랑스혁명의 도화선이 되었다.

삼부회가 만들어지게 된 것은 국왕이 전국에서 직접 세금을 거두기 위해서였다. 또 승려와 귀족에게도 삼부회가 필요했다. 그것은 국왕의 권력이 그들보다 강해졌기 때문에 국왕의 권력을 조절하기 위해서였다.

즉 승려와 귀족들은 국왕의 요구를 들어주는 대신 삼부회에서 힘을 합쳐, 그들이 수입을 올릴 수 있는 농민들을 다스려야 한다고 생각했다.

영국에서는 프랑스와의 백년전쟁에서 패했고, 더구나 국왕 헨리 6세의 무능으로 큰 혼란이 일어났다. 또 에드워드 3세 이후인 14세기 말부터 랭커스터 집안과 요크집안 사이에 세력다툼이 일어나고 있었다. 이 싸움은 1455년부터 1485년까지 계속된 장미전쟁이다.

장미전쟁은 30년 동안이나 계속되다가, 랭커스터가에 속한 헨리 7세가 요크 집안의 리처드 3세를 물리치고 왕위에 오르면서 끝났다. 1486년, 헨리 7세는 요크집안의 엘리자베스와 결혼하면서 양가의 내분이 사라졌다.

이러한 변화 속에서 의회제도가 발달되었다. 하지만 영국의 의회와 프랑스의 삼부회는 몇 가지 차이점이 있다. 프랑스는 지방부회가 있었고, 영국은 전국의회만 있었다. 프랑스는 기사나 하급귀족의 대표가 삼부회에 참석할 수가 없었지만, 영국의회에서는 하급귀족들의 활발한 움직임이 있었다.

삼부회(三部會)

성직자, 귀족, 평민 출신 의원으로 구성된 프랑스의 신분제 의회. 1302년에 성립되어 절대 왕정의 확립에 따라 1614년에 폐쇄되었다. 1789년에 재개되었으나, 토의 형식을 둘러싸고 분규가 일어나 프랑스 혁명의 실마리가 되었다.

이야기 한국사

대한제국

고종
(高宗, 1852~1919년, 1863~1907 재위)

한양에서 흥선군 이하응의 둘째 아들로 태어났고, 1866년 9월 여성부원군 민치록의 딸과 결혼했다. 고종이 12세의 어린 나이라 조대비가 수렴 청정했다. 그러나 흥선대원군이 국정을 총람하였다.

세계열강 속의 조선의 운명

1866년(고종 3년) 1월, 흥선대원군은 천주교를 심하게 박해했다. 한때 천주교도들이 건의한 논리에 흥미를 가지기도 했지만 정치적 생명에 위협을 느껴 박해로 돌아섰다. 그는 1866년부터 1872년까지 8천 명의 신자들을 학살하기도 했다.

그해 병인양요가 일어났는데, 프랑스선교사 9명을 죽이자 그해 10월 프랑스는 군함7척에 병력 1천 명을 거느리고 강화도를 점령했다. 이때 제주목사 양헌수가 정족산성에서 프랑스군을 물리친 사건이다.

또 손돌목 포격사건이 일어났는데, 대동강을 거슬러 올라온 미국상선 제너럴셔먼호가 평양군사들과 백성들의 화공으로 침몰했다. 따라서 미국은 1871년(고종 8년) 4월, 셔먼호에 대한 배상요구와 통상관계수립을 위해 군함 5척에 병력 1천2백여 명, 함포 85문으로 강화도를 침범했다. 그렇지만 조선군의 기습공격으로 물러난 사건이다.

흥선대원군(興宣大院君, 1820년~1898년)

조선 고종 때의 정치가며 고종의 아버지로 이름이 이하응(李昰應)이다. 자는 시백(時伯)이고 호는 석파(石坡)이며 고종의 아버지이다. 본관은 전주이다. 아들이 12세에 왕위에 오르자 섭정하여, 서원을 철폐하고 외척인 안동 김씨의 세력을 눌러 인재를 고르게 등용하는 따위의 내정 개혁을 단행하였다. 한편으로는 경복궁의 중건, 천주교에 대한 탄압, 통상 수교의 거부 정책을 고수하여 사회·경제적인 혼란을 불러일으키기도 하였다.

미국은 이 사건으로 보복

상륙작전을 벌이겠다고 위협하면서 평화협상을 제의했다. 하지만 조선의 거부로 그들은 대대적인 상륙작전으로 강화도 초지진에 입성했다. 조선 군사들은 광성보에서 싸움을 벌였지만 패하고 강화도는 미국 손으로 들어갔다. 하지만 그들은 흥선대원군이 척화비를 세우는 등 강력한 쇄국정책에 밀려 점령 한 달 만에 강화도에서 물러났다.

1868년(고종 5년) 4월, 고종의 애희 궁녀 이 씨가 완화군을 생산했다. 이때 민비는 권력을 잡기 위해 자신이 낳은 왕자가 필요하다는 것을 절실히 느꼈다. 민비는 후궁 이 씨가 낳은 완화군을 원자로 책봉하려는 순간 흥선대원군과 대결할 수밖에 없다는 생각을 했다.

그래서 고아인 민비는 양자로 들어온 오빠 민승호를 불러 음모를 꾸몄다. 그런 후 민비는 자신의 세력을 넓히기 위해 대원군과 반대파였던 풍양 조 씨의 거두 조영하, 안동 김 씨의 거두 김병기, 고종의 형 이재면 등을 끌어들였다. 이와 함께 유림의 거두 최익현과도 손을 잡았다. 당시 유림들은 흥선대원군의 서원철폐로 불만이 많았다.

1871년(고종 8년) 민비는 항문이 막힌 왕자를 낳았는데 죽고 말았다. 민비는 원인을 임신 중 흥선대원군이

명성황후 민비(明成皇后 閔妃, 1851년~1895년)

조선 고종의 비로 성은 민씨이다. 대원군의 집정을 물리치고 고종의 친정을 실현했다. 통상, 수교에 앞장서 1876년 일본과 외교관계를 맺게 했으며, 임오군란 후에는 청나라를 개입시켜 개화당을 압박하고 친 러시아 정책을 수행하다가 을미사변 때에 피살되었다.

산삼을 많이 주었기 때문이라고 생각했다. 공교롭게도 13세 된 완화군도 갑자기 죽었다. 이것을 계기로 민비는 완화군의 생모 후궁 이 씨를 궁궐에서 쫓아냈다.

1873년(고종 10년) 23세의 민비는 최익현에게 흥선대원군이 물러날 것을 상소하게 했다. 당시 흥선대원군이 벌인 경복궁 중건 사업이 민생을 도탄에 빠지게 했다는 것과, 고종도 22세가 되었으니 친정을 해야 되기 때문에 섭정에서 물러나라는 내용이었다.

이에 대원군은 물러났고 운현궁과 창덕궁의 직통로 출입문까지 제거해버렸다. 그러자 조정은 민 씨 일가의 손에 들어갔고 1871년(고종 11년) 2월 민비는 둘째 아들 척(순종)을 낳아 이듬해 2월 왕세자로 책봉했다.

1875년(고종 12년) 대원군이 물러나자 일본은 조선의 개항을 서둘렀다. 그해 군함 운요호를 강화도에 보냈지만 조선수비병의 포격으로 퇴각했다. 이듬해 전권대신 구로다 기요다카를 특명대사로 임명해 군함 7척과 병력 400명과 함께 경기도 남양만에 보내 회담을 요구했다.

1876년(고종13년) 고종은 병자수호조약(강화도조약)을 맺었고, 이로 인해 제물포항과 부산과 원산항까지 개항되었다. 그 후부터 고종은 미국, 프랑스, 러시아 등과 차례로 조약을 맺고 개항정책을 실시했다. 그러나 고종은 세계정세를 제대로 읽지 못해 열강들의 난입으로 조선은 희생만 당하는 꼴이 되었다.

한성조약은 일본의 조선침략에 대한 초석

1881년(고종 18년) 고종은 수신사를 일본에 보냈는데, 일본을 다녀온 김홍집은 청나라 외교관 황준헌이 쓴 『조선책략』을 고종에게 바쳤다. 책 내용은 조선, 청나라, 일본 등이 단결하여 러시아를 막아야 한다는 내용이었다.

그해 8월 대원군파인 안기영과 권정호 등이 대원군의 서자 이재선을 왕으로 추대하기 위해 고종폐위운동을 모의했다. 그러나 사전에 발각되어 이재선과 안기영은 참형을 당했다. 이것은 대원군과 수구파 유림을 탄압하는 호재가 되었다.

1882년(고종 19년) 민비는 민 씨 일가의 정권유지를 위해 민태호의 11살 딸 민 씨(순명효황후)를 9살의 세자와 혼인시켰다. 더구나 민비는 자신의 영화를 기원하기 위해 국고로 금강산 일만이천봉마다 제를 지내며 탕진했다. 또한 민비는 일본 군사고문을 초빙해 양반자제 100여 명을 선발해 별기군을 창설했다.

그렇지만 구식군대의 대우는 이루 말할 수 없을 정도로 형편없었다. 더구나 13개월이나 밀린 월급을 한 달 치밖에 주지 않았고, 지급한 쌀에는 돌이 반이나 섞여 있었다. 이에 분노한 군인들은 민겸호의 집으로 찾아가 쑥대밭은 만들었다.

이때 군인들은 대원군이라면 충분히 해결할 것 같다는 생각에 그를 따랐고, 대원군은 이들을 이용해 민 씨 일파를 내쫓을 기회로 삼아 선동했다. 군인들은 여세를 몰아 민비 세력들과 일본공사관을 습격했고, 민비를 죽이려고 창덕궁으로 갔지만 민비는 대

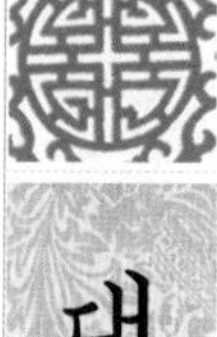

전별감 홍계훈의 등에 업혀 창덕궁을 빠져나와 장호원 민응식 집으로 숨었다.

대원군은 고종으로부터 정권을 이양 받은 후 민비를 찾지 못하자 민비가 죽었다며 국상을 발표했다. 10년 만에 권력을 되찾은 대원군은 나라의 재정과 병권을 맏아들 이재면에게 맡긴 후, 청나라 천진에 있던 김윤식에게 청군을 파병하라고 요청했다.

청나라는 일본을 감시할 목적으로 군사 4,500명을 보냈고, 일본은 공사관 습격을 구실로 공사 하나부사 요시모토가 1,500명의 군사를 데리고 인천으로 들어왔다

그러나 대원군을 무시한 채 한성에 들어온 일본군은 대원군의 강한 불만으로 인해 인천으로 물러났다. 같은 해 청나라 제독 오장경은 대원군을 청나라로 납치하고 그날 밤 한성을 점령했다.

민비는 청나라군의 보호를 받으며 궁궐에 들어와 왕비를 꿈꾸던 의왕의 생모 장상궁을 죽였다. 일본군 역시 공사관습격에 따른 배상문제를 제기했다. 그러자 고종은 '제물포 조약' 을 체결했는데 이것은 일본군의 조선주둔을 정식으로 허락한 것이 되었다.

정권을 되찾은 민영익을 대표로하는 수구파들은 김옥균을 죽이라며 개화파를 탄압했다. 그러자 김옥균과 박영효 등은 민비의 친정수구세력들을 몰아낼 계획을 세워 1884년(고종 21년) 10월17일 거사를 일으켰다. 이때 민태호, 민영목을 죽이고 고종과 민비를 경우궁으로 납치해 일본군으로하여금 지키게 했다.

이들은 즉각 개혁안을 공포한 후 각국의 공사관에 새로운 정부가 수립되었다고 알렸다. 그때 민비는 이들 몰래 민영익과 경기감사 심상훈을 시켜 청군에 구원을 청했다. 그러면서 민비는 고

종에게 창덕궁으로 옮기자고 우겼다. 그것은 창덕궁이 넓어 일본 군대가 수적으로 우세한 청군을 막아내기 어렵다고 판단했기 때문이다.

김옥균이 재정문제해결을 위해 잠시 자리를 비운 사이 민비의 요구를 일본공사 다케조에가 받아들여 창덕궁으로 되돌아가게 했다. 불안한 마음으로 밤을 지샌 김옥균에게 이튿날 아침 원세개가 6백 명의 군사를 이끌고 찾아와 고종의 면회를 요구했다.

김옥균이 거절하자 오후가 되면서 청군은 1천5백 명으로 늘어났다. 이때 시민들까지 궁궐 앞에서 친일파 개화당을 죽이라고 했다. 그러다가 갑자기 군중들의 공격을 받은 일본군은 싸우지도 않고 도망쳤다. 더구나 무기가 변변찮은 신정부군도 수적으로 열세해 패하고 말았다.

이때 고종과 민비는 홍영식과 박영교를 비롯해 몇 명 군사들의 호위를 받으며 궁궐을 탈출하여 청나라군 진영으로 들어갔다. 그러자 김옥균은 하는 수 없이 박영호, 서재필, 서광범, 변수, 유혁로 등은 일본공사 다케조에 일행과 함께 일본공사관으로 도망쳤다.

다음 날 김옥균, 박영효 등은 다케조에 일행과 일본으로 가기 위해 인천항으로 갔다. 이때 공사관 직원들은 조선을 떠나기 전 기밀문서를 태우다가 화제가 일어나면서 공사관이 불타버렸다. 이에 개화독립당인 김옥균과 박영효가 일으킨 갑신정변인 3일천하는 끝났다.

압송되는 전봉준

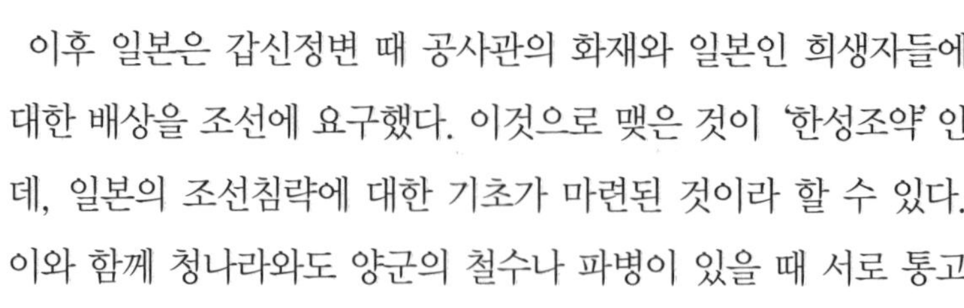

이후 일본은 갑신정변 때 공사관의 화재와 일본인 희생자들에 대한 배상을 조선에 요구했다. 이것으로 맺은 것이 '한성조약' 인데, 일본의 조선침략에 대한 기초가 마련된 것이라 할 수 있다. 이와 함께 청나라와도 양군의 철수나 파병이 있을 때 서로 통고하자는 '천진조약' 까지 맺었다.

갑신정변이 끝나고 조정의 요직은 모두 민 씨들이 차지하면서 세도정치는 극에 달했다. 민비는 오직 자신의 정권유지에만 힘썼고 백성들은 뒷전이었다.

조선에 부임한 러시아공사 베베르는 사교계의 여왕인 아내와 함께 민비와 고종을 사로잡았다. 따라서 민비는 러시아 공사와 접촉하여 밀약을 맺으려고 했지만 청나라에게 알려져 더 나쁜 빌미를 제공하고 말았다. 그러자 청나라는 민비의 세력을 약화시키기 위해 납치했던 대원군을 원세개와 함께 귀국시켰다.

조선을 둘러싸고 정복의 야심을 품고 있는 강국 청나라, 러시아, 일본 등의 세력다툼에서 민비는 자신의 권력유지에만 힘을 쏟았다. 이로 인해 조선은 서서히 멸망의 길로 접어들고 있었다.

부정부패를 척결을 위한 갑오농민전쟁

국내에 진출한 열강들의 틈바귀에서 민 씨 정권은 나라와 백성들의 안위보다 오로지 자신들의 영달만 생각했다. 그래서 보다 못한 농민들이 일어나 갑오농민전쟁을 일으켰다.

철종 때 동학을 일으킨 최제우가 처형되었지만, 2대 교주 최시형을 중심으로 동학은 더 크게 발전하였다. 즉 동학혁명은 만민평등이란 기치아래 한국 역사상 최초로 일어난 시민혁명이라고 할 수 있다.

1893년(고종 30년) 충청도 보은집회에서 탐관오리를 제거하고 민생고의 해결과 함께 외세들을 물러가라고 요구했다. 이것이 농민전쟁으로 확대된 것은 부정축재자 고부군수 조병갑 때문이었다. 조병갑은 군민들에게 과중한 세금을 부과하거나 재물을 빼앗고 이에 저항하면 형벌을 가했다. 이에 따라 동학혁명이 일어나면서 농민군들이 전주성을 점령했다.

고종은 농민들의 세력이 확산되자 청나라에 원병을 요청했다. 이때 일본도 천진조약을 구실로 군대를 보냈다. 하지만 농민군과 관군은 '전주화약'을 맺고 전라고 53개 지역에 집강소를 설치해 치안과 행정을 처리키로 하고 싸움을 중단했다.

그러나 조선에 온 청일 양국군은 철수를 거부하고 군대를 늘렸다. 이때 일본은 청나라에 조선의 내정개혁을 제의했지만 청나라는 거절했다. 이에 화가 난 일본공사 오오토리가 군대를 이끌고 궁궐로 쳐들어왔다. 그런 후 대원군을 허수아비 수장으로 앉히고

민 씨 정권을 몰아냈고 김홍집을 총리대신에 앉힌 다름 내정을 개혁했다.

이로써 모든 것이 일본에 유리했는데, 일본은 청나라에 선전포고 직후 청국군함에 포격을 시작하면서 청일전쟁이 일어났지만 일본의 승리로 끝났다. 이 전쟁에서 승리한 일본은 조선의 내정간섭을 시작했고, 동학농민군의 봉기를 일본군이 진압하는 바람에 실패했다. 주동자 전봉준은 부하의 밀고로 순창에서 체포되어 처형되었다

1895년(고종 32년) 일본은 청나라와 맺은 시모노세키조약으로 요동반도를 일본에 주었고 더불어 조선의 완전독립을 선언했다. 또한 민비의 등장을 막고 대원군을 물러나게 했다. 이때 물러났던 김홍집을 총리대신으로 하여 연립내각을 만들도록 했고, 의정부를 내각으로 고쳐 일본인 고문관으로 하여금 내정간섭을 강화했다.

하지만 일본은 청나라로부터 받은 요동반도를 러시아, 독일, 프랑스의 동맹국의 힘에 눌려 청나라에 되돌려 주었다. 영리한 민비가 이것을 알고 친러정책으로 일본을 배척하여 러시아가 일본은 조선에 몰아내주기를 바랐다. 이때 눈치가 빠른 매국노 이완용도 친러파가 되었다.

민비가 정책을 친러로 바꾸면서 친일파 내각 김홍집을 몰아내고 박정양 내각을 만들면서 이완용을 학부대신으로 임명하였다. 일본은 민비 때문에 러시아에게 밀리자 일본공사 미우라의 지휘로 민비를 죽이기로 했다.

1895년 8월20일(양력 10월8일) 미우라는 대원군이 머물고 있는

공덕리 아소정에 일본군이 훈련시킨 조선군대와 일본낭인들이 야간훈련을 빌미로 나타났다. 미우라는 대원군과 결탁하여 대원군을 앞세워 경복궁 앞에 도착했다. 이때 궁궐수비대장 홍계훈이 가로막자 그 자리에서 죽이고 궁궐로 쳐들어가 민비를 찾았다.

이때 민비는 궁녀 복으로 갈아입고 건청궁과 곤녕궁으로 오가면서 숨어 있었다. 그러나 민비가 일본 낭인들에게 발각되자 내부대신 이경직이 두 팔을 벌려 가로막자 이경직의 양 팔목을 잘라 버리고 민비를 난도질했다. 그들은 증거를 없앤다며 민비의 시체를 홑이불에 둘둘 말아 녹산으로 옮겨 화장했다. 타다 남은 뼈 조각은 향원정 연못에 던져버렸다.

민비가 죽자 일본은 압력을 넣어 폐서인시켰다. 하지만 그해 일본은 국제적인 여론 때문에 사죄의 뜻으로 형식적인 조사와 함께 민비를 복원시켰다. 이 사건으로 위험을 느낀 고종은 러시아공사 베베르와 이완용의 공작으로 러시아영사관으로 몸을 옮겼다.

이후 고종은 박정양의 친러내각을 세우고 이완용을 외부대신에 기용했다. 이때 김홍집 등 친일내각 대신들에 대한 체포령이 내려졌다. 하지만 김홍집과 어윤중은 군중들에 맞아 죽었다. 또한 이미 실시된 단발령을 복원시켰으며, 의병의 해산을 권고하는 조서까지

최제우(崔濟愚, 1824년~1864년)

동학의 창시자로 초명은 복술(福述) 또는 제선(濟宣)이고 자는 성묵(性默)이며 호는 수운(水雲) 또는 수운재(水雲齋)이다. 37세 때 동학을 창도했으며 후에 사도난정(邪道亂正)의 죄목으로 체포되어 참형되었다. 저서에 『동경대전』, 『용담유사』 등이 있다.

내렸다.

하지만 친러내각이 들어서면서 위신이 떨어져 국권의 침해가 극심했다. 따라서 서재필 등 30여명의 개화파들이 조직한 '독립협회'와 백성들은 고종이 대궐에 돌아갈 것을 청했다.

백성들의 권유로 1년 만에 러시아 영사관을 떠나 궁궐에 돌아온 고종은 연호를 '광무'로 고치고 황제에 올라 국호를 대한제국으로 고쳤다. 이때 민비를 명성태황후로 추존했고, 시신 없는 민비의 능을 지금의 청량리 천장산 으로 옮긴 후 홍릉으로 명명했다.

나라를 팔아먹은 오적들

1904년(고종 41년, 광무 8년) 러일전쟁이 일어났지만 일본이 승리하면서 고종에게 한일의정서를 강요했으며, 1905년 11월 '을사보호조약'을 체결했다. 이때 고종은 이 조약을 극구 반대했지만 일진회 수장 이용구, 송병준과 친러파에서 친일파로 돌아선 학부대신이 된 이완용 등이 조약을 체결한 것이다. 이 조약에 참가한 오적은 외부대신 박제순, 내부대신 이지용, 군부대신 이근택, 학부대신 이완용, 농상공부대신 권중현 등이다.

고종은 이 조약의 무효를 호소하기 위해 미국공사 헐버트에게 밀서를 보냈다. 그러나 미국은 필리핀에서 미국의 권리를 인정받은 대신 대한제국에 대한 일본의 지배를 인정하는 '가스라, 태프트 협정'을 체결한 상태였다. 이에 따라 미국은 고종의 밀서를 받아들일 이유가 없었다.

또한 조선통감부에 의해 외교권이 빼앗기자 고종은 네덜란드 헤이그에서 열리는 제2차 만국평화회의 특사로 이상설과 이준을 보냈다. 그리고 러시아 황제 니콜라이 2세에게 친서를 보내 특사의 활동을 지원해 줄 것을 요청했다.

순종(純宗, 1874년~1926년, 1907년~1910년 재위)

조선의 제27대 왕으로 이름은 척(拓)이고 자는 군방(君邦)이며 호는 정헌(正軒)이다. 1910년에 일본에 통치권을 빼앗기고 일본으로부터 이 왕(李王)으로 불렸다.

그러나 일본과 영국의 방해로 밀사계획은 수포로 돌아갔고 이준은 분사했다. 이완용과 송병준 등의 친일 매국대신들과 초대통감 이토는 한일협약을 위배했다는 책임을 지고 고종을 물러나게 했다.

고종의 뒤를 이어 순종이 27대 조선의 마지막 왕으로 즉위한 후 고종은 태황제로 높여졌다. 1910년(순종 3년, 융희 4년) 일본은 대한제국을 총칼로 합방했다. 그런 후 고종을 이태왕으로 격하시켰으며 같은 해 덕수궁에서 68세로 죽었다. 당시 고종의 사망원인을 일본인의 독살이라는 소문이 나돌면서 국장일인 3월1일을 기해 3. 1만세운동이 일어났던 것이다.

1910년 국권이 상실되면서 순종이 폐위되고 황태자는 왕세자로 격하되었다. 이로써 조선 왕조는 27대 519년 만에 멸망했다. 순종은 1926년 4월25일 53세로 죽었고 6월10일 국장일에 6. 10만세운동이 전국적으로 일어났다.

일본군과 맞서 싸운 의병들

일본의 억압으로 고종황제가 물러나자 유인석, 이강녕, 홍범도, 신돌석 등이 전국에서 의병부대를 창설해 일본군과 싸웠다. 또한 이범윤과 최재형은 북간도와 연해주에서 의병을 일으켜 일본군에게 승리하면서 국내 상륙도 감행했다.

1908년 이인영을 총대장으로 한양진공작전으로 허위가 이끄는 결사대가 동대문 밖 30리까지 왔지만 실패했다. 1908년 안중근은 대한의군 참모총장 겸 독립대장으로 의병군을 이끌었다. 그는 1909년 10월26일 오전 7시에 만주 하얼빈역에서 침략의 원흉 이토 히로부미를 암살한 영웅이다. 당시 이토 히로부미가 쓰러지자 안중근은 가슴에서 태극기를 꺼내들고 만세를 불렀다. 안중근 의사는 1910년 여순감옥에서 32살의 나이로 사형 당했다.

1908년 3월21일 미국 샌프란시스코에서 한국외교고문인 스티븐스이 일본의 한국침략을 찬양한 기사를 신문에 보도했다. 그러자 정인환과 전명운 두 의사가 스티븐스를 저격했다. 또 을사 5적의 우두머리 이완용은 1909년 12월, 명동성당에서 애국청년 이재명의 칼에 찔렸지만 죽지 않고 상처만 남겼다.

이완용(李完用, 1858년~1926년)

조선 고종 때의 친일파로 자는 경덕(敬德)이고, 호가 일당(一堂)이다. 1910년에 총리대신으로 정부의 전권위원이 되어 한일병합조약을 체결하는 등 민족을 반역했으며, 일본 정부로부터 백작(伯爵)을 받고 조선총독부 중추원 고문을 지냈다.

3 · 1운동과 항일투쟁 단체

조선총독부는 식민정책을 펴나가기 위해 일본이 세운 것으로 우리의 농업, 어업, 광업, 임업 등의 모든 분야를 비롯해 문화까지 착취했다.

이 무렵 제1차 세계대전이 연합군의 승리로 끝나고 4년 후인 1918년, 미국의 윌슨 대통령은 민족자결주의를 제창했다. 민족자결주의는 약소국들에겐 큰 힘이 되었는데, 이것을 계기로 독립만세운동이 전개되었다.

3 · 1운동이 일어나기 전, 도산 안창호와 이동녕 등이 조직한 비밀단체인 신민회 외에 독립의군부, 광복회, 국권회복단, 국민회 등이 조직한 비밀단체들은 일본 헌병들의 눈을 피해 독립운동을 전개했다.

해외에선 항일독립투쟁의 기틀을 마련하기 위해 이시영과 이동녕이 서간도의 삼원보와 밀산부에 세운 한흥동이 조선독립운동의 기지였다. 또 연해주에 대한광복군정부가 세워져 독립군의 무장 항쟁의 터전이 마련되었다. 국내 독립운동가인 신규식은 상하이에서 동제사를 조직했고, 안창호와 이승만은 미주지역에서 국민회를 조직하였으며, 박용만은 한인소년병학교를 세웠다. 상하이에서 조직된 신한청년단에서는 1919년 2월, 파리평화회의에 김규식을 민족대표로 보냈다.

1919년 1월6일엔 일본 도쿄의 조선기록청년회관에서 조선청년독립단이 조직되었고, 2월8일엔 재일유학생 4백여 명이 최팔용 등을 중심으로 독립을 요구하는 선언서와 결의문을 세계만방에 선포하고, 일본정부에 정식통고하고 시위를 벌였다.

손병희 등 민족대표 33인이 거족적인 독립만세운동을 계획하여 1919년 3월1일 조선의 독립을 선언했다. 이날 아침부터 파고다공원에 모여들기 시작한 학생들과 시민들은 시위행진을 벌였고, 이와 때를 같이해 일어난 독립만세시위는 전국적으로 동시에 일어났다.

그리고 만주와 하얼빈과 하와이 등 해외동포들에게까지 퍼졌다. 일제는 헌병과 경찰을 총동원하여 무차별 총격을 가하면서 독립만세운동을 탄압했다. 더구나 일본군대는 수원 제암리 부락의 교회에 신도와 마을사람들을 모아 놓고 문을 잠근 후 집중사격을 가하고 교회와 마을에 불을 질러 1천여 명을 학살했다. 17살의 유관순은 고향으로 내려가 아우내 장날 만세운동을 벌이다가 체포되어 모진 고문으로 세상을 떠났다.

한 마디로 3 · 1운동의 영향은 우리나라 교육에 많은 의미를 던져주었다. 즉 민립대학 설립운동이나, 조선교육회의 설립 등으로 인해 민족주의교육이 일어났던 것이다.

역사에 빛나는 청산리 전투의 승리

3 · 1운동을 겪은 일본은 무력탄압으로는 어렵다고 생각했다. 그래서 나온 정책들은 달래고 속이는 것이었다. 더구나 새로 부임한 사이토 총독은 군복차림의 헌병대신 검은 제복에 칼을 찬 경찰 즉 고등경찰 통치제도를 사용했다.

이때 민족의 지도자들은 한결같이 정부를 세워야겠다는 생각이 한결같았다. 3 · 1운동 이전부터 시베리아로 망명한 한국인 교포들은 '전로 한족회'를 조직했다. 이 조직은 러시아에 흩어져 있는 우리민족을 한곳으로 모은 애국단체다. 이 조직에서 유인석, 이범윤, 이동휘 등이 활약하고 있었다.

이 조직은 1919년 2월에 '대한국민의회'로 이름을 바꾸었고 3 · 1운동이 일어나자 3월17일에 독립선언서를 발표하고, 21일에 임시정부로 고쳤다. 당시 각료를 보면 대통령에 손병희, 부통령에 박영효, 국무총리에 이승만이었다.

한양에서도 이교현, 윤이병, 이규갑 등이 임시정부를 만들기 위해 계획을 세웠다. 따라서 천도교, 기독교, 유교, 불교 등 각계대표 30명이 비밀리에 인천 만국공원에 모였다. 여기서 국민회의를 열어 파리강화회의에 대표를 파견하여 정부수립을 나라 안팎에 선포하자고 했다.

그래서 국민대회가 4월23일에 열렸는데, 이날 한성임시정부의 수립이 선포되고 결의사항 등이 인쇄되어 뿌려졌다. 각료에는 대통령에 이승만, 국무총리에 이동휘 등이 뽑혔으며 13도의 대표

명단도 공포되었다.

1919년 4월10일엔 중국 상하이에서는 독립운동을 조직적이고 체계적으로 추진하기 위해 임시의정원을 구성했다. 이승만을 국무총리로 하는 국무원내각을 발표했다. 이에 따라 상하이 임시정부가 탄생되었는데, 1919년을 대한임시 원년으로 정하고 국호를 대한민국이라고 선포했다.

13일엔 임시헌장을 발표했으며 국무원 내각에 이승만, 내무총장 안창호, 외무총장 김규식, 법무총장 이시영 등이 임명되었다. 따라서 시베리아 임시정부, 한성 임시정부, 상하이 임시정부가 하나로 통합되었다. 통합된 대한민국 임시정부를 상하이에 두었던 것이다.

1919년 9월11일에 대한임시정부는 새로운 헌법을 공포하고 이승만을 집정관 총재로 선출하였다. 1926년 12월에는 김구가 주석이 되었다. 그러나 재정이 충분하지 못해 많은 어려움을 겪기도 했다.

1919년 9월2일, 사이토가 우리나라에 취임하던 날 강우규는 서울역에 도착하여 마차에 타려는 사이토를 향해 폭탄을 던졌다. 그러나 안타깝게도 사이토는 죽지 않고 중상만 입었다. 이때 강우규 의사는 체포되어 처형되었다.

1923년 1월23일엔 의열단원 김상옥이 종로경찰서에 폭탄을 던지고 붙잡히자 34살의 나이로 자살했다. 1923년 9월1일, 일본 관동지방에 대지진이 일어나 60여 만 호가 불타고 24만여 명이 죽었다. 천재지변인 지진을 이용해 동포들을 죽창으로 찔러 죽이는 등 학살만행을 저질렀다. 이때 목숨을 잃은 동포는 약 6천여 명

이나 된다.

1924년 이들의 만행에 복수하기 위해 김지섭은 폭탄 세 개를 품고 일본 천황의 궁으로 몰래 들어갔지만 폭탄이 터지지 않아서 실패했다. 현장에서 체포된 김지섭 의사는 1928년 2월 44살의 일기로 감옥에서 죽었다.

1926년 7월, 의열단 나석주는 중국인으로 변장해 톈진에서 인천항을 통해 국내로 들어왔다. 그는 동양척식주식회사와 식산은행에 폭탄을 던졌지만 터지지 않았다. 실패한 그는 도망가다가 추격해 오는 일본 경찰간부를 권총으로 쏘아 죽이고 36살로 자결했다.

1932년 1월, 이봉창은 상하이로 건너가 김구 주석의 지시로 도쿄로 들어가 마차를 타고 가는 천황에게 폭탄을 던졌다. 하지만 그를 죽이지 못했다. 이때 일제는 이봉창 의사의 의거로 치를 떨었다고 한다.

1932년 4월19일, 윤봉길은 김구 주석의 명령으로 상하이 홍코우 공원에서 물통과 도시락으로 꾸민 폭탄을 던졌다. 이때 일본군 최고 사령관과 일본인 고관들을 죽이거나 중상을 입혔다. 그러자 중국 국민당 장개석 총통은 윤봉길 의사의 의거를 찬사를 보냈다고 한다. 그 후 윤봉길 의사는 중국 낙양 군관학교에 특별반을 두어 독립군 양성에 주력하였다.

> **청산리 전투(靑山里戰鬪)**
>
> 김좌진(金佐鎭) 장군이 이끄는 북로군정서(北路軍政署) 독립군이 일본군을 청산리 백운평(白雲坪)으로 유인하여 대파한 전투이다.

1929년 11월3일, 광주여고 학생 박기옥이 일본인 남학생들에게 놀림을 당했다. 그러자 한국인 학생들이 들고 일어났는데, 일본인 학생과 큰 싸움이 벌어졌다. 이것이 발단이 되어 학생운동이 전국으로 퍼져나갔다.

그 당시 만주의 서북간도와 연해주엔 한민족이 1백만 정도가 살고 있었다. 따라서 이곳을 기반으로 삼아 무장 항일운동단체가 많았다. 대표적인 단체는 안무가 지휘하던 북간도 국민회군, 김좌진을 총사령관으로 하는 북로군정서군, 의병대장 홍범도의 대한독립군, 임시정부 소속의 지청천이 지휘하는 서간도의 서로군정서군, 이계가 지휘하던 서간도의 대한의군, 오동진이 지휘하던 남만주 광복국총영 등이다.

독립군들이 벌인 전투에서 '청산리 싸움' 의 대승은 역사상 길이 빛나는 전공이다. 이 싸움은 1920년 10월20~23일까지 김좌진 장군과 이범석 장군이 지휘하는 독립군이 만주의 지린성 청산리 계곡에서 벌어졌다. 이때 전사한 일본군은 3천3백여 명이었지만 독립군 전사자는 60명 안팎이었다. 이후 일본은 청산리전투의 패배로 독립군에 대한 탄압을 강화했다.

총칼 대신 필로서 일본에 대항한 우리문학

일제는 임진왜란과 마찬가지로 중국대륙정벌을 빙자해 대한제국을 보급기지로 삼고자 했다. 이에 공장을 세워 자원과 노동력을 착취했다. 1938년의 '내선일체' 즉, 일본과 조선은 한 몸이라는 구호를 내세워 국가 총동원령을 내렸다. 이것은 문화와 전통을 없애려는 계략이었다.

1940년에는 일제는 한글을 없애기 위해 한글판 '조선일보'와 '동아일보'의 신문과 잡지 등을 폐간시켰다. 또한 1942년에는 조선어학회와 진단학회를 해산시킨 후 간부들을 민족운동을 일으킨 주범이라며 감옥에 투옥시켰다.

특히 매월 1일에 신사참배를 강요하여 한민족의 얼을 빼려고 했다. 당시 주기철, 최봉석 목사는 신사참배를 끝까지 거부하다가 순교했다. 1940년에는 성과 이름을 일본식으로 고치는 창씨개명을 발표했다. 그렇지만 매국노나 그들의 집안을 빼놓고 대부분의 사람들이 거부했다. 그리고 전쟁에서 부족한 물자나 식량을 채우기 위해 강제적으로 공출을 받기도 했다.

1938년엔 사람까지 총알받이로 이용하기 위해 조선육군특별지원병제도를 실시했다. 1941년까지 약 1만여 명의 청년들이 동원되었다. 그래도 부족해 1943년 징병제도를, 1944년에는 학병제를 실시해 약 40만여 명이 전쟁터로 보내졌다. 그리고 조선인 남자 4백85만 명을 강제로 징용하여 전쟁에 부역자로 충당했는데, 이들 중 6만여 명 이상이 끌려가 목숨을 잃었다.

그들은 여자들까지 정신대 근무령을 공포하여 만 12살 이상 40살 미만의 여성들을 남양과 중국 등의 전쟁터에 보내 일본군을 위안하도록 하였다. 더 기가 막힌 것은 우리민족의 정기를 끊는다며 백두산 천지를 비롯해 전국의 명산에 쇠말뚝까지 박았다.

하지만 그들의 극악부도한 민족말살정책에도 굴하지 않고 민족운동은 당당하게 일어났던 것이다. 1921년 최현배와 이희승 등 사립학교교원이 중심이 되어 조선어연구회를 만들었으며 이것은 1931년부터 조선어학회로 이름이 바뀌었다. 1942년 10월, 일제는 조선어학회회원 이윤재, 장지연, 최현배, 이희승 등을 감옥에 가두었다. 이때 이윤재와 한징은 온갖 고문과 굶주림으로 안타깝게도 감옥에서 순국했다.

신채호는 해외 망명 중에 『조선상고사』, 『조선사 연구초』를 썼고, 최남선은 단군이야기와 한국고전을 간행하여 보급시켰다. 박은식, 정인보, 문일평, 안재홍 등은 국사연구와 한국고전개발에 힘썼다. 최남선은 근대시를, 이광수는 『무정』을 발표했다. 한용운, 김소월, 염상섭 등은 현대문학을 발전시켰다.

이상화, 이육사, 윤동주 등은 시를 통해 민족의식을 고찰했고 1932년 방정환은 잡지 『어린이』를 발간했고, 같은 해 5월1일을 어린이날로 제정했다. 홍난파는「봉선화」와 「성불사의 밤」 을, 안익태는 애국가를 작곡하였다. 이 시기에도 우리의 전통 문화를 계승 발전시키기 위해 각 전문분야의 전문가들은 일본에 대항에 총칼이 아닌 필로서 열심히 싸웠다.

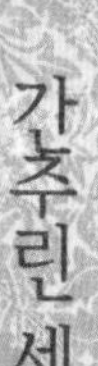

르네상스시대의 영웅들

처음 르네상스(문예부흥)는 문학, 미술, 건축 등 예능분야에서부터 시작되었다. 그러나 후에는 서양인의 모든 사상과 생활방식에도 커다란 영향을 끼쳤다.

르네상스가 맨 처음 시작된 곳은 이탈리아였는데, 당시 이탈리아에는 옛날 그리스로마문화의 모습이 그대로 남아 있었다. 그리고 십자군전쟁을 치르기 위해서는 이탈리아항구를 거쳐야했기 때문에, 이곳이 통로가 되어 동방의 문화가 쉽게 들어왔다. 이때 봉건제도가 점점 쇠퇴했고, 항구도시가 많아 상업이 발달해 경제적으로도 풍족했다.

그 중에서 베네치아, 피렌체, 제노아 등이 번창했는데, 이러한 항구들은 동양과 서양을 이어주는 지중해무역을 독차지하는 지리적으로 유리한 조건을 가지고 있었다.

이탈리아 르네상스의 특징은 문예부문으로 단테, 페트라르카, 보카치오 등은 시인과 소설가로서 새로운 문학의 막을 열었다. 또 미술과 건축, 조각 부문에서도 수많은 천재들이 탄생했다.

원근법을 부각시킨 지옷토, '최후의 만찬' 과 '모나리자' 를 그린 레오나르도 다빈치, '최후의 심판' 과 '다비드 상' 을 만든 미켈란젤로 등의 거장들도 있다. 『데카메론』 은 유럽 전체문학에서 큰 영향을 끼쳤다. 특히 영국 초서의 「캔터베리 이야기」에 직접적인 영향을 끼쳤다.

모나리자의 비밀

1503년의 어느 날, 피렌체 관리인 프란체스코 지오콘다가 그의 부인 리자와 함께 레오나르도 다빈치를 찾아와 그녀의 초상화를 부탁했다. 당시 리자의 나이는 24살로 무척 아름다웠다.

다빈치는 리자의 초상화를 열심히 그렸지만 잘 그려지지 않았다. 어느덧 3년이란 세월이 훌쩍 지나면서 리자의 초상화가 거의 완성될 단계에 있었다.

리자는 3년 동안 하루도 빠지지 않고 매일 다빈치를 찾아와 그림이 완성되어 가는 것을 보며 즐거워했다. 그러던 어느 날, 리자가 이런 말을 했다.

"저는 남편과 칼라브리아로 여행을 떠납니다."

"그래요, 여행기간은 얼마나 걸립니까?"

"아마 석 달 정도면 넉넉할 것 같아요. 별로 내키지 않지만 남편의 성화로 가게 되었습니다."

"그렇다면 부인께서 다녀온 후에 마무리 하겠습니다. 여행은 언제 떠납니까?"

"오늘 떠납니다."

리자는 거의 완성된 자신의 초상화를 뚫어지게 들여다보며 물었다.

"선생님, 제목을 무엇으로 붙일 예정입니까?"

"모나리자라고 붙일까 합니다."

다빈치의 말에 리자 부인은 미소를 지었다. 모나란 마돈나 즉 성

모라는 의미로 여자를 높이는 말이었다. 리자 부인은 그날로 여행을 떠나고 말았다. 이것이 다빈치의 '모나리자' 작업의 마지막이 되었던 것이다. 왜냐하면 리자 부인은 남편과 함께 여행도중 병으로 사망했기 때문이다. 이렇게 해서 미완성의 '모나리자' 가 탄생되었다. 리자의 원래 이름은 엘리자베스인데, 모나리자는 '나의 엘리자베스' 라는 의미도 된다.

이밖에 그의 걸작들을 보면 '최후의 만찬' '성 안나' '모나리자' '암굴의 성모' 등이 있다. 또 그의 일기를 보면 지금의 탱크 같은 무기를 발명하고 독가스까지 연구한 기록들이 있다. 더구나 5백여 년 전에 비행기를 생각했고, 망원경이나 사진기 같은 것도 생각해 스케치해 놓았다.

수학에 있어서 플러스(+)와 마이너스(-)의 기호도 레오나르도가 발명할 정도로 일기 속에는 많은 수학공식이나 방정식까지 나온다. 또 '원근법' 과 '음영법' 을 창안해 근대미술의 기초를 닦았다.

레오나르도 다빈치(1452년~1519년)

이탈리아의 화가, 건축가, 조각가로 일생을 독신으로 지냈다. 피렌체의 빈민출신으로 화가, 군사토목 고문 등의 경력을 쌓은 후, 프랑스 왕조에 6년간 초빙되었다. 예술활동에서는 회화에 「암굴의 성모」, 「성모자」, 「모나리자」, 「최후의 만찬」등을 그렸고, 자연 과학에서는 해부학, 새의 비행 따위에서 큰 업적을 남겼다.

세기의 거장 미켈란젤로와 라파엘로

미켈란젤로는 1475년 3월6일 이탈리아의 피렌체시에서 태어났다. 그는 갓난아기 때 세띠니아노 마을에 사는 대리석공의 아내에게 맡겨져 성장했다.

13살 때 다섯 살 연상의 구라나치라는 그림을 그리는 친구와 사귀었다. 그의 소개로 유명한 화가 도메리코 교루란다이요의 제자로 들어가 스승으로부터 많은 것을 배웠다.

그러 던 어느 날, 피렌체시의 마르코 정원에 옛 조각작품들이 전시된 것을 본 후 그것을 공부하려고 결심했다. 15세 미켈란젤로는 '층계 옆에 앉은 마돈나', '켄롤스의 싸움' 이란 제목의 첫 작품을 제작했다.

미켈란젤로는 사실적인 기초를 위해 인체해부를 시작했는데, 이것은 근대 인체해부의 기초가 되었다. 1501년 8월, 피렌체시를 대표하는 모직물업자조합의 부탁으로 '다윗 상' 을 만들기로 했는데, 2년 만에 흰 대리석에 '다윗 상' 을 완성했다. 높이 6m의 이 거대한 작품은 최대걸작으로 손꼽히고 있다.

그는 1505년 3월 로마교황 주리오 2세의 부름을 받아 영혼이 깃들어 있는 '모세 상' 을 제작했다. 또한 로마의 시스티나 성당의 천장에 그려진 '천지창조' 의 장엄한 정경과 '최후의 심판' 을 묘사한 벽화 등은 그가 남긴 걸작 중의 걸작이다.

미켈란젤로는 1564년에 죽었는데 그는 일생동안 사귄 사람이 아무도 없었다. 미켈란젤로와 동시대에 유명한 화가 라파엘로

(1483~1520)가 있었는데, 그의 대표작은 '시스틴의 성모' 이다. 라파엘로가 젊은 나이에 죽었지만 바티칸 궁전벽화에 '의자에 앉은 마돈나', '목장의 성모' 등이 남아 있다.

세르반테스의 『돈키호테』

17세기 초 에스파냐에서는 세르반테스(1547~1616)가 중세기사를 풍자한 소설 『돈키호테』를 발표했다. 그는 20세 때 전쟁으로 왼쪽 팔을 잃었고, 귀국하던 중 해적에게 잡혀 5년 동안 노예생활을 하기도 했다. 그곳에서 구출되어 시인이 되었고 극본도 몇 편 썼지만 작품들이 빛을 보지 못했다.

그는 해군의 밀을 사들이는 직원, 세금 징수원 등 여러 직업에 종사했지만 가난을 벗어나지 못했다. 특히 세금을 예금해 두었던 은행이 망해 감옥생활을 하기도 한 불운을 겪기도 했다. 온갖 실패를 거듭 되풀한 세르반테스가 1605년 60세에 쓴 작품이 『돈키호테』다.

이 작품은 사람들로부터 인간이 지니고 있는 두 경향, 즉 이상적인 면과 현실적인 면을 두 사람의 작중 인물을 통해 멋지게 표현했다.

영국이 만든 셰익스피어

영국 엘리자베드 1세 때 셰익스피어(1564~1616)가 『햄릿』, 『리어 왕』, 『로미오와 줄리엣』등을 발표했다.

하지만 그의 일생에 대해서는 거의 알려져 있지 않다. 대략적으로 그는 1564년 영국 스트래트포드에서 태어났다. 반은 농사를 짓고 반은 장사를 하는 집안이었기 때문에 어린 땐 고생하지 않고 자랐다.

14살 때 아버지가 사업에 실패하면서 남의 돈을 갚지 못해 감옥살이까지 한 뒤부터는 집안일을 돌보았다. 그는 수업료를 내지 않는 문법학교에서 중등교육을 받기도 했지만 흥미를 잃고 학교를 그만두었다. 그는 학교에 다니는 동안 라틴어와 그리스어를 공부했다.

18세 때 8살 연상과 결혼해 자매를 두었다. 21세 때 큰마음을 품고 집을 뛰쳐나와 런던으로 향했다. 런던에 도착한 그는 이것저것 잡일을 하다가 극장에서 말을 지키는 일을 했다.

그러다가 평생소원이던 배우가 되어 23세 때 관중들의 마음을 사로잡는 연기자로 이름이 알렸다. 26세부터 희곡을 쓰기 시작해 세상을 놀라게 하였다. 그는 다시 고향으로 돌아와 1616년 4월23일 52살에 죽었다.

그는 장시 2편, 14행시(소네트) 154편, 희곡 37편이라는 엄청난 걸작들을 남겼다. 셰익스피어의 『햄릿』은 『오셀로』, 『맥베스』, 『리어 왕』과 더불어 4대 비극 중의 하나로 최고 걸작이다.

종교개혁을 성공한 마르틴 루터

마르틴 루터는 1483년 11월1일 독일 아이스레벤에서 태어났는데, 부친 한스 루터는 광부였지만 진실한 크리스천이었다. 부친은 신부와 교회를 몹시 싫어했는데, 그것은 신부나 교회가 부패했기 때문이었다.

루터 역시 아버지의 성격을 그대로 물려받았다. 6살 때 라틴어 학교에 들어간 그는 1501년 봄 독일에서 최고 명문인 에르푸르트 대학에 입학했다. 그는 학위를 1년 반에 받았고 석사학위는 1505년에 2등으로 받았다.

그는 법학을 공부하여 관리가 되려고 결심하였다. 그러던 어느 날 그는 친구와 시골길을 걷다가 벼락이 떨어져 친구가 죽었다. 그는 이 사건으로 성 아우구스틴파에 속한 수도원으로 들어갔다. 1507년 초 그는 수도사로 임명되었고, 1511년 로마를 다녀온 뒤 신학박사학위를 받았다. 1512년에 비텐베르크 대학의 교수로 재직하면서 성서를 강의했다.

어느 날, 루터는 면죄부를 파는 행렬이 비텐베르크에 가까이 다가오는 것을 봤다. 이에 화가 난 그는 면죄부에 대한 자신의 의견을 발표하기로 결심했다. 그는 면죄부를 반박하는 95개조의 선언문을 써서 비텐베르크 교회 문에 붙였다.

1517년 10월31일 이 선언문은 오직 믿음을 중요시한다는 것과 로마 가톨릭의 면죄관에 대하여 새로운 의미를 지니고 있었다. 루터의 선언에 공감하는 많은 독일 사람들의 분노가 일시에 폭발하였다.

이때 로마교황은 루터에게 사람을 보내 타이르려고 했지만 듣지 않았다. 그러자 로마교황은 화를 내며 60일 이내에 그 의견을 취소하지 않으면 파문시킨다는 편지를 보냈다. 1520년, 루터는 '독일국민의 기독교 귀족들에게 고함' 이란 글을 발표했다. 즉 독일귀족들이 독일을 로마교황청으로부터 해방시키고, 교회의 토지와 재산을 압수할 것을 권고하였다.

그의 생각은 독일의 귀족들에게 공감을 불러일으켰다. 교황은 신성 로마제국의 황제 카알 5세에게 루터를 처단하라고 명령을 내렸다. 1521년 카알 5세는 교황의 명령에 따라 루터를 보름스제국 의회에 출두하라고 명령했다.

의사당 안에는 황제를 비롯해 국회의원, 장관, 그 밖에 성직자와 귀족들로 차 있었다. 루터는 의사당 한가운데 당당하게 섰다.(이 장면은 그림으로 그려져 오늘날까지 전해져 오고 있음)

심문을 마쳤지만 카알 5세는 그를 처단하지는 못했다. 그 대신 칙령을 내려 그가 쓴 모든 책을 판금한다고 선언하였다. 친구 프리드리히는 루터를 보호하기 위해 바르트부르크 성에 가두었다.

그가 성에 갇혀있는 동안 아무도 해치지 못할 것이라고 생각한 것이다. 그는 감옥에서 라틴어로 쓰여 있는 성경을 독일어로 번역하였다. 이것이 최초의 독일어판 성경책이었다.

많은 사람들이 그를 지지했고, 가톨릭교회사제들 중에서도 그의 종교 개혁안에 찬성했다. 이들은 프로테스탄트, 즉 '신교' 라고 불렀고, 교황을 중심으로 한 가톨릭교회를 '구교' 라고 불렀다.

이때부터 가톨릭 신자들과 루터를 중심으로 한 신교들은 하나님을 믿고 성경말씀을 지켰지만, 파가 다르다는 이유로 항상 충돌했다. 그러자 카알 5세는 신교와 구교들 싸움에 골치가 아팠다.

1529년 2월, 카알 5세는 독일제후국들의 종교적 분열을 막기 위해 가톨릭 식으로 예배드릴 것을 강요했다. 이때 루터의 종교개혁은 어려움에 부딪혔다. 그러자 그는 독일제후국들이 이에 굴복하지 말고 싸울 것을 독려하기 위해 『구약성서』 '시편' 46편의 내용을 바탕으로 시를 지었다.

그리고 손수 곡을 붙여 교인들에게 부르게 하였다. 이 찬송가가 위기에 처한 그리스도 신도들에게 힘과 용기를 주었다. 이후 그를 따르는 교회는 독일 북부지방을 중심으로 덴마크, 스웨덴, 노르웨이 등으로 확산되었다.

신대륙을 발견한 크리스토퍼 콜럼버스

콜럼버스는 신대륙을 발견하는 것이 꿈이었다. 그는 스페인의 페르디난드 왕과 이사벨라 여왕의 도움으로 탐험을 하게 되었다.

콜럼버스는 신대륙 발견에 대한 자신의 특권을 여왕에게 요구하였고, 여왕은 그의 요청을 허락했다. 그가 요구한 특권은 첫째 자신이 새로 발견하는 섬과 육지와 바다는 자신이 여왕 다음가는 부왕 겸 총독이 된다. 둘째 그곳에서 얻은 보물과 그 밖에 모든 이익의 10분의1은 자신이 갖는다. 셋째 자신이 새로운 영토의 재판권을 갖는다. 넷째 위의 세 가지 사항의 권리와 명예는 자신의 자손대대로 물려받는다.

1492년 8월3일 콜럼버스는 기함 산타 마리아호를 비롯한 세 척의 배에 120명의 선원을 나누어 태우고 에스파냐의 팔로스 항을 떠났다. 이때 선원들의 대부분은 죄수들이었으며, 스스로 지원한 사람들이었다.

콜럼버스는 지구의 둘레를 정확하게 계산한 에라토스테네스의 계산이 틀렸다고 생각했다. 그의 측정값보다 4분의1에서 6분의1 정도로 작게 지구의 둘레를 계산한 것이다. 그의 착각은 지구의 반지름은 약 400해리로서 시속 3노트로 항해하면 한 달이면 동방에 도착할 수 있다고 생각한 것이다. 그러나 그의 이런 착각이 신대륙을 발견하게 만들었던 것이다.

콜럼버스가 카나리아제도에 도착한 것은 8월 중순이었고, 9월 초 이곳을 떠나 10월12일 오늘날의 서인도 제도의 어떤 섬에 도착했다. 콜럼버스는 이 섬을 '산살바도르'라 이름 짓고, 1493년 3월 리스본에 돌아와 자신의 성과를 발표했다.

얼마 후 아메리고 베스푸치 항해사가 이 땅이 서인도가 아니라 신대륙이라는 사실을 알아내자 신대륙의 이름을 그의 이름을 본따서 지었다. 그래서 아메리카라고 명명되었다.

콜럼버스는 자신이 발견한 땅이 인도의 어느 지역 적어도 지팡구 근처라 믿었고, 그 뒤 세 번씩이나 탐험하였지만 향료와 황금을 찾는데 실패했다. 에스파냐로 돌아왔을 때 사람들은 실망하였고 에스파냐 왕실도 콜럼버스의 탐험이 실패하였다고 인정하고 후원을 중단했다. 콜럼버스가 실망에 빠진 어느 날, 그가 에스파니나 왕의 신하들과 식사하고 있었다. 그중 한 사람이 그에게 다가와 비웃으며 말했다.

"자네가 아니면 신대륙을 탐험할 사람이 없겠어? 누구나 배를 타고 서쪽으로 자꾸 항해하면 신대륙을 발견하게 될 건데…."

콜럼버스는 달걀 한 개를 집어 들고 사람들을 둘러보다가 입을 열었다.

"이 달걀을 모로 세워서 쓰러지지 않게 할 수 있는 사람 있으면 나와 보시오."

그러자 사람들은 제각기 달걀을 들고 식탁 위에 세워보려고 애썼지만 누구도 세우지는 못했다. 그러자 콜럼버스가 이를 보고 말했다.

"어디 내가 한 번 해보이겠소."

콜럼버스는 달갈의 뾰족한 부분을 식탁 위에 툭 쳐서 깨뜨린 다음 똑바로 세웠다.

"그렇게 세우는 거야 쉽지!"

이에 콜럼버스가 말했다.

"누구든지 할 수 있지요. 그렇지만 당신들은 아무도 나처럼 뾰족한 부분을 깨뜨려서 세우지는 못했소. 이 방법은 내가 제일 먼저 사용한 것이오. 신대륙의 발견도 이와 마찬가지지요."

크리스토퍼 콜럼버스(Christopher Columbus, 1451년~1506년)

이탈리아 제노바 출신의 탐험가이자 항해가이다. 지구가 둥글다는 것을 믿고 대서양을 서쪽으로 항해하여 쿠바, 자메이카, 도미니카 및 남아메리카와 중앙아메리카에 도착하였다.

세계 일주의 기틀을 마련한 마젤란

당시 사람들은 지구가 네모난 모양으로 알고 있었지만, 포르마젤란은 둥글다고 생각했다. 그는 한쪽 방향으로만 계속 항해하면 맨 처음 출발했던 자리로 돌아온다고 믿었다.

1519년 8월10일, 마젤란은 에스파냐 국왕의 도움으로 5척의 배를 이끌고 세계 일주에 나섰다. 그는 네 척의 배로 계속 남아메리카 해안을 따라 내려가 오늘날의 케이프 혼이라고 부르는 곳에 이르렀다. 이때 한척의 배가 선단을 탈출하여 돌아가 버리고 말았다.

그렇지만 그는 절망하지 않고, 나머지 선원들을 격려하며 계속 항해하였다. 마침내 그들의 눈앞에 끝없이 넓은 태평양이 나타났다. 마젤란은 이 바다를 '평온하다' 는 뜻을 가진 '태평양' 이라고 이름을 붙였다.

마젤란은 3개월이 지난 뒤 태평양의 한복판인 필리핀 군도의 작은 섬(마크탄 섬)에 도착하였다. 그런데 이 섬에서 원주민과 충돌이 일어나면서 그와 많은 선원들이 원주민들의 칼에 죽었다. 이때 배 한척도 불에 타 바다 속으로 가라앉았다.

섬을 탈출한 마젤란부하들은 황급히 배에 올라, 마젤란의 유언에 따라 계속 앞으로 항해하였다. 그러나 배 한척이 폭풍으로 가라앉았다. 마젤란과 함께 온 엘 카노가 마지막 한척 남은 빅토리아호를 지휘하여 태평양을 가로질렀다. 마침내 아프리카대륙이 눈앞에 보였다.

그는 3년 전 마젤란과 함께 내려왔던 아프리카해안을 이번에는 북쪽으로 거슬러 올라갔던 것이다.

마젤란(Magellan, Ferdinand 1480~1521)

포르투갈의 탐험가로 1519년 스페인을 출발하여 남아메리카를 순항하면서 마젤란해협을 발견하고 태평양을 횡단하였다. 필리핀에서 토인에게 피살되었지만, 그의 부하가 항해를 계속하여 1522년 세계 일주를 완성하였다.

유럽에서 강국으로 발전한 러시아 힘

러시아는 1700년 이전까지만 해도 이름이 알려지지 않은 나라였다. 그렇지만 러시아는 프로이센과 비슷한 시기에 유럽에 등장하면서 강대국으로 발전했다.

러시아는 표트르 1세(1682~1725)가 황제에 오르면서 뒤늦게 개혁을 시작했다. 표트르는 교회나 궁정의 예식보다 오직 기술 분야만 관심을 가졌다. 그가 네덜란드를 방문해 자신이 황제라는 신분을 숨기고 배 만드는 공장에 견습공으로 취직해 조선기술을 익혔다.

그가 25세 때, 250여 명의 사절단을 이끌고 서유럽 여러 나라를 방문했다. 그는 친선방문을 핑계로 선진유럽의 군사제도와 전쟁무기 제작기술을 익혔다. 그런 후 러시아로 돌아와 제일 먼저 시작한 것이 조선소건설이었다. 네바 강 기슭에 있는 페테르스부르크의 조선소를 찾아가 날마다 두 시간씩 직접 감독하였다.

그는 러시아의 발전을 위해 생활풍습까지 바꿨다. 하지만 그의 서구화정책에 대해 보수파들의 불만이 많았다. 그는 '서방으로 창' 을 발트해에서 마련하고자 했다. 그렇지만 발트해는 스웨덴이 차지하고 있어 전쟁이 불가피했다.

덴마크, 폴란드와 동맹을 맺고 스웨덴과 싸운 전쟁을 '북방전쟁' 이라고 했다. 이때 러시아가 싸움에서 승리하면서 발트해를 손안에 넣었다. 그는 가난한 농부의 딸을 왕비로 맞아들였다. 그러자 왕이 하층계급의 여자를 왕비로 맞았다고 친 슬라브파들이

불평했지만 왕비를 죽는 날까지 사랑했다.

그는 나라까지 왕비에게 물려주었는데, 예카테리나 대제가 표트르 대제의 왕비다. 그가 죽자 궁정의 온갖 음모로 37년 동안 6명의 황제가 바뀌었다. 그러다가 표트르 3세의 황후 예카테리나(1762~1796)가 황제에 올랐다.

예카테리나 2세는 러시아를 강력하게 만들기 위해 폴란드를 희생시켰고, 폴란드는 프로이센, 오스트리아, 러시아에게 분할되어 1795년 완전하게 사라졌다. 예카테라나 2세의 남하정책으로 오늘날 흑해와 크림반도의 일부분을 확보했다.

여세를 몰아 동방으로 알래스카까지 세력을 떨쳤지만 코삭부족과 농민들이 합세하여 일으킨 '푸가초프 반란' 으로 위기를 맞았다. 그렇지만 반란군은 곧바로 진압되었다. 이 반란은 러시아의 소설가 푸쉬킨의 『대위의 딸』속에 잘 그려져 있다.

예카테리나 2세는 문학을 사랑하고 학문을 존중했다. 그래서 러시아 과학아카데미에서 펴낸 『예카테리나 전집』은 12권이나 되었다. 내용 중에 『플루타크 영웅전』의 번역 작품도 포함되어 있다.

올리버 크롬웰의 청교도 혁명

1603년 3월24일 영국의 엘리자베스 1세가 죽었다. 그녀는 평생 독신을 고집한 여왕이었기 때문에 후계자가 없었다. 그래서 튜더 왕조의 대가 끊어지고 말았다. 이에 왕가의 혈통을 후계자로 삼기로 결정한 후 스코틀랜드 왕인 제임스를 영국 왕으로 즉위시켰다.

그러나 1642년 국왕과 의회의 사이가 나빠져 국왕을 중심으로 한 왕당파와 의회를 따르는 의회파 사이에 정쟁이 벌어졌다. 처음 2년 동안 왕당파가 유리해 의회파는 수차례에 걸쳐 패배했다.

그러다가 의회파의 올리버 크롬웰(1599~1658)이 청교도를 중심으로 철기대를 앞세우고 나오자 싸움의 양상은 바뀌었다. 1646년 초 전투가 끝나고 내란이 수습이 되었다.

그러나 절대 권력을 군사력으로 무너뜨리고 정권을 잡은 의회파는 장로파, 독립파, 수평파 등르로 나뉘어 대립하면서 분열되었다. 이때 크롬웰을 중심으로 한 독립파는 왕을 체포하고 장로파를 의회에서 몰아내고 수평파를 억눌러 권력을 잡았다. 의회는 1649년 국왕을 재판에 회부하여 사형에 처한 뒤 자유공화국의 성립을 선언하였다.

1653년 봄, 크롬웰은 청교도혁명을 일으켜 의회를 해산시키고 스스로 호민관이 되어 왕과 똑같은 권력을 행사하며 독재정치를 펼쳤다. 그는 음주, 간음, 도박, 투기 등을 엄금하였고, 모든 사치와 낭비, 오락 등을 멀리했다.

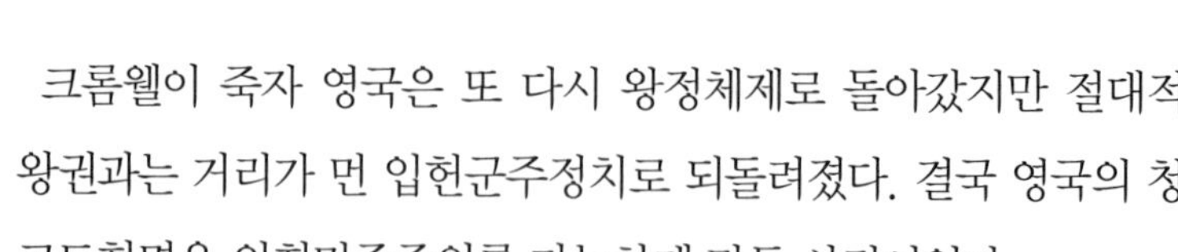

크롬웰이 죽자 영국은 또 다시 왕정체제로 돌아갔지만 절대적 왕권과는 거리가 먼 입헌군주정치로 되돌려졌다. 결국 영국의 청교도혁명은 의회민주주의를 가능하게 만든 사건이었다.

영국 사람들이 맞아들인 새 왕은 그들이 죽인 찰스 왕의 아들 찰스 2세였다. 그는 방탕하고 욕심이 많았으며 사치를 좋아했다. 그는 아버지의 원수를 갚기 위해 수단과 방법을 가리지 않았다. 1670년 그가 저지른 것 중 가장 나빴던 것은 프랑스 루이 14세와 맺은 '도버밀약' 이었다.

이것은 찰스 2세가 자신의 이익을 위해 영국번영의 기초인 상공업분야의 이권을 적국인 프랑스에 몰래 판 것이다. 찰스 2세가 죽자 제임스 2세가 왕위에 올라 가톨릭교에 대해 친근감을 가졌다. 그는 왕당파와 한통속이 되어 지난날의 국왕들처럼 독재를 하며 청교도를 탄압했다.

그러자 의회는 명예혁명을 일으켜 제임스 2세를 내쫓고 그의 딸 메리의 남편인 윌리엄 공을 왕위에 오르게 했다. 이후부터 지금까지 국왕이 나라를 다스리지는 않고 의회가 나라를 다스리게 되었다.

인종차별의 서막

18세기 후반부터 19세기 초까지 유럽과 신대륙은 혁명의 시기였다. 신대륙에서 미합중국을 세운 독립전쟁은 새로운 시대를 열기 위한 시민혁명이었다.

프랑스혁명도 독재와 맞서 국민들이 주인이 된 데 가장 큰 뜻이 담겨져 있었다. 이때 나폴레옹이 혁명을 지지하면서 세계정복을 꿈꾸었다. 하지만 러시아와의 싸움에서 패한 후 연합군의 공격으로 끝났다.

1848년 2월 프랑스 파리에서 시작된 혁명은 유럽전체로 번졌다. 독일, 이탈리아, 프로이센 등에서 부분적으로 민권을 확립하게 되었다. 또한 각 나라의 통일운동이 계속되면서 이탈리아와 독일이 통일을 하였다.

이러한 과정에서 자유주의와 민족주의는 동시에 성장했고, 독일에서 일어난 과열된 민족주의는 유대인의 탄압과 유색인종에 대한 차별대우로 발전했다.

청교도들의 신대륙 정착

1620년 7월 유럽의 어느 부두에서 사람들은 메이플라워호에 서둘러 올랐다. 그들을 태운 배는 머나먼 곳을 향해 떠났다. 이 배는 세계의 역사를 인류에게 안겨주었다. 이때 배에 탄 사람들은 모두가 청교도들이었다. 그들이 낯선 땅으로 떠나는 것은 종교의 자유를 누리기 위해서였다.

그들을 태운 배는 두 척이었는데, 하나는 180톤이고 다른 하나는 60톤이었다. 그러나 60톤짜리 배는 낡아서 폭풍우를 견디지 못해 결국 되돌아갔다. 그렇지만 180톤 배는 앞으로 나아갔다. 시간이 흘러 자신들이 기대하던 미래의 땅이 눈앞에 나타났다.

그러나 기쁨도 잠시였다. 그들이 도착한 희망의 땅은 행복한 곳이 아니었다. 사람을 잡아먹는 식인종들이 그들을 기다리고 있었다. 인디언들의 습격과 추위 그리고 굶주림과 함께 온갖 질병에 시달림을 받아야 했다.

얼마 후 추위와 굶주림과 싸우며 농사를 짓기 시작했고, 마침내 인디언들과 평화협상을 맺었다. 그들은 비록 어려운 환경 속이지만 오직 종교의 자유를 누릴 수 있다는 것이 무엇보다 기뻤다.

아메리카대륙에서 패배한 영국

콜럼버스가 신대륙을 발견한지 150년이 지나 유럽인들은 꿈을 안고 신대륙으로 건너갔다. 영국이 세운 13개 식민지역은 풍부한 토지를 그냥 얻을 수 있고 마음껏 자유를 누릴 수 있도록 배려했다. 그래서 유럽의 여러 곳에서 많은 사람들이 몰려들었다.

1774년 이전 5년 동안 아일랜드에서 무려 4만4천여 명이 신대륙으로 건너갔다. 이런 현상은 영국과 스코틀랜드를 비롯해 대륙의 해안국가에서도 마찬가지로 수만 명의 사람들이 신대륙에 떠났다.

새로운 땅으로 건너간 이주민들은 끈기로 어려운 환경을 헤쳐나갔다. 영국의 식민지 행정부도 그들의 어려운 사정을 도와주었다. 이것은 초기 식민지 시대에 나타나는 공통점이다.

18세기 중엽에 영국정부는 식민지에 대해 다른 태도를 취하기 시작했다. 영국 왕 조지 3세(1760~1802)가 왕위에 오르면서 식민지에 대해 전쟁비용과 새로운 세금 등을 물렸다. 그러자 영국 본토정부와 식민지 사람들 사이에 충돌과 마찰이 계속 일어났다.

1774년 9월, 식민지의 대표들은 미국 필라델피아에서 제1차 대륙회의를 열었다. 그들은 영국의회가 만든 식민지에 대한 모든 법률을 거부하기로 결정했다. 그러자 영국군대와 식민지 사람들 사이에 총칼을 들고 싸웠다.

1775년 5월, 제2차 대륙회의에서 영국과의 전쟁을 피할 수 없다는 결론이 내려졌다. 이것은 미국 독립전쟁의 시작으로, 미국은

전쟁준비와 함께 총사령관으로 조지 워싱턴을 임명했다. 그는 전투경험이 많은 군인으로 영국을 위해 신대륙에서 프랑스군과 수많은 전투를 벌였다.

1776년 7월4일 식민지의 대표들은 자신들이 왜 영국과 싸우며, 무엇을 이룩하려는 것인지에 대해 세계 각국에 알렸는데, 이것이 미국의 '독립 선언문' 이다.

독립전쟁이 시작되자 미국사회는 독립을 위해 싸우는 독립파와 영국정부를 지지하는 충성파로 나뉘었다. 독립파는 최초의 전투에서 패하는 등 여러 가지 어려움을 겪었다.

그러자 유럽 여러 나라들의 자유주의자들이 의용군으로 참전하여 독립파를 지원했다. 국제정세는 점점 독립파에게 유리해졌고, 결국 영국군과의 싸움에서 승리를 거두게 되었다.

전쟁에 패한 영국은 1783년 파리조약에서 식민지 13개주의 독립을 승인했다. 그리고 그들의 영토는 5대호, 미시시피 강, 조지아 경계 내 지역이었다. 전쟁에서 이겨 독립한 13개 주의 식민지 사람들의 기쁨은 이루 말할 수 없었다.

하지만 이들 13개 주는 각각 다른 헌법을 가진 독립국가로 바뀌어 가고 있었다. 그때 대륙회의에서 13개 주가 각각 분리된 국가로 나가는 것보다 힘을 하나로 통일하자는 결론을 냈다.

마침내 1781년 '연합규약' 이라는 새로운 법이 만들어졌고, '연합의회' 가 구성되면서 통일국가의 형태가 성립되었다. 1788년 '연방헌법' 이 제정되면서 비로소 미국은 합중국의 형태를 갖췄다.

프랑스 시민혁명과 나폴레옹의 출현

프랑스는 인구가 2,600만으로 대영제국의 1,500만보다 훨씬 많은 최강대국이었지만 대혁명이 일어나면서 그 대열에서 밀려났다.

1778년 일어난 프랑스혁명은 국민들이 일으킨 혁명으로 전국적으로 퍼졌다. 그러자 국민의회는 혁명의 참뜻을 널리 알릴 필요성을 느꼈다. 그래서 8월26일 '인간과 시민의 권리 선언' 이 마련되었다. 모두 17조로 작성된 선언문은 사람의 존엄성과 사람이 사람답게 누릴 수 있는 권리, 과거의 낡은 제도에 대한 개선정신 등이다.

그러나 당시 국민들이 주권을 가지고 있었지만 정부는 여전히 국왕중심의 군주체제를 유지하고 있었다. 따라서 국민들은 국왕이 해결해주기를 간절히 바랐다. 그렇지만 국왕 루이 16세는 국민혁명이 확산되었음에도 불구하고 조심스럽게 지켜보고만 있었다.

이와 마찬가지로 국민의회의 의견도 갈라졌고, 더구나 흉년까지 들어 식량부족으로 곳곳에서 폭동이 일어나기 시작했다. 이때 시민폭동에 참가한 대부분의 사람들은 여성들로, 이들이 요구한 것은 식량부족이었다.

이런 상황에 처하면서 국왕과 국민의회는 군중들의 압력으로 베르사유에서 파리로 끌려나왔다. 국왕과 국민의회는 파리 시민들의 보호 속에 있었고, 귀족들은 앞 다투어 해외로 도망갔다. 이에

따라 프랑스는 혼란 속으로 빠져들었다.

이때 루이 16세는 이런 상황을 수습할 생각을 하지 않고 파리를 빠져나갈 궁리만 했다. 1791년 6월21일, 그는 신앙에 대한 양심을 지킬 수 없다고 판단해 왕비 마리 앙투와네트와 왕자를 데리고 도망쳤다. 그가 도망갔다는 사실이 알려지면서 시민들은 벌떼처럼 모여들었다.

파리를 몰래 빠져나간 국왕은 바렌에서 체포되어 죄수신세로 파리로 송환되었다. 그는 1793년 1월21일 처형을 당했지만 프랑스는 또 다시 혼란과 소용돌이에 빠져들었다.

이에 영국은 프랑스혁명이 너무 지나치면 자국에 나쁜 영향을 끼칠 것을 우려해 프랑스와 전쟁을 선포했다. 이처럼 나라 안팎으로부터 압력을 받게 되자 프랑스지도자들은 내국의 사태를 막는데 애를 썼다.

프랑스지도층은 혁명재판소 같은 무시무시한 기관을 만들어 이를 통해 국민을 억누르는 공포정치를 실행했다. 이때 로베스피에르가 다스리던 1793년 6월10일부터 7월27일까지 무려 1천여 명이 시민들이 처형당하는 비극이 일어났다. 후에 로베스피에르는 독재자로 몰려 처형을 당하고 말았다.

프랑스의 사회적 혼란과 동시에 영국과 전쟁을 벌이면서 군대가 사회전체에 큰 영향력을 끼칠 수밖에 없었다. 더구나 군대는 자신들의 막강한 힘을 이용해 정치까지 참여하는 결과를 빚었다.

일부 국민들 역시 나라의 혼란을 막기 위해서는 강력한 힘을 소유한 군대가 나서주기를 바랬던 것도 사실이다. 1799년 11월, 프랑스정부는 나폴레옹에 의해 무너졌다.

한 마디로 프랑스혁명은 나폴레옹의 뛰어난 군사적 재능으로 혁명의 여러 요소들을 잠재우는데 성공했다. 1793년 12월 나폴레옹은 툴롱 항구 전투에서 파리폭동을 진압하고 영국과 왕당파를 전멸시켰다.

그 후부터 그는 국민들로부터 최고의 인기를 얻었고, 27세의 젊은 나이에도 불구하고 이탈리아원정군사령관에 올랐다. 더구나 이탈리아의 전투에서도 기묘한 전술로 큰 공을 세웠다.

전쟁의 승리로 체결된 캄포포리미오 조약으로 오스트리아와 이탈리아 두 나라는 벨기에와 롬바르디아를 프랑스에 넘겨주었다. 나폴레옹은 전투 때마다 병사들과 함께 하면서 앞장서서 공격을 지휘했다. 그래서 병사들에게 그의 용감성이 부여되면서 인기가 절정에 다다랐다.

그러나 나폴레옹은 단순한 군인이 아니었다. 그는 프랑스의 미래를 위해 이탈리아와 이집트원정 때 수많은 학자, 기술자, 문화재연구가 등을 참전시켰다. 그들은 프랑스박물관에 보존할만한 가치 있는 고전예술품과 귀중한 유물들을 빼앗아 본국으로 보냈던 것이다.

나폴레옹은 황제에 오르기까지의 기간이 불과 5년이었다. 그것은 프랑스의 형편이 혁명으로 어수선했고 그것을 권력을 군대로 장악했기 때문에 빨랐던 것이다.

1799년 11월18일과 19일은 나폴레옹 자신에게 인생의 흥망에 대한 운명이 결정지어지는 순간이었다. 다시 말해 정권을 잡아 영웅이 되느냐, 반란의 두목으로 끝나느냐는 절박한 갈림길에 있었다. 이런 갈등에 휩싸여 있을 때 그를 지지하던 군인들은 이렇

게 말했다.

"장군! 총칼로 밀어붙입시다. 그것이 가장 빠른 지름길입니다."

그렇지만 나폴레옹은 군사를 일으키지 않고 신중하게 처리하려고 했다. 왜냐하면 지난 역사를 통해 총칼로 권력을 잡으면 반드시 총칼로 망한다는 것을 잘 알고 있기 때문이었다.

그래서 그는 자신의 심복과 함께 의회로 향했다. 이 자리에서 군사를 일으키게 된 목적과 함께 의회에서 법절차에 따라 인정받으려는 것이었다. 나폴레옹이 의회에 나타나자 수많은 의원들이 그를 향해 소리쳤다.

"나폴레옹의 행동은 불법이다! 독재자 나폴레옹을 몰아내자!"

순간 나폴레옹은 의원들의 강한 비난과 비판에 깜짝 놀랐다. 더구나 함께 동행 한 근위대들도 누구를 체포해야 할지 몰랐다. 이때 의회의장이 나서서 말했다.

"회의진행을 방해하는 의원을 군대로 제지할 수 있는 법이 있습니다. 따라서 의회의 소란스러움을 진압하는 것이라면 나폴레옹 군대가 의회에 들어와도 좋습니다."

의장은 나폴레옹군대의 진입을 요청했는데, 이것은 도리어 나폴레옹을 도운 결과가 된 것이다. 이 말을 들은 나폴레옹은 근위대에게 명령하여 의원들을 의사당에서 모두 쫓아냈다.

이렇게 해서 나폴레옹이 정권을 잡으면서 총재가 다스리던 정부가 무너지고 '3인의 통령정부' 가 세워졌다. 3인의 통령은 시에예스, 로제뒤코, 나폴레옹이었다.

야욕으로 망한 영웅 나폴레옹

1806년 나폴레옹은 프러시아를 무너트린 다음 중부유럽을 순식간에 정복하면서 북이탈리아, 오스트리아의 지배권을 완전하게 굳혔다. 그 여세를 몰아 러시아를 공격했으며 영국을 제외한 에스파냐와 스웨덴까지 함락시켰다.

그러나 영국은 나폴레옹의 침략에 맞서 끈질기게 대항했는데, 그것은 강한 해군력으로 바다를 지켰던 것이다. 1805년 트라팔가르에서의 싸움은 넬슨의 지휘 아래 영국해군이 프랑스와 에스파냐 연합함대를 크게 무찌른 세계적인 해전이었다. 해전에서 승리한 영국은 프랑스의 해상권을 완전히 차지했다.

이에 나폴레옹은 영국을 고립시키기 위해 갖은 노력을 기울였다. 특히 육지를 막아 물자공급을 봉쇄하려고 했지만 영국은 만만하지 않았다.

이것으로 말미암아 나폴레옹에게 정복당한 수많은 나라들에게 불신을 주기 시작했다. 이에 나폴레옹에게 반항하는 해방전쟁을 쉼 없이 일으켰다. 러시아는 나폴레옹의 요구를 뿌리치고 영국과 무역을 계속했다.

이에 화가 난 나폴레옹은 1812년 6월 병사 60만, 물자를 운반하는 말과 소 등 20만 마리를 이끌고 러시아를 공격했다. 모스크바에까지 진격한 그는 러시아가 곧 항복할 것으로 믿었다. 그렇지만 러시아는 꿈쩍도 하지 않고 오로지 겨울을 기다리고 있었다.

기다리다 지친 나폴레옹은 러시아 깊숙이 공격하고 싶었지만,

강추위 때문에 망설였다. 영리한 나폴레옹은 더 이상 러시아로 들어간다는 것은 화약을 지고 불속으로 들어가는 것과 같다고 판단했다.

그래서 그는 겨울이 오기전인 1812년 10월19일 군사를 퇴각시켰다. 11월 초 눈이 내려 도로는 진흙탕으로 변했고, 굶주린 병사들은 말을 잡아먹으며 배를 채웠다. 12월 중순, 러시아를 가까스로 벗어났지만 오스트리아, 프러시아, 스웨덴 등의 연합군이 그들을 기다리고 있었다.

이에 따라 배고픔과 추위로 지친 병사들은 더 이상 연합군과 싸울 수 없었다. 연합군은 프랑스 파리까지 점령했으며 결국 나폴레옹은 왕위에서 쫓겨나 죄수가 되어 엘바 섬으로 귀양가고 말았다.

유럽 빈 회의를 무너트린 미국의 먼로주의

나폴레옹이 무너지면서 유럽에는 새로운 바람이 불었는데, 그 대표적인 것이 바로 '빈회의'이다. 이 회의는 유럽 각국 대표들이 프랑스혁명정신이 더 이상 다른 곳으로 확산되는 것을 막자는 것이었다.

이 회의는 클레멘스 폰 메테르니히가 주도했으며, 그의 지론은 혁명이야말로 안정된 사회나 국가를 깨뜨리는 악재라고 믿었다. 그렇지만 이 회의에서 범죄국가 프랑스에 대해서는 너그러웠다. 다시 말해 남의 죄를 용서하고 사랑한다는 기독교신앙정신에서 비롯되었다.

빈회의의 결정은 지금까지 이룩한 모든 자유주의적 운동을 제거하고, 유럽을 하나로 보아야 한다는 생각을 굳히게 만들었다. 이 결정은 현대사회까지 영향을 끼쳤는데, 통화를 단일화하는 등이 좋은 예라고 할 수 있다.

그러나 1820년 이 내용 때문에 스페인에서 첫 어려움이 나타났다. 싼 봉급과 비참한 생활을 하고 있던 에스파냐의 라틴아메리카원정군들이 개선을 요구하면서 반란을 일으켰다.

당시 국왕 페르디난디 7세는 나폴레옹과 전쟁 중에 만들었다가 버린 자유주의헌법을 되살려 반란군들의 뜻을 받아들이려고 했다. 그렇지만 메테르니히는 반대했다.

이에 따라 메테르니히는 옛 제도와 법률을 옹호하는 지배층의 세력들로부터 환영받았다. 그들은 프랑스에게 에스파냐의 반란

을 진압하라고 요청했다. 그래서 프랑스는 10만 군대를 동원해 에스파냐의 반란을 진압하면서 그들의 새 헌법을 없앴다.

그 결과 북이탈리아 피에몬테와 러시아에서 반란이 일어났다. 그렇지만 반란사건은 군인들의 협조가 이뤄지지 않아 무산되고 말았다.

하지만 메테르니히가 공들인 빈회의의 정신은 미국 먼로 대통령이 선언한 '먼로주의'가 나오면서 무너지기 시작했다.

국민의 기본 권리를 빼앗은 프랑스 정부

프랑스혁명으로 부르봉 왕조가 몰락하고 루이 필리프를 왕위로 등극시킨 것은 부유층들이었다. 그러나 1846년의 선거법은 성인 남자 중 투표권이 있는 사람은 남자 전체인구의 3%에 불과했다. 한 마디로 나머지 97%는 국민의 본 권리를 빼앗긴 것이었다.

투표권 있는 3%의 사람들은 은행가, 사업가, 대학교수, 법률가 외에 왕의 정치에 불만을 품은 일부 자유주의 귀족들이었다. 그렇지만 당시 수상이었던 프랑수아 기조는 국민의 기본 권리요구를 무시했다. 그러자 지식인 중심의 반대파들은 루이 필리프를 죽이려고 했지만 실패하고 말았다.

이 사건 이후 정부는 반대파단체들을 모두 제거했으며 국민들에게 알권리를 충족시켜주는 신문, 출판물에 대한 검열과 조사가 강화되었다.

정부의 이런 탄압에 학생들과 노동자들이 분노해 파리 시내에서 정부군과 맞서 싸울 것을 다짐했다. 그러자 루이 필리프는 국민들을 달래기 위해 방편으로 수상 기조를 물러나게 했다.

이에 만족하지 않고 국민들은 정부를 반대하는 구호를 외치며 거리로 쏟아져 나왔다. 때마침 진압부대로 동원된 군대가 오발사고를 일으켰다. 총소리에 시민들은 흥분하기 시작했는데, 이 사건으로 52명의 시민들이 죽었다. 이것을 계기로 루이 필리프는 왕위에서 물러났는데 이것이 '2월 혁명' 이다.

새로 들어선 정부는 가난한 노동자들을 위해 다양한 정책을 펐지만, 재산을 가진 사람들이 협조하지 않았다. 1848년 6월 노동자들은 재산의 평등소유를 부르짖으며 또 다시 데모가 일어났다. 그러자 군대가 나서서 진압했는데, 당시 목숨을 잃은 사람들은 모두 1천4백 명이었다. 1848년 12월 제2공화국 대통령으로 나폴레옹의 조카 루이 나폴레옹이 당선되어 나라를 안정시켰다.

산업혁명으로 강대국인 된 영국

영국은 산업혁명을 맨 처음 일으켰다. 이전 18세기 영국은 유럽 전체에서 강대국으로 발돋움하기 위해 프랑스와 경쟁을 벌였다. 하지만 프랑스가 영국보다 모든 면에서 우수했다.

그럼에도 불구하고 프랑스가 영국보다 산업혁명이 뒤진 이유는 관세제도 때문이었다. 다시 말해 프랑스 내의 지역끼리 세금을 내게 함으로써 무역이 활발하게 이뤄지지 못했다. 또한 지역 간의 화폐가 다르고 계산법까지 틀려 세금을 내는데도 불편했다.

그렇지만 영국은 1707녀 스코틀랜드를 영국영토로 합치면서 관세제도를 모두 없앴다. 이것은 프랑스보다 1백 년이 앞섰으며, 이로 인해 영국은 무역활동이 원활하게 이뤄졌던 것이다.

프랑스 대혁명은 정치적인 자유와 평등을 가져다주긴 했지만 전통적인 농업과 상업을 그대로 고집했기 때문에 산업화의 길이 늦어졌다. 한 마디로 전통적인 농업방식을 고수했고, 생산 공장들은 특수한 사람들을 겨냥한 사치품제작에만 노력했던 것이다.

그 결과 농토를 늘리거나 씨앗의 품종을 개량하는 것도 영국에 비해 뒤떨어졌고 영국은 석탄과 철광 등의 지하자원이 풍부해 석탄, 철광석을 운반하는 데 따른 부대시설도 프랑스보다 앞섰다.

영국은 운송수단을 편리하게 하기 위해 도로건설이나 강을 이용하는 기술까지 발달되었다. 더구나 공장의 노동력이 풍부했고 정부는 국민들에게 법과 질서를 존중하고 개인재산까지 보호해 주었다.

시장개척을 위한 치열한 식민지쟁탈전

19세기 서구인들은 미국, 오스트레일리아, 뉴질랜드 등으로 이민행렬이 이어졌다. 이것은 산업화의 물결이 확산되면서 식민지 쟁탈전이 벌어졌기 때문이다. 다시 말해 제품원료를 수급할 나라와 생산제품을 팔아야하는 시장을 개척하기 위해서였다.

다른 말로 이들의 다툼을 제국주의라고 할 수 있다. 제국주의는 민족국가들 사이에 민족경쟁이라는 성격을 띠었다. 그래서 한나라의 민족이 다른 민족과 싸워서 반드시 이겨야만 했다.

제국주의에는 두 가지가 있는데 16세기 이후부터 18세기까지 유럽인들이 세계로 진출한 것을 '구제국주의' 라고 하고 19세기의 해외진출은 '신제국주의' 라고 불렀다.

그렇다면 제국주의가 유럽에서만 일어나게 된 동기는 무엇일까? 해답은 산업화에 필요한 원료확보, 제품을 팔기위한 시장 확보 등으로 식민지가 필요했던 것이다.

19세기 유럽은 기술발전에 성공하면서 아시아와 아프리카 여러 나라들을 식민지로 개척했다. 식민지 국가들은 유럽 국가들의 원료공급이나 물건을 파는 시장역할에 그쳤다. 영국의 아프리카정복은 유럽제국주의의 특성을 잘 파악할 수 있다. 당시 영국은 남아프리카 케이프타운과 서부 바닷가 몇 군데만 근거지를 가지고 있었다.

그 이유는 아프리카 이외에도 막강한 군사력으로 경제를 발전시킬 수 있었기 때문에 별 관심이 없었던 것이다. 그러나 이집트가 혼란스러운 국내사정으로 영국의 힘을 빌리고부터 영국의 아프리카정책이 바뀌었다.

당시 이집트는 터키에서 파견한 총독 키디브가 있었다. 그는 터키로부터 이집트의 독립을 원했기 때문에 영국과 프랑스에 도움을 요청했던 것이다. 이때 지중해와 홍해를 잇는 수에즈 운하 건설공사가 있었다.

영국과 프랑스의 자본과 이집트 국내자본이 함께 착수한 건설공사에 아무도 반대의견이 없었다. 이에 이집트는 나라의 모든 경제를 이곳으로 집중시켰지만, 이익이 되돌아오는 기간이 너무 길어 경제사정은 나빠졌다.

그렇지만 영국은 운하가 개통되면 인도양과 아시아지역으로의 항로가 크게 단축되기 때문에 하루 빨리 끝내기를 원했다. 그래서 영국은 프랑스를 끌어들였지만, 프랑스는 영국이 소유하면 손해볼 것이란 생각으로 투자를 망설였다. 이를 눈치 챈 영국 수상 글래드스턴은 프랑스에게 이집트 내에서 군사적인 영향력을 취하지 않겠다고 약속했다. 약속을 받아낸 프랑스는 건설에 자본을 투자했다.

그렇지만 이집트는 영국이 하루 속히 물러갈 것을 바랐지만 영국은 이를 무시하고 남아프리카로 내려가 수단까지 진출했다. 이에 이집트국민들의 불만이 폭력사태로 이어졌지만 영국은 꿈쩍도 하지 않고 계속 진출했다. 그러면서 폭력사태를 힘으로 눌렀다.

1883년 수단의 이슬람교도들이 영국에 전쟁을 선포했다. 그 이유는 이집드인들이 자신들의 종교를 배신하고 이교도를 수용했다는 것이다. 그러자 영국은 카디브의 군사 1만과 영국 장군 윌리

암 휙스에게 전쟁을 지휘하도록 했다. 그러나 전쟁에서 패하자 지식인들은 영국의 카디브 지원이 잘못되었다고 비판했다. 이어 프랑스도 영국이 약속을 어기고 군사를 끌어들였다고 비난했다.

또한 투자한 기업가들도 전쟁의 확대는 경제적인 혼란만 가중시킨다며 수상 글래드스턴을 공격하였다. 그는 이에 굴하지 않고 수단정복을 착수하기 위해 고든을 책임자로 보냈지만 싸움에서 패하고 수단의 구세주 마흐디에게 목을 잘리고 말았다.

영국은 두 번 싸움에서 패했지만 1898년 옴두르만 전투에서 수단과 싸워 승리를 거두었다. 이 전투에서 이슬람교도 11,000명을 학살했으며, 영국군은 불과 28명만 전사했다.

식민지에서 군사개입을 하지 않겠다는 영국의 거짓말은 보어전쟁에서도 여실히 나타났다. 평소 영국과 보어인은 사이가 좋지 않은 상태였는데, 보어인지역에서 엄청난 양의 보석과 금광이 발견되면서 사이가 더더욱 나빠졌다.

트란스발의 폴 크루커 대통령은 보어인들의 바다활동을 넓히고 독립을 꾀했다. 그리고 보석과 금을 탐내며 몰려오는 외부인들을 막으면서 말썽이 되었던 것이다.

이때 로디지아에서 다이아몬드와 금광을 발견하여 하루아침에 벼락부자가 된 세실 로즈는 카이로에서 케이프타운까지 영국국기가 휘날리면 얼마나 멋이 있을까라고 상상했다. 얼마 후 그는 자신의 계획을 친구 린더 제임슨에게 알리고 6백여 명의 무장군인을 트란스발로 몰래 보냈다. 하지만 무장군인들의 습격은 실패로 돌아가면서 그들은 망신을 당했다. 이들은 또 다시 보어전쟁을 일으켜 작은 나라를 남아프리카 영국연방으로 복속시켰다.

종이호랑이 청나라와 침략자 영국

중국은 영국과의 아편전쟁에서 패하기전까지 서유럽과 본격적인 무역이 없었다. 이 무렵 영국은 인도에서 생산되는 아편이 중국인들의 체질에 잘 맞는다는 것을 알았다. 그래서 중국정부에 정식으로 아편무역을 요청했지만 거절당했다.

이에 영국은 무력으로 중국항구를 순식간에 빼앗는 등 일방적으로 전쟁을 일으켰다. 전쟁에 패한 중국은 사회개혁에 대한 필요성을 절실하게 느꼈다. 이에 중국의 오랜 전통과 제도에 새로운 변화가 일어났다. 이때 태평천국의 난이 일어나면서 사회가 더더욱 혼란에 빠졌다. 이런 혼란을 틈타 서유럽의 침략은 더욱 거세졌다.

청일전쟁에서 청나라가 일본에 항복하자 영국, 프랑스, 러시아, 독일 등은 일본의 중국진출을 막았다. 이들은 일본의 침략을 막아주는 대신 그 대가로 청나라영토나 특권 등을 요구했다.

영국에 항복한 청나라는 중국 내에서 유럽인들끼리 싸움을 붙여 이익을 보겠다고 속셈이었지만 뜻대로 되지 않았다. 서구열강들은 청나라의 뜻과는 관계없이 일방적인 외교선언을 했다.

이후부터 중국은 반식민지상태가 되었고 중국 민족주의 애국자들은 비밀조직을 결성해 그들을 받아들인 동족들을 습격하였다. 그러자 서구열강들은 중국 민족주의자들로 구성된 비밀조직을 뿌리 뽑는다는 핑계로 베이징을 불태워 귀중한 문화 재산들이 파괴되거나 불에 타 소실되었다.

영국의 인도식민지 착취

강력한 나라였던 인도 무굴제국이 사라지면서 영국의 인도 다스리기가 시작되었다. 인도는 영국식민지로 영국은 행정, 사법, 군사조직 등을 실시했다.

당시 영국은 인도인 중 능력이 우수한 사람을 뽑아 영어 교육시켰다. 그리고 식민지를 통치하기 위해 하나로 통일된 법령과 공통언어를 사용하도록 요구했다.

그리고 자국의 이익을 위해 인도에 철도를 건설하고 전신, 전화 등의 통신시설을 설치했고 농업과 산업을 개발하기 시작했다. 교육을 받은 인도인들은 평등과 자치를 요구하며 1880년대 힌드 인도 국민회의를 조직했다. 이 조직은 제2차 세계대전 이후 인도독립의 중심세력으로 활약하게 된다.

제1차 세계대전 이후 인도인들은 하나로 단결하기 시작했다. 인도의 지식인들은 영국에 불만을 품고 대항하면서 독립을 준비하고 있었다. 영국은 1919년 결국 인도인들의 입법의회를 승인하게 되었다.

그러나 그 무렵 충격적인 사건이 터졌는데, 펀자브의 암리차르에서 영국의 한 장교가 시위하는 인도인들을 해산시키기 위해 총을 쏘라는 명령을 내렸다. 이때 3백79명이 죽고 1천2백여 명의 중상자가 발생하였다.

마침 미국 윌슨 대통령의 민족자결주의가 선언된 때에 일어난 이 사건은 인도인들에게 애국심과 분노를 불타게 했다. 즉 영국에 대한 나쁜 감정이 인도인의 단결을 가져오게 하였다. 그때 모하다스 간디가 민족의 지도자로 부상했다.

간디는 폭력을 사용하지 않는 비폭력, 무저항, 비협조를 지도목표로 삼고 인도인들의 단합을 호소했다. 하지만 간디는 마침내 감옥에 갇혔고 그는 음식을 먹지 않고 단식투쟁을 벌였다. 이로써 인도인들은 점차 자신감과 함께 영국인을 무너트리는데 성공했다.

민족문제와 갈등의 희생양

오스트리아헝가리제국의 황태자 프란시스 페르디난트 부부가 세르비아 민족비밀조직원에게 살해되었다. 이에 국민들은 커다란 충격에 휩싸였다. 사건발생 6주일 뒤, 유럽 각 나라의 군대들은 경쟁적으로 전쟁을 시작했다. 이것은 오스트리아헝가리제국의 민족문제에서 비롯되었다.

오스트리아헝가리제국은 게르만민족이 대다수를 차지했고, 세르비아는 체코 및 남슬라브계의 크로아티아, 슬로베니아, 세르비아족 등의 소수인종들이 결합된 복합 민족국가였다.

19세기 후반 오스트리아헝가리제국은 민족문제로 골치를 앓고 있었다. 소수민족의 일부지도자들은 오스트리아헝가리제국으로부터 자기민족을 분리시키려고 하지 않았다. 그러나 1914년 민족주의 정신으로 소수민족들이 계속 들고 일어나자 오스트리아헝가리제국은 불안해졌다. 그래서 지배층들은 소수민족을 힘으로 눌러버리겠다고 생각했다.

1878년 오스만제국에서 독립하였지만, 오스트리아헝가리제국에 속해 있어 불만이 많았던 세르비아인들의 민족 열기는 대단했다. 이에 세르비아민족은 오스트리아헝가리제국에 대한 저항이 컸다. 당시 오스트리아헝가리제국의 영토 안에 살고 있던 인구는 약 7백만 정도였다. 이들이 투쟁을 계속하자 제국의 지배계층은 세르비아민족을 꺾기 위해 그들을 탄압해야 한다고 주장하였다.

이때 지배계층에게는 또 한 가지 문제는 러시아를 중심으로 일어나고 있는 범슬라브주의운동이었다. 동유럽의 슬라브민족은 폴란드, 체코, 슬로바키아, 남슬라브, 불가리안 인들로 구성되어 있다. 이런 민족끼리 한곳으로 뭉치자는 운동이 바로 범슬라브주의 운동이다.

또한 이 운동은 서구문명보다 슬라브민족의 문명이 더 우수하다는 점을 강조하는데 목적을 두고 있다. 즉 자기들보다 못한 서구사람들에게 억눌림을 받는다는 것이 용납되지 않는다는 것이었다.

합스부르크제국은 나라가 보존되느냐, 무너지느냐는 기로에 있기 때문에 슬라브민족운동을 철저하게 막기로 결정했다. 이 결정 때문에 페르디난트 황태자가 세르비아민족에 의해 살해된 것이었다. 그의 죽음이 제1차 세계대전의 시발이 된 것이다.

오스트리아헝가리제국 황태자 시해사건은 온 나라를 소용돌이로 빠트렸다. 이것은 오스트리아헝가리제국과 세르비아민족 사이에 벌어진 단순한 사건이었다. 그래서 전쟁은 오스트리아헝가리제국과 세르비아민족끼리 벌여야 했지만 세계 전으로 확산된 이유가 무엇일까?

20세기 초 유럽사정은 싸움을 내버려 두지 않았다. 유럽은 이미 19세기 말부터 크게 두 개의 세력으로 나뉘어져 있었다. 이들은 황태자시해사건을 구실로 자기세력을 넓히기 위해 전쟁에 뛰어들었다.

유럽이 이처럼 두 개의 세력으로 나뉘게 된 것을 독일이 민족국가를 세운 후부터였다. 독일은 뒤늦게 민족국가를 건설했지만 세계적으로 독일의 힘을 마음껏 뽐냈다. 19세기 말에 독일의 민족

주의 바람은 독일을 더욱 강한 나라로 만들었다. 그것은 범게르만주의운동 덕분이었다.

독일은 보어전쟁의 승리로 성공적인 산업화와 뛰어난 기술발달을 통해 자신들이 세계에서 가장 우수한 민족이라고 생각했던 것이다. 그래서 비스마르크는 프랑스를 외톨이로 만드는데 중점을 두었다. 그 까닭은 프랑스가 강대국이 되면 독일제국에 가장 두려운 상대가 될 것이 뻔했기 때문이었다.

그래서 비스마르크는 러시아와 오스트리아헝가리 두 나라 사이에 전쟁이 없기를 바랐다. 그것은 두 나라가 다투면 독일은 게르만민족이 대부분을 차지하는 오스트리아를 지원해야 했기 때문이다. 그렇게 되면 러시아가 프랑스와 동맹을 맺어 독일을 위협할 가능성이 분명했다.

그래서 비스마르크는 독일, 이탈리아, 오스트리아헝가리 3국으로 짜여진 3국 동맹을 맺었고 러시아와도 동맹관계를 유지했다. 하지만 1888년 빌헬름 2세가 왕위에 오르면서 비스마르크를 쫓아내고 영국을 위협하는 제국주의를 선택했다.

그는 게르만민족이 슬라브족보다 훨씬 우수하다는 점을 비교시키면서 러시아와의 관계가 나빠지게 만들었다. 이에 따라 독일과 오스트리아와의 관계만 중요하게 생각하고 러시아와의 동맹관계를 깨뜨려버렸다. 이것으로 유럽평화가 깨어졌다.

보스니아사태로 독일과 오스트리아는 더욱 가까운 관계로 발전하였다. 그 무렵 발칸 반도에서 제1차 발칸전쟁이 일어났다. 이것은 발칸반도의 국가들인 몬테네그로, 세르비아, 불가리아, 그리스 등이 오스만제국을 공격한 전쟁이다.

이 전쟁에서 승리한 발칸국가들은 오스만제국의 유럽지역을 차지할 수 있었다. 그리고 세르비아는 오랫동안 꿈꾸어 왔던 바닷길을 얻게 되었다. 그러자 오스트리아는 동맹국 독일을 믿고 세르비아가 알바니아로 진출하는 것은 무효로 만들 계획을 꾸몄다.

그래서 세르비아로부터 압박받고 있는 알바니아를 독립국가로 만들어 주면 세르비아가 계속 넘볼 수 없을 것이라고 생각했다. 이 소문이 퍼지자 세르비아민족은 오스트리아에게 분노를 품게 되었다. 이에 따라 세르비아는 당장 오스트리아와 전쟁을 벌이고 싶었지만 포기하고 말았다.

그 후 오스트리아는 자기들이 차지했던 알바니아를 독립시켰다. 그러자 세르비아민족은 오스트리아가 미웠다. 이때부터 세르비아는 군사력을 키워야겠다고 마음먹었다. 이때 러시아는 세르비아가 오스트리아에게 수모를 당하는 것을 보고만 있었다.

당시 러시아는 세르비아를 지원해줄 군사적 능력이 없었다. 그리고 다른 나라의 눈치를 봐야 할 형편이었다. 그 후 독일과 오스트리아는 전쟁에서 계속 승리를 거두자 러시아나 세르비아민족은 움츠릴 수밖에 없었다.

오스트리아는 승리감에 젖어 이번 기회에 세르비아를 제거하려고 생각했다. 이때 러시아가 세르비아를 도와 재도전할 것이라는 소문이 있었다. 이것은 오스트리아의 황태자 암살사건이 일어나기 직전의 유럽 상황이다.

독일의 슐리펜 작전과 연합군의 탄생

1914년 8월4일, 독일군은 여러 해 동안 슐리펜 작전계획을 세운 다음 벨기에를 침공했다. 또한 독일은 이 작전에서 프랑스를 단숨에 항복시킬 수 있도록 모든 군사력을 총동원했다. 더구나 러시아를 꺾기 위해 그들이 전쟁준비를 하기 전에 끝내야 한다는 것도 포함되어 있다.

그렇지만 프랑스도 독일이 침공해 올 것을 알고 있었기 때문에 미리 공격에 맞춘 작전계획을 세워놓고 있었다. 전쟁이 발발하자 용감하게 전쟁터에 나섰던 프랑스군들은 독일군의 현대식 기관총탄에 맥없이 당했다. 이때 프랑스군 지휘관들은 승리를 위해 그 정도의 피해는 감수할 수밖에 없다고 판단했다.

그러나 프랑스와 마찬가지로 독일군도 작전이 성공한 것은 아니었다. 그것은 러시아군이 예상보다 빨리 동원되면서 전선으로 보내졌기 때문이다. 이 때문에 독일군의 작전은 마음대로 되지 않았다. 그래서 프랑스를 공격하려던 계획이 늦춰지게 되었다.

독일군은 파리로부터 약 65Km 떨어진 마른 강에 도착했는데 프랑스군은 영국의 지원을 받아 군대를 이미 배치하고 있었다. 파리를 점령하기 위해 성급하게 공격을 펼친 독일군의 후방부대가 영국군의 공격을 받았다.

그 결과 파리공격의 독일군대와 후방을 지원하던 독일군대 사이에 영국과 프랑스연합군이 자리 잡았다. 그래서 독일의 파리점령 계획은 실패로 돌아갔다.

이후부터 전쟁의 상황은 크게 달라졌는데, 독일군과 프랑스군은 버티기 작전을 벌였다. 이런 상황에서 프랑스와 독일 어느 쪽도 한 치의 땅을 빼앗지 못했다. 그 대신 중간지역에 있던 병사들의 시체만 쌓였는데, 이에 프랑스는 143만의 젊은 병사들이 목숨을 잃었다. 이 죽음의 대가로 되찾은 거리는 불과 5Km도 되지 않았다.

1916년 2월 독일은 프랑스의 베르덩 공격작전을 펼쳤지만 실패했고, 이 싸움에서 목숨을 잃은 두 나라 병사들은 자그마치 100만이나 되었다. 1915년 4월 영국, 프랑스, 영국연방의 오스트레일리아와 뉴질랜드연합군은 다르다넬스해협의 유럽 쪽 영토인 갈리폴리 반도를 공격했지만 실패했다. 그런 후 이탈리아가 연합군과 함께 작전을 펼쳤다. 그렇지만 오스트리아와 독일은 이들 연합군과 싸워 가포레트에서 이탈리아병사 27만을 포로로 잡았다.

연합군이 패배하자 1917년 4월 중립국 입장을 취해온 미국이 독일에 선전포고를 하면서 전쟁에 끼어들었다. 미국이 합류하면서 연합군은 큰 힘이 되었지만 독일은 비극이 되었다.

이때 미국이 참전하자 독일군사령관 루덴도르프 장군은 독일의 승리가 불가능하다는 것을 깨닫게 되었다. 1918년 11월11일 독일은 연합군에게 항복하면서 이듬해 6월28일 베르사유조약에서 항복문서에 서명했다.

독일국민의 융합을 이끌어낸 아돌프 히틀러

아돌프 히틀러는 어릴 때부터 강력한 독일제국을 세우겠다는 야망을 가지고 있었다. 그는 예술에 관심이 많아 빈 예술학교에 입학을 원했지만 두 번이나 낙방하여 실망에 빠졌다. 그 후 그림엽서를 그리거나 많은 책을 읽었는데, 그중에서 관심을 가졌던 분야가 인종학이었다.

이때부터 그는 아리안 민족이 빼어난 인종이기 때문에 더럽고 못난 인종과 섞여서는 안 된다고 믿었다. 특히 유대인과 피를 섞는다는 것은 아리안 민족의 비극이며 인류최대의 비극이라고 생각했다.

그 때 제1차 세계대전이 일어났고 그는 모든 생활을 정리하고 독일군에 입대해 싸웠다. 용감히 싸워 철십자 훈장을 두 번이나 수여했으면 전쟁터에서 다양한 전투경험까지 쌓게 되었다.

1919년 히틀러는 독일 노동자당에 가입한 뒤 뛰어난 웅변과 조직력을 발휘하면서 리드가 되어 전쟁의 패전으로 불안한 정국과 대중들에게 강한 인상을 심어주었다. 그것은 군복과 깃발 등을 사용해 나치당원을 일반사람들의 모습과 구별되게 했던 것이다.

1933년 1월30일 히틀러는 수상에 올랐지만 국민들의 경제생활이 어느 정도 향상되어 있었기 때문에 두드러지진 않았다. 그의 가장 큰 관심은 오직 독일을 세계 최대강대국으로 만드는 것뿐이었다.

이야기
한국사

대한민국

이승만(李承晩)

1875년 4월18일(음력 3월 26일)~
1965년 7월19일

이승만의 대한민국 제1대 제2대 제3대 대통령을 역임했다. 처음 이름은 승룡(承龍), 다른 이름은 일수(一秀), 호는 우남(雩南), 본관은 전주(全州)이다. 황해남도 평산군(平山郡) 출신이다. 조선과 대한제국의 근대화 운동가이며, 대한민국의 독립운동가, 교육가, 언론인, 정치인이다. 또 대한민국 국회의장이며 대한민국 임시정부 국무총리, 대통령, 주석이었다.

독립국가 대한민국의 탄생

일본이 1941년 12월8일, 미국 하와이를 기습공격하면서 태평양 전쟁이 시작되었다. 1944년 6월, 미군은 태평양 사이판 섬을 함락시켰지만 일본은 항복하지 않았다.

그러자 1945년 8월6일 미국의 B29 폭격기 3대가 히로시마에 원자폭탄을 투하했다. 그러자 도시는 눈 깜짝할 사이에 잿더미가 되었다. 8월9일, 두 번째 원자폭탄이 나가사키에 투하돼 죽음의 도시로 변했다.

이에 일본천황은 8월15일 정오 라디오를 통해 연합군에게 무조건 항복을 선언했다. 이와 함께 우리나라도 8월15일 해방을 맞았다. 그 기쁨도 잠시 광복군이 국내에 들어오기 위해 준비하는 순간 한반도의 허리에 38도선이 그어졌다.

1945년 2월 미국 루스벨트 대통령, 영국 처칠 수상, 소련 스탈린 수상 등 3국이 모여 얄타협정을 맺었다. 이 회담에서 38선 이북에는 소련군이, 이남에는 미군이 들어와 군정을 실시하기로 했다. 그래서 남한에는 미국 군정장관에 아놀드 소장이 임명되었다. 이에 따라 자국민의 정치활동의 자유가 인정되면서 약 50개의 정당들이 우후죽순처럼 생겨났다.

북한에는 소련군이 김일성을 앞세워 북조선 임시인민위원회를 조직했다. 이때 조만식은 북한에서 조선민주당을 창당해 반탁의 선봉에 나섰지만 소련군에게 체포되어 투옥되었다.

1945년 12월 미국, 영국, 소련의 외상들이 모스크바에서 만나 한국에 먼저 신탁통치를 실시한 후 독립정부를 세우겠다고 결정했다. 이런 일방적인 결정으로 우리의 역사와 전통이 무시당했고 통일까지 멀어졌다.

이 무렵 남한 전국에서는 국민들이 신탁통치반대운동을 펼쳤다. 북한에도 반탁 운동이 일어났지만 소련의 압력으로 신탁통치 찬성운동으로 돌아섰다. 1946년 3월 신탁통치하의 임시정부수립을 위한 미소공동위원회가 서울에서 두 번이나 열렸지만 소련 때문에 회담이 성사되지 못했다.

이때 남한은 이승만이 나서서 독립과도 정부수립을 주장했고, 김구는 북한과 함께 통일정부수립을 주장했다. 그러나 통일정부수립을 주장했던 김구, 여운형, 장덕수 등이 연달아 암살되면서 무산되고 말았다.

1947년 12월 미군정은 헌법위원회를 설치하여 행정권을 자국민에게 넘겨주고 과도정부를 세웠다. 강대국의 복잡한 이해관계가 우리나라를 중심으로 벌어졌던 것이다.

두 차례에 걸쳐 열린 미소공동위원회가 결렬되면서 미국은 한반도문제를 유엔에 상정하여 해결하려고 했다. 유엔총회에서 소련의 반대를 무릅쓰고 한국에 유엔위원단을 파견하여 총선을 실시하기로 결의했다. 1947년 유엔한국임시위원단이 한국으로 들어왔지만 북한은 활동을 거절했다.

그러자 유엔은 소총회를 개최하여 선거가 가능한 남한지역만이라도 총선거를 실시한다고 결정했다. 1948년 5월10일 한국 최초로 총선거가 실시되어 민주주의국가가 탄생되었다. 5월31일 제헌국회가 첫 문을 열었고 제헌의회는 3 · 1독립정신을 계승하는

민주헌법을 공포했다. 이때 간접선거로 초대 대통령에 이승만이 부통령에 이시영이 선출되었다.

1948년 8월15일 이승만 대통령은 내각을 구성하고 대한민국정부수립을 국내외에 선포하였다. 1948년 12월, 파리에서 개최된 제3회 유엔총회에서 대한민국이 한반도에서의 합법정부로 인정받았다. 이때 북한의 김일성은 1948년 9월10일 소련의 꼭두각시 정권을 세운 후 독재정치를 시작했다. 북한 공산당은 대한민국을 적화시키려고 남로당으로 하여금 폭동과 반란을 책동했다. 이때부터 정부는 국가보안법을 만들어 공산당의 활동을 전면 금지시켰던 것이다.

6.25 한국전쟁

6월25일 새벽, 북한군은 소련제 탱크를 앞세우고 침공했다. 그러나 국군은 병력과 장비가 터무니없이 부족해 후퇴를 거듭하다가 6월28일 수도 서울이 3일 만에 점령당했다.

이때 유엔안전보장이사회는 북한 공산군을 침략자로 규정해 유엔군의 출동을 결의하였다. 따라서 미국을 중심으로 영국, 프랑스 외 자유우방 16개국이 유엔군의 이름으로 참전했다. 1950년 9월15일, 유엔군사령관 맥아더 장군의 인천상륙작전으로 9월28일 수도 서울을 재탈환했다. 그런 후 국군과 유엔군은 38도를 북진하여 10월19일 평양을 함락시켰다. 한편 국군선발대가 압록강에 도달했을 때인 그해 10월27일이었다. 느닷없이 중공군이 국경을 넘어 인해전술로 내려오는 바람에 국군과 유엔군은 할 수 없이 후퇴할 수밖에 없었다. 1951년 1월4일, 서울이 또 다시 북한 공산군에게 빼앗겼고, 흥남부두에서는 자유를 찾으려고 하는 피난민들은 인산인해를 이루었다. 그러나 국군과 유엔군은 전술을 가다듬어 중공군과 북한군을 38도 이북으로 물리쳤다. 전세가 불리한 소련의 유엔대표가 휴전을 제의해 왔다. 따라서 1953년 7월27일, 휴전협정이 판문점에서 조인되었다.

6월18일, 이승만 대통령은 2만7천여 명의 반공포로를 석방하면서 한국전쟁은 3년1개월 2일 5시간 만에 끝났다. 이 전쟁으로 인해 유엔군 33만 명과 1공산군 80만이 사상자를 냈다. 물론 국군과 양민들 수백만 명도 마찬가지로 피해를 입었다.

세계가 놀란 한강의 기적

전쟁으로 폐허가 된 우리나라에 유엔은 경제사회이사회의 결의로 유엔한국재건위원단을 설치하여 원조하였다. 또한 1953년 10월, 한미상호방위조약이 체결되었다.

하지만 정치적으론 이승만 대통령이 중심이 된 자유당의 독재정치가 무르익을 때였다. 조선시대 붕당들이 정권유지를 위해 수단과 방법을 가리지 않은 것처럼, 자유당 역시 정권연장을 획책하기 위해 부정을 저질렀다.

1952년 5월, 국회에서 대통령을 선출하는 간접선거에서 이승만이 제2대 대통령으로 재선이 불가능해졌다. 이에 따라 자유당은 직접선거의 개헌안을 통과시켜 이승만이 재집권하도록 계획했다.

1954년 11월, 국회에서 초대대통령에 한하여 3선 개헌조항을 없애는 개헌안이 사사오입으로 통과 되었다. 또한 1960년 3월15일, 제4대 정. 부통령 선거에서 자유당의 부정선거개입으로 이승만과 이기붕을 당선시켰다. 이것을 계기로 마산을 시발점을 3. 15부정선거 규탄데모가 전국으로 확산되었다. 서울에서도 4월18일 고려대학교학생들의

윤보선(尹潽善, 1897~1990)

대한민국 정치가로 1954년 3대 민의원으로 정계에 투신하여, 1960년 4월 대통령으로 당선되었다. 이후 신한당 총재, 국민당 총재, 신민당 총재 등을 지냈다. 저서로 『구국(救國)의 가시밭길』등이 있다.

데모를 시발로 이튿날부터 서울의 전 대학생들이 거리로 나왔다.

이것을 막기 위해 자유당과 권력 집단들은 정치깡패들을 동원해 학생들을 막았으며, 경찰은 시민들을 향해 총까지 쏘았다. 4월25일, 대학교수단이 일어나 시국선언을 발표했다. 그러자 이승만 대통령이 하야를 발표하면서 자유당 정권은 무너졌던 것이다.

4. 19의거로 목숨을 잃은 사람이 185명, 부상자가 6,259명이었다. 자유당 정권이 무너진 뒤 허정의 과도정부가 들어섰다. 1960년 7월29일, 민의원과 참의원 양원제를 선출하는 총선거가 있었다.

이때 민주당이 압도적으로 승리하면서 대통령에 윤보선, 국무총리에 장면이 선출되어 제2공화국이 탄생되었다. 그러나 민주당 내부의 신파와 구파간의 세력다툼으로 사회는 크고 작은 데모와 시위로 어수선하기만 했다.

1961년 5월16일, 박정희 육군소장을 중심으로 쿠데타가 일어났다. 박정희는 국자재건최고회의를 구성한 후 혁명공약을 발표했다. 1963년 국민투표에 의해 대통령책임제와 의회정치를 골자로 하는 헌법이 제정되고 선거가 치러졌다. 이때 대통령에 박정희 장군이 당선되면서 제3공화국이 탄생되었다.

박정희(朴正熙, 1917~1979)
대한민국 군인, 정치가이며 호가 중수(中樹)이다. 1961년에 육군 소장으로 5. 16 군사정변을 주도하여 최고 권력기관인 국가재건 최고회의 의장이 되었으며, 1963년에 예편하여 민주공화당 총재로 제5대 대통령에 취임하였다. 1972년에 10월 유신(維新)을 단행하였고, 1979년 9대 대통령 재임 중에 중앙정보부장의 총격으로 사망했다.

박정희대통령은 1962년부

터 제1차 경제개발 5개년계획을 수립하여 전력, 석탄, 제철 등의 기간산업을 육성시켰다. 뒤이어 제2차 경제개발 5개년계획으로 식량의 자급화와 함께 기간산업이 육성되었다. 또 제3차 경제개발 5개년 계획을 수립하여 수출증대와 농어촌근대화를 이룩했던 것이다.

제3공화국에서 제5공화국으로 이어지면서 제4차 경제개발 5개년계획은 중화학공업의 발전과 수출증대를 성공적으로 마치면서 200억 달러를 이상의 수출국으로 변모했다. 제5공화국에서는 물가안정의 기반과 경제여건의 변화에 적극적이고 능동적으로 대처했다. 1970년 초, 당시 농어촌의 근대화를 위한 근면, 자조, 협동정신의 국민의식고취와 소득증대를 위한 새마을운동이 전국으로 확산되었다.

1972년 대한민국의 제안으로 남북으로 흩어진 이산가족을 찾기 위해 남북적십자회담이 개최되었다. 따라서 7. 4남북공동성명이 발표되었지만 안타깝게도 북한이 일방적으로 대화를 중단했다. 같은 해 10월 박정희대통령은 정권연장을 위해 10월 유신헌법을 선포하고 제4공화국을 수립하였다. 이것은 장기집권을 할 수 있다는 것에 대해 국민들로부터 비판을 받았다. 1979년 10월26일 박정희대통령은 중앙정보부장 김재규에게 시해당하는 불행한 사건이 발생했다.

88서울올림 개최로 선진국 도약

박정희대통령이 서거하고 어수선했던 정부는 국가보위비상대책위원회를 구성했다. 곧바로 국민투표로 확정된 헌법에 따라 전두환대통령이 선출되면서 제5공화국이 탄생했다.

1983년 가을 IPU총회와 ASTA총회가 서울에서 열렸다, 1985년엔 IBRD, IMF총회 등 규모가 큰 국제적인 행사가 연거푸 개최되었다. 1985년 북한에 의해 저질러진 버마 아웅산사건의 아픔에도 불구하고 정부와 국민들은 한마음 한뜻으로 평화통일을 위해 노력했다. 그 결과 서울과 평양에서 각각 남북이산가족의 고향방문단재회와 예술단교환이 이뤄졌다.

전두환대통령 임기 중 6. 29선언을 발표, 대통령선거가 간접선거에서 직접선거로 전환되었다. 이때 직접선거를 통해 민정당 노태우후보가 대통령에 당선되면서 제6공화국이 탄생했다.

1988년 9월 중순부터는 15일 동안 88올림픽대회가 서울에서 막을 올렸다. 대한민국은 올림픽 사상 처음으로 4위를 차지함으로써 스포츠강국으로 부상했다.

히로시마 원자폭탄의 위력

제2차 세계대전 초기에 독일군은 유럽전쟁에서 강세를 보이다가 미군의 참전으로 전세가 불리해졌다. 더구나 러시아도 겨울을 무기삼아 동부전선에서 독일군을 물리쳤다.

또한 일본이 태평양에서 벌인 전쟁도 유럽대륙의 사정처럼 점점 불리해졌다. 일본도 초기엔 강세를 보였지만 중국대륙은 생각만큼 공략이 쉽지 않았다. 전쟁 막바지에 소련은 일본에게 선전포고를 했는데, 일본은 하루라도 항복을 늦추기 위해 버티는 식이 되었다.

1944년 6월, 서부전선에서 아이젠하워 장군이 이끄는 연합군이 프랑스 노르망디에 상륙하여 8월에 파리를 되찾았다. 1945년 초, 연합군이 라인강을 넘어 독일영토로 진격했다. 소련군은 동부전선으로 좁혀 들어가 1945년 4월 엘베강에서 미군과 소련군은 승리의 축배를 들었다. 5월1일엔 소련군이 베를린에 승리의 깃발을 꽂았고 5월7일엔 독일군이 연합군에 항복하면서 유럽전쟁은 끝났다.

하지만 일본이 일으킨 태평양전쟁은 끝나지 않았다. 1945년 초, 미국의 맥아더 장군이 필리핀, 유황도, 오키나와 등을 점령한 뒤 B29폭격기로 일본 도쿄에 폭탄을 퍼부었다. 1945년 7월, 연합국은 포츠담회의에서 일본에게 무조건 항복을 권했다. 그렇지만 일본은 포츠담회의의 결과를 무시하고 끝까지 밀어붙였다.

그러자 미국은 1945년 8월6일 일본 히로시마에 원자폭탄을 떨어트렸다. 단 한발의 원자탄은 7만8천여 명이 죽였고 도시의 모든 것이 잿더미로 변했다. 이와 함께 소련은 일본 북쪽 섬들과 만주를 동시에 공격했다. 미국은 8월9일 또 다시 나가사키에 원자탄을 투하했다.

이에 일본은 8월15일 연합군에게 무조건 항복하면서 5년 동안 지속된 제2차 세계대전이 끝났다. 이 전쟁이 끝나면서 식민지로 고통을 받아온 유럽, 아시아, 아프리카대륙의 모든 나라들이 독립을 했다.

세계정세와 강해진 국제연합의 힘

국제연합은 1945년 10월24일 창설되었고 본부를 미국 뉴욕에 두었다. 1945년 4월 미국 샌프란시스코에서 5개국 연합국대표들이 모여 국제연합헌정을 제정한 후 51개국에게 승인을 얻었다.

1945년 10월24일 세계에 선포하고 이날부터 국제헌장의 효력이 발효되었다. 국제연합기구는 총회, 안정보장이사회, 경제사회이사회, 신탁통치이사회, 국제사법재판소, 사무국 등이다.

국제연합은 1947년 파리강화회의를 열고 이 회의에서 이탈리아, 헝가리, 루마니아, 불가리아와의 강화조약이 이루어졌다. 또한 제2차 세계대전에서 패전한 나라에 대해 다음과 같이 처리했다.

일본은 미국의 점령아래 있다가 1951년 샌프란시스코회의에서 소련을 제외한 48개국이 모인 가운데 강화조약을 맺었다. 독일은 국토를 두 개로 나누어 동부(동독)는 소련이, 서부(서독)는 미국, 영국, 프랑스가 점령하도록 했다. 단 베를린은 소련, 미국, 영국, 프랑스 등 4개국이 공동 관리하기로 결정했다.

1954년에 서독은 민주주의 국가로서 연방공화국이 세워졌고 동독에는 공산주의 정권이 세워졌다. 오스트리아는 1955년 중립을 지키는 조건으로 나라의 주권을 되찾았다.

이처럼 세계평화를 위해 국제연합을 중심으로 각국이 노력했지만, 강대국들은 점차적으로 냉전시대로 들어가고 있었다. 냉전은 소련을 중심으로 한 계속된 침략적인 태도에서 비롯되었다. 이에 따라 세계는 미국을 중심으로 한 자유민주주의 진영과 소련을 중심으로 한 공산주의 진영으로 나뉘게 되었다.

소련은 핀란드, 폴란드, 루마니아로부터 영토의 일부를 빼앗았으며 에스토니아, 라트비아, 리투아니아를 차례로 복속시켰다. 또한 사할린남부와 쿠릴열도를 일본으로부터 되찾았고, 폴란드, 체코슬로바키아, 루마니아, 헝가리, 불가리아, 알바니아 등을 소련의 꼭두각시로 만들었다.

그러자 미국과 소련의 대립각은 아시아보다 유럽에서 더 치열했다. 1946년 그리스에서 공산주의자들이 반란을 일으키자 소련은 터키에 압력을 넣었다. 1947년 미국 트루먼대통령은 그리스가 공산주의자들의 반란을 스스로 진압하도록 지원해 주었다.

이 무렵 미국 트루먼대통령은 마셜 계획을 발표했다. 이것은 1948년부터 실시되었는데, 유럽 각국은 이 계획을 받아들여 1948년 7월 프랑스 파리에서 유럽경제협력기구를 만들었다. 이에 소련은 코민포름이란 조직을 만들었다.

1948년 소련은 체코슬로바키아에서 군사력을 동원해 공산정권을 세웠다. 이에 소련에 맞서기 위해 미국을 비롯한 유럽 자유국가들은 북대서양조약기구를 조직한 후 독일연방공화국을 세웠다.

1950년 6월25일에 한반도에서 북한 김일성이 소련의 원조를 받아 남침을 했다. 한국전쟁이 일어나자 미국은 국제연합과 함께 남한을 원조했고, 소련과 중공은 북한을 도왔다.

국제연합은 1948년 제3차 총회에서 세계인권선언을 발표하였는데, 이것은 인간의 기본 권리를 규정한 것이다. 국제연합은 세계평화유지를 위해 국제연맹보다 훨씬 더 효과적인 기능을 발휘했다. 그 특징으로는 유엔군을 가지고 있기 때문에 한국전쟁, 이스라엘과 이집트분쟁 등이 일어났을 때 평화유지를 위해 큰 역할을 했다. 또한 후진국의 개발, 보건, 위생, 각종 문화교류 등에도 많은 활동을 했다.

1960년대에서 1970년대로 접어들면서 국제연합의 구조와 성격이 많이 달라졌다. 아시아, 아프리카에 새로 세워진 나라들이 국제연합에 가입되면서 150여 개 회원국으로 늘어났다.

1971년 중공이 가입하면서 자유중국을 대신해 안전보장이사회 상임이사국이 되었다. 1970년대에 들어서면서 미국과 소련 등 동서진영은 서로 화해를 꾀하기 위해 노력하기 시작했다.

인류최초의 달나라 여행

제2차 세계대전이 끝나면서 아인슈타인이 발표한 상대성원리는 뉴턴 이래 우주에 관한연구를 새롭게 발전시켰다. 더구나 원자물리학의 발달로 핵분열에 성공하게 되었고, 그 결과 원자탄이 만들어졌다.

제트기관과 로켓의 발달은 항공기와 유도탄을 만들었으며, 인공위성과 우주 로켓발사까지 발전되었다. 미국의 아폴로 11호가 1969년 7월21일 마침내 달에 성공적으로 착륙했다.

또 화학공업도 크게 발달하여 화학섬유, 플라스틱 등을 제조하여 일상생활에 혁명을 가져왔다. 특히 생화학의 발달로 페니실린, 마이신 등의 의약품이 개발되었다. 더구나 전자공학도 발전되어 트랜지스터라디오, 텔레비전, 전파탐지기 등을 비롯해 전자계산기까지 등장했다.

사회학분야에서는 독일의 막스 베버가 새로운 방향을 개척했고, 경제학에서는 영국의 케인즈가 새로운 경제이론을, 역사학에서는 영국의 토인비, 독일의 람프레히트, 베른하임 등의 학자들이 역사학을 발전시켰다.

철학에서도 독일의 하이데거, 야스퍼스, 프랑스의 사르트르, 카뮈 등이 실존주의란 철학을 내놓았다. 또 공산주의 사회에서는 마르크스의 이론을 나왔다. 문학과 예술도 영국의 버나드 쇼, 프랑스의 로맹 롤랑, 앙드레 지드, 독일의 토마스 만 등이 인도주의 문학작품을 집필했다. 그리고 미국의 헤밍웨이, 스타인벡 등이

행동주의 문학을 대표하는 작가들이 등장했다.

미술 분야에서는 프랑스의 마티스, 루오, 피카소 등이 대표적인 화가로, 음악에서는 러시아 출신인 미국의 스트라빈스키, 러시아의 차이코프스키, 핀란드의 시벨리우스, 독일의 스트라우스 등이 현대음악의 선구자로 군림했다.

소련의 붕괴

소련의 미하일 세르게예비치 고르바초프대통령은 공산주의 틀을 깨면서 미국을 비롯한 자유진영과 손을 잡았다. 이것으로 소련내부에서 자유와 독립을 위해 엄청난 물결이 일어났다. 고르바초프대통령의 자유개방정책의 바람을 타고 소련내의 각 공화국에서 자치권 확대 및 열렬한 독립요구운동이 일어났다.

1988년부터 고르바초프가 소련에 새로운 개혁정책을 펴나갔다. 이때 그루지야공화국을 비롯하여 우크라이나, 몰다비아, 백러시아 등 여러 공화국들이 독립운동을 벌였다. 소련도 새로운 변화와 자유개방의 물결을 타지 않을 수 없었다.

미하일 세르게예비치 고르바초프(1931년 3월2일~)

러시아의 정치인으로 제8대, 9대, 11대 소비에트연방의 국가수반 겸 당 서기장을 역임했다. 1985년부터 91년도까지 소련공산당 서기장, 1985년부터 1990년 3월까지 소비에트연방의 국무총리에 있었으며, 1990년 노벨평화상을 수상했다. 페레스트로이카를 추진했으며, 곧 소련을 비롯한 중앙유럽 구 공산주의 국가들의 개혁과 개방, 민주화에 큰 영향을 주었다.

자유물결이 헐어버린 베를린 장벽

베를린 장벽은 1961년 8월13일 세워졌다. 이 장벽이 세워지기 전까지 시민들의 통행이 자유로웠다. 하지만 장벽이 설치된 후부터 동독에서 서독으로 넘어오는 사람이 끊임없이 이어졌다.

그러자 동독은 갑자기 동서베를린 사이의 45.1Km에 이르는 경계선을 콘크리트 벽과 철조망으로 봉쇄해 버렸다. 이런 조치는 부족한 노동력을 더 이상 서독에게 빼앗기지 않겠다는 이유에서다. 당시 동독정부는 붙잡힌 탈출자들에게 최고 8년형의 징역에 처했다. 그렇지만 이런 제재에도 불구하고 자유를 갈망하는 동독 사람들의 탈출은 계속되었다.

1989년 11월4일 동베를린에서 1백만 명이 시위를 벌였다. 그러자 11월9일 동독정부는 국경 전면개방조치를 발표했다. 드디어 콘크리트로 만들어진 베를린 장벽이 무너지고 말았다.

이야기 한국사

대한민국 연도별 5대 빅이슈

1989년에서 2009년까지

1989년

임수경 밀입국 파동

문익환 목사(3월25일), 서경원 의원(88년 8월19일), 임수경양(6월30일)의 잇따른 밀입북은 막연한 북방 화해무드에 들떠있던 사회 전반에 큰 충격파를 몰고 왔다. 이를 계기로 이른바 '공안정국'이 조성되고, 김대중 총재를 불구속기소단계까지 이르게 하는 등 정치권을 들쑤셔 놓았다. 서의원은 상고심에서 징역 10년을, 문 목사는 7년을 선고받았고, 임 양은 징역 5년을 선고받았다.

5공 핵심 장세동씨 등 구속

1989년 연초 5공 비리와 관련해 장세동, 이학봉 씨 등 5공 핵심 인물과 전두환 씨 친인척 등 47명이 구속돼 1심 사법심판이 일단락되었다. 그러나 이들 중 상당수가 보석이나 집행유예 등으로 풀려나 수사와 개편을 통한 5공 비리의 법적청산이 국민 여론과 역사적 요청에 미흡했다는 지적을 받았다.

5공 주역 전두환 전 대통령 증언

6공 출범 이후 정치권의 주 쟁점이 되어온 5공 청산문제는 12월 31일의 전두환 前 대통령 국회증언으로 사실상 종결된다. 1년 10개월이나 계속된, 지루하고도 괴로운 진통이었다. 그간의 5공 청산진행과정을 살펴보면, 88년 전경환 씨 구속을 시발로 한 전 전

대통령 친인척, 장세동씨 등 47명이 구속, 전 전대통령 부부의 백담사행, 그리고 작년정기국회의 5공, 광주특위 청문회 등으로 요약된다.

KAL기 트리폴리 참사

대한항공 LE803편 DC10기가 1989년 7월27일 오전 리비아의 트리폴리 공항에 착륙하려다 추락, 72명이 사망하고 1백20여명이 부상했다. 이 사고는 짙은 안개 속에서 조종사가 무리하게 착륙을 감행하다 난 것으로 결론이 지어졌으나, 기체의 결함여부에 대한 석연찮은 뒷맛과 함께 대한항공의 평소운영방식 등에 관한 일반의 의구심을 크게 증폭시켰다. 매끄럽지 못한 사후수습과정도 비난거리가 됐다.

헝가리 등 동구권과 수교

1989년 2월1일 헝가리와의 국교수립을 시발로 한 우리의 대 동구진출은 11월 1일 폴란드와 수교하고 소련과는 12월 8일 사실상의 영사관계를 맺음으로써 그 절정에 이르렀다. 12월 28일에는 유고슬라비아와의 국교가 수립됨으로써 동구 진출이 가속화되었다. 이는 미소란 해빙 및 우리의 북방정책, 그리고 88서울올림픽의 영향으로도 볼 수 있다. 이 같은 흐름은 남북한 관계에도 영향을 끼칠 것으로 예상했다.

1990년

3당 통합, 민자당 내분 파동

1990년 1월22일 구 민정-민주-공화 3당이 통합을 선언, 민자당이 탄생했다. 민자당이 출범하면서 내건 기치는, 88년도 4.26 총선으로 형성된 불안정한 정치구도를 해소하고, 중도민주세력을 대통합해 남북통일에 대비하겠다는 것. 그러나 이렇게 탄생한 '여야' 는 이질적 정치세력간의 인위적인 연합구도 속에서, 김영삼 대표최고위원 '가출' 등 차기 당권 및 대권과 관련된 내분이 끊이지 않았다. 지난 5월 9일 창당전당대회를 앞두고 벌어진 김영삼 당시최고위원과 박철언 정무 제1장관간의 대결, 내각제합의각서파문에 따른 김 대표의 마산행 및 당무거부사태들이 그것. 이러한 내분은 정국전체를 뒤흔들었다.

한 • 소수교, 노대통령 방소

한소양국은 1990년 6월4일 전격적인 샌프란시스코정상회담에 이어, 9월30일 양국 외무장관 간 수교서명, 12월 14일 노태우대통령 방소기간 중 '모스크바선언' 발표 등으로 초고속관계개선 가도를 달렸다. 이 같은 '외교사건' 들은 우리나라의 방북정책과 소련의 아태지역진출희망 등이 국제정세의 급변속에 맞아떨어져 이뤄진 것, 이로써 전 세계적인 화해무드를 몰고 온 소련의 신사고외교가 한반도에서도 적용이 가시화됐으며, 이는 남북긴장완화와 대화진정을 위해 유리한 환경을 조성했다. 그러나 일본 북한 등 주변국들은 한·소관계 급진전에 긴장, 상호 수교교섭에 나서는 등 대책마련을 서두르게 됐다.

보안사 민간인사찰 파문

재학 중의 운동권활동에 대한 조사를 받다 보안사에 파견 근무하던 윤석양 이병이 보안사의 민간인 사찰기록을 공개, 폭로해 충격을 주었다. 당시 윤이병이 공개한 자료는 개인별 목록표 1천3백장과 컴퓨터디스켓 30장으로, 이는 방대한 자료 중 일부로 밝혀졌다. 더구나 이 자료에는 개인별 신상자료는 물론 은밀한 대화내용, 심지어 일부 인사의 집 구조와 예상도주로까지 기록돼있어 보안사의 감시활동이 정치적 목적에 의해 광범위하고 세밀한 곳까지 미치고 있음을 보여줬다. 이 사태로 국방장관, 보안사령관이 경질되고, 서빙고분실 폐쇄 등 보안사개혁조치가 발표됐다.

지자제 30년 만에 부활 확정

여야는 1990년 12월11일 총무회담에서 지자제선거법협상을 힘겹게 타결, 정기국회에서 관련법 안들을 통과시킴으로써 지자제를 30년 만에 부활시켰다. 여야가 지자제에 합의한 배경 속에는 노태우대통령 임기 중 지자제실시라는 대국민 약속을 이행한다는 여권의 입장과 차기 대권획득에 모든 걸 걸고 있는 야권의 대선전 지자제획득 전략이 합쳐졌기에 기능했다고 볼 수 있다. 이에 따라 광역-기초 지방의회선거는 내년 3월쯤에, 광역-기초 지

방자치단체장선거는 92년 상반기에 잇따라 실시돼 이른바 '풀뿌리 민주주의' 정착을 위한 지방정치시대의 새로운 정치실험이 시작된다.

65년만의 폭우, 한강범람

1990년 9월9일부터 11일까지 서울-중부지방에 집중호우가 쏟아져 1백57명의 사망-실종자와 18만 명의 이재민을 냈다. 재산피해도 4천2백29억원에 이르렀다. 12일 새벽에는 경기도 고양군 지도읍 행주대교 아래 한강 둑이 무너져 고양군 일대를 물바다로 만들었다. 11일 오후 6시에는 한강수위가 위험수위인 10.5m를 돌파 11.27m를 기록해 1925년 을축년 때 홍수 때의 12.16m에 버금갔다. 수원 지방에서는 시간당 강우량 53.2mm, 1일 강우량 2백76.3mm를 기록해 기상관측이 시작된 이후 가장 많은 비가 내렸고 경인선등 6개 철도가 일시 끊겼다. 홍수기간 군은 일산 둑 복구를 마무리 짓는데 큰 역할을 했다.

1991년

고르바초프 방한, 한 · 소 관계 새장

고르바초프 대통령이 소련 국가원수로는 최초로 1991년 4월19일 방한했다. 그의 방한으로 한 · 소관계는 급진전했지만 소련연방은 끝내 와해됐고, 수교대가인 대소경협차관은 우리정부의 큰 부담으로 남게 됐다.

탁구, 축구 최초 남북 단일팀

1991년 2월 남북체육회담 합의에 따라 분단 46년 만에 첫 남북 단일팀을 구성, 5월 일본 지바 세계탁구선수권대회에서 여자단체 우승에 이어 6월 포르투갈 세계청소년축구선수권서는 8강에 오르는 등 쾌거를 이룩했다.

남북 '화해-불가침' 합의서

남북한은 1991년 12월13일 서울서 열린 제5차 고위급회담에서 '남북사이의 화해와 불가침 및 교류협력에 관한 합의서'를 채택했다. 이 합의서는 분단 46년 만에 남북 정부당국간에 공식합의된 문서로 평화체제의 길을 열었다.

남북한 유엔에 동시가입

남북한이 분단이후 반세기만에 유엔회원국이 됐다. 1991년 9월 17일 제46차 유엔총회에서 남북한 유엔가입 안이 각각 통과돼 옵서버국의 설움에서 벗어났다. 이로써 본격적인 유엔외교 시대가 열렸다.

지방자치제 30년만의 부활

3.26 및 6.20 지방의원선거로 지자제가 30년 만에 부활됐다. 그러나 국민의 기대 속에 출범한 '풀뿌리 민주주의'는 잇따른 지방의원 비리와 지역이기주의의 대두 등으로 국민들의 눈살을 찌푸리게 했다.

1992년

남한 조선노동당 적발 충격

안기부는 1992년 10월6일 남로당사건 이후 최대의 지하당조직이라는 '남한 조선노동당 중부지역당'을 적발했다고 발표했다. 이 사건은 구속자만도 60여명에 이를 만큼 조직 규모가 엄청나다는 점과 함께 북한권력 서열 22위로 알려진 거물 대남공작원 이선실(76.여)이 10여 년간이나 남한 내에서 암약하면서 직접 지하당 건물을 지휘했고 김락중-장기표씨 등 재야의 주요 인사들까지 연루된 것으로 밝혀져 큰 충격을 던져주었다. 또 김부겸 민주당 부대변인이 전격 구속되는 등 '정치인 관련설'이 끈질기게 나돌아 '색깔론'으로 이어지는 등 14대대선 쟁점이 되기도 했다.

신행주대교 건설 중 붕괴

일산 신도시 입주에 맞춰 연말에 완공예정이던 신행주대교가 1992년 7월31일 교각 14개가 일제히 쓰러지며 강물로 무너져 내렸다. 이 사고는 남해 참선교 붕괴, 지하철 2호선 벽면 균열 등과 함께 건설행정 전반에 문제점을 제기한 사건이었다. 싼 가격으로 입찰자를 정하는 정부공사입찰방식에 따른 건설업체간 과당 입찰경쟁과 국내에서 시공경험이 없는 콘크리트사장교 방식의 무리한 도입이 사고원인으로 지적됐다. 신행주대교는 12월에 재 착공, 94년 완공 예정이다.

황영조 올림픽마라톤 제패

1992년 8월10일, 석양이 은은히 깔린 스페인 바르셀로나 현지 시각 밤 8시 23분. 한국의 건각 황영조는 폐막직전의 몬주익 메인스타디움에 맨 처음으로 그 모습을 나타냈다. 같은 시각 조국의 5천만 국민들도 밤잠을 설친 채 황의 가슴에 너무도 선명히 빛나는 진홍빛 태극마크를 벅찬 감동으로 지켜보고 있었다. 36베를린올림픽에서 손기정이 나라를 빼앗긴 설움을 울분으로 토해낸 이후 무려 56년만의 쾌거, 황영조는 막판까지 일본의 모리시타와 손에 땀을 쥐게 하는 열띤 레이스를 펼치다 마의 몬주익 언덕에서 독주하기 시작, 2시간13분23초로 결승테이프를 끊었다.

한 · 중수교로 적대관계 청산

한국과 중국은 1992년 8월24일 정식 외교관계를 수립, 지난 50년 한국전쟁 후 지속돼온 양국 간의 적대관계를 공식 청산했다. 지난 49년 중국정부 수립 후 43년만의 일이다. 북한정권의 유일한 후원자이자, 6.25전쟁의 교전당사국이었던 중국과 한국의 수교는 동북아 냉전구도의 실질적인 종식을 의미한다는 점에서 역사적인 의미를 지닌다. 중국과의 수교로 한국은 오랜 우방인 대만과 단교, 국제관계의 비정함을 깨닫게 했다. 한-중 수교는 또 현재 1백억 달러에 이르는 양국 간의 교역량 자체를 급증시켜 동북아지역 경제 활성화에도 크게 기여할 것으로 보인다.

14대 총선 '여소야대' 재현

1992년 3월24일 실시된 제14대 국회의원 총선거에서 집권 민자당은 당초 예상에 못 미치는 1백49석을 획득하는데 그쳐 원내 과반수에 1석 모자라는 '여소야대' 상황이 재연됐다. 이 선거에서 민주당은 97석을 얻어 성공을 거뒀으며, 신생 국민당은 31석으로 원내 교섭단체 구성에 성공했다. 총선투표율은 71.9%, 각당 득표율은 민자 38.5% 민주 29.2% 국민 17.4%등이었다. 선거 후 민자당은 무소속의원들을 영입해 현재 1백68석의 의석으로 원내 과반수는 확보했으나 사실상 총선에선 패배한 것으로 평가됐다.

1993년

군부숙정-율곡비리

문민정부의 사정 '칼날'에 숱한 별들이 떨어져 내렸다. 군 실세 '하나회'가 초토화되고 군 수뇌부가 철저히 재편됐다. 12. 12관련자, 군 인사-율곡비리 등 초유의 군 사정-개혁 작업이 이뤄졌다.

대입부정-교육비리

광운대 입시부정을 시작으로 고질적인 대입비리가 잇달아 터져나왔다. 급기야는 국립교육평가원 장학사의 시험지 유출 사건에까지 이르러 입시비리의 뿌리가 얼마나 깊고 심각한 지를 보여주었다.

금융실명제 실시

82년 이후 두 번씩이나 보류됐던 금융실명제가 1993년 8월12일 전격 실시됐다. 당초 우려처럼 금융대혼란은 일어나지 않았으나 국민경제생활 전반에 적잖은 변화를 불러오고 있다. 정부는 96년부터는 금융자산종합과세도 실시할 계획이다.

쌀 개방-UR타결

1993년 12월15일 신 국제경제 질서 UR가 타결됐다. 그러나 한국은 쌀시장을 열게 됐다. 전면 개방은 10년 유예됐지만 95년부터 쌀 5만 톤이 수입된다. 황인성 총리 인책사퇴와 더불어 대규모 개각이 뒤따랐다.

사정과 재산공개

대통령의 솔선으로 시작된 공직자 재산공개와 과거비리 척결 차원의 사정작업은 정치인, 공무원 가운데 상당수의 '희생자' 들을 만들어 냈다. '표적사정' 이란 비판과 '토사구팽' 이란 유행어도 낳았다

1994년

김일성 사망

북한 김일성이 1994년 7월8일 새벽2시 사망했다. 북한당국은 34시간 뒤인 9일 정오 특별방송을 통해 이 사실을 발표했으며 7월25일 평양에서 열릴 예정이던 남북정상회담을 '유고'에 의해 연기한다고 남쪽에 통보해 왔다. 김일성의 사인은 심근경색과 심장쇼크가 합병된 것으로 발표됐다.

정부조직 개편-개각

정부는 1994년 12월3일 경제기획원과 재무부를 재정경제원으로, 건설부와 교통부를 건설교통부로 통합하는 것을 골자로 한 정부조직 개편을 단행했다. 17개 부처를 대상으로 이뤄진 행정혁명으로 장관 2, 차관급 3, 차관보급 4, 국장급 23, 과장급 1백15개 직위가 감축됐다.

부천 등 지방세 盜稅

세금도둑이라는 신조어까지 탄생시킨 이 사건은 전 국민을 충격과 분노 속으로 몰아넣었다. 인천 북구청과 부천시의 세무공무원들이 상급자 비호 아래 장기간 조직적으로 거액의 취득-등록세 등 을 착복한 이 사건은 세무직의 부패상을 적나라하게 드러냈다. 이를 계기로 전국 시-군으로 확대 실시된 세무조사와 특감은 그 동안 온 나라가 온통 세도(稅盜)천지였음을 보여주었다.

軍 하극상

1994년 9월 육군 53사단에서는 창군 이래 처음으로 장교 무장 탈영 사건이 발생, 충격을 주었다. 사병들의 장교 집단구타 및 '장교 길들이기' 라는 상상조차 할 수 없었던 하극상이 촉발한 사건이었다. 그 충격이 채 가시기도 전인 10월31일 육군 모 기계화 사단에서 또 다시 사병에 의한 장교 사살사건까지 일어나 우리 군의 기강이 어느 정도 심각한 상태에 이르렀는지를 보여주었다.

지존파 등 반인류 범죄

사체소각로를 갖춘 아지트까지 설치, 5명을 살해한 '지존파 사건' 은 반인류 범죄의 극치였다. 이들은 백화점 고객 명단을 입수해 범행대상을 물색하는 등 부유층에 대한 맹목적인 적대감을 드러내 국민들을 전율케 했다. 연이어 터진 온보현 사건도 같은 맥락이었다. 이에 앞선 박한상 사건은 상속재산을 노려 부모를 살해한 희대의 패륜 범죄였다. 이들은 모두 사형선고를 받았다.

1995년

노태우 씨 비자금 파문

1995년 8월초 서석재 전 총무처장관의 전직 대통령 4천억 비자금 설에 대한 조선일보의 특종보도는 괴자금설과 맞물려 일파만파로 번졌다. 검찰은 '뜬소문'과 '해프닝'의 합작품으로 결말지었으나 10월 19일 민주당 박계동 의원의 노태우 전 대통령 차명계좌 폭로로 다시 불붙었다. 결국 30여명의 재벌 총수와 금진호, 이원조, 김종인 씨 등의 소환조사로 이어지고, 11월 16일 노 전대통령이 구속됐다.

전두환 씨 구속-5.18입법

1995년 11월24일 김영삼 대통령의 5.18특별법 제정 지시에 따라 전두환 전 대통령이 다음달 3일 긴급구속 되고, 정기국회 폐회일인 12월21일 전 씨를 내란수괴 죄 등 6개 항목으로 기소했다.

삼풍백화점 붕괴

1995년 6월29일 오후 5시52분 발생한 삼풍백화점 붕괴사고는 계속되던 인재의 절정을 이뤘다. 서울 강남 한복판, 지은 지 6년된 지상5층, 지하4층인 현대식 건물이 10분 만에 폭삭 주저앉았고 사망 5백1명, 부상자 9백39명을 기록하는 등 해방 이후 단일사고로는 최대 규모였다.

남해안 기름오염

1995년 7월 23일 전남 여천군 남면 소리도 앞바다에서 태풍 '페이'로 인해 호남해운 소속 14만5천 톤급 유조선 '씨 프린스'호가 좌초, 유출된 기름 7백t이 남해안 전역을 덮치고 양식장 1만 ha를 황폐시켜 1천5백억 원의 피해를 냈다. 바다 환경오염의 피해를 더욱 실감케 했다.

대구 가스폭발

1995년 4월28일 아침 대구시 영남중고 앞 네거리길 지하철 공사구간에서 일어난 LP가스폭발로 등교 길의 영남중 학생 43명 등 총 1백1명이 숨지고 2백2명이 부상했다. 터파기 하던 인부들이 가스관을 파손하고서 방치하는 바람에 일어난 인재로, 차량 1백50대와 건물 3백46채가 무차별 폭탄공격을 받은 듯 파손돼 재산피해액이 5백40억원에 다다랐다.

1996년

법정 선 前대통령

문민정부의 '역사 바로 세우기' 작업은 전두환-노태우 두 전직 대통령을 법정에 세웠다. 강제 구인된 최규하 전 대통령은 끝내 입을 열지 않았다.

북한 잠수함 침투

1996년 9월18일 북한 무장공비 26명이 잠수함을 타고 강릉 앞바다에 침투, 50여 일간 온 국민을 긴장 속으로 몰아넣었다. 이에 대한 북한의 사과문제가 연말에 타결됐다.

일가 17명 탈북 드라마

북한주민 김경호씨 일가 17명이 1996년 10월26일 북한을 탈출, 중국 대륙을 거쳐 12월9일 한국으로 귀순했다. 분단 이후 단일 탈북사건으로는 최대 규모로 흔들리는 북한체제를 웅변하고 있다.

한국 OECD 가입

한국이 '선진국클럽' 으로 불리는 OECD(경제협력개발기구)에 29번째 회원국으로 정식 가입했다. (12월12일).제도와 관행, 의식 전반을 OECD수준으로 끌어올리는 과제는 여전히 남아있다.

월드컵 한-일 공동유치

지구촌 최대의 스포츠이벤트인 월드컵 축구의 한국유치가 결정됐다. 1996년 5월31일 취리히에서 열린FIFA(국제축구연맹) 집행위원회는 한-일 양국의 2002년 월드컵축구 공동개최를 확정했다.

1997년

월드컵 본선 4회 연속진출

그것은 경제추락과 정치혼란에 찌든 국민들의 가슴을 시원하게 해준 청량제였다. 차범근 감독이 이끈 한국 축구 대표 팀은 아시아 B조 최종예선을 6승1무1패(조1위)로 통과했다. 9월28일 한-일 1차전에서 종료 7분을 남기고 서정원, 이민성이 동점-역전골을 터뜨린 '도쿄 역전드라마'는 한반도를 열광시켰다. 86, 90, 94년에 이어 4회 연속 본선 진출. 한국 축구역사에 큰 획을 그었다.

외환위기와 IMF가입

대한민국의 운명을 한순간에 바꾸어 놓은 사건은 IMF(국제통화기금) 구제금융 신청(11월21일). 외화난에 쫓겨 IMF에 SOS를 구했고, IMF는 그 대가로 한국경제의 체질을 완전히 바꾸어 놓을 개혁 조치를 요구했다. 부도의 벼랑 끝에 몰린 한국정부는 금융불안, 기업도산, 대량실업 등 숱한 부작용에도 불구하고 선진국들이 밀어붙이는 개방 압력을 그대로 수용할 수밖에 없는 처절한 처지가 되었다.

대한항공 괌 추락 참사

1997년 8월6일 새벽 2시30분 CNN을 통해 전해진 대한항공기

괌 추락사고 소식은 전국을 비탄에 빠뜨렸다. 승객 2백54명중 2백29명이 사망(신원 미확인 1백2명 포함)하고 25명이 부상했다. 정확한 사고원인은 아직 밝혀지지 않았으며, 이 사고를 계기로 국내외 항공에 대한 대대적인 안전점검이 진행됐다. 이후 괌 여행객이 대폭줄어 현지 교민들의 경제활동이 크게 위축되는 결과를 낳았다.

황장엽 북한 노동당 비서 귀순

1997년 2월12일 베이징 주재 한국대사관으로 북한 주체사상의 대부인 노동당 국제담당 비서 황장엽 씨가 귀순, 세계의 이목을 집중시켰다. 황 씨는 남북한과 중국 간의 치열한 외교전 속에서 3월 18일 필리핀으로 간 뒤 한 달여 만인 4월 20일 서울에 도착했다. 이 사건으로 북한 지배계층의 동요가 적지 않아 8월에는 장승길 이집트주재 대사가 미국으로 망명하기도 했다.

전두환-노태우 씨 사면

전두환-노태우 두 전직 대통령이 1997년 12월22일 구속 2년여만에 석방됐다. 두 사람은 특별사면과 함께 복권까지 돼 정치활동 재개가 가능해졌다. 전-노 씨는 추징금을 각각 1천8백93억원, 2천2백29억원을 미납한 상태이다. 전-노 씨와 함께 12.12-5.18 빛 부정축재 사건 관련자 15명도 석방됐다. 그러나 진-노 씨를 전직대통령이라는 이유로 특별 사면한 것은 사회정의에 반한다는 주장도 제기됐다.

1998년

소떼방북과 금강산관광

신정부의 대북 '햇볕정책'에 따라 현대그룹 정주영 명예회장은 1998년 6월 소 501마리를 몰고 방북했다. 이어 10월에 다시 소 500마리와 함께 평양을 방문, 김정일과 면담을 가졌다. 이후 현대는 지난 11월18일 역사적인 금강산 관광선을 첫 출항시키는데 성공했다. 정씨는 3차례 방북을 통해 북한 서해안공단개발에도 합의했다.

박세리 그린여왕 등극

미 여자프로골프(LPGA)투어에서 메이저대회 2연승 포함 4승을 거두며 신데렐라도 떠올라 다승왕과 '올해의 신인'이 됐다. 제이미 파 크로거클래식에서 72홀 최소타수(261타) 등 3개 부문서 신기록을 세우며 골프역사를 바꿨다. '맨발 샷'으로 유명한 US여자오픈 우승은 CNN, 타임이 10대 스포츠뉴스로 뽑은 명승부였다.

일본 대중문화 해방 후 첫 개방

1998년 10월20일 신낙균 문화관광부 장관의 공식 '개방선언'으로 1965년 한-일 국교정상화 이후 미뤄져 오던 일본 대중문화 유입 빗장이 마침내 풀렸다. 12월 5일 서울을 극장들에서는 개방 첫

결실로 광복 후 50년 만에 일본영화 '하나비'가 개봉됐으나 서울에서의 관객동원이 10만 명에 못 미쳤다. 가요와 방송개방은 1999년으로 미뤄졌다.

북한 잠수정-간첩선 잇단 침투

1998년 6월 동해에서 북한 유고급 잠수정이 나포된 것을 시작으로 동해 무장간첩 침투(7월),강화도 앞 바다 간첩선 침투(11월), 여수 앞 바다 반잠수정 침투(12월) 등 동-서-남해를 가리지 않는 북한의 도발이 잇따랐다. 경계 및 작전 실패로 지휘관들에 대한 문책이 잇따르기도 했으나 여수 앞 바다에서 발견된 반잠수정은 격침에 성공, 체면을 세웠다.

재벌 구조조정-은행합병

기업회생을 위해 5대 재벌은 8개 업종 빅딜(대규모 사업교환), 6-64대 재벌중 상당수는 워크아웃(기업구조개선)을 시작했다. 금융부문 쪽도 건국 이래 처음으로 5개 은행이 퇴출됐고 4건의 은행 합병이 이뤄졌다. 증권-투신-보험-종금-리스-상호신용금고 등 전 금융업종에서 부실기관이 퇴출돼 '금융기관은 망하지 않는다'는 신화가 깨졌다.

1999년

언론 대책 문건 파문

홍석현 중앙일보 회장이 조세포탈 혐의로 구속되면서 언론계 뿐 아니라 정치권에서도 언론탄압 논란이 쟁점화 됐다. 그 후 한나라당 정형근 의원이 1999년 10월25일 국회 대정부질문에서 현 정권의 언론장악 시나리오라며 '언론 대책 문건' 을 폭로함으로써 사태는 심각해 졌다. 권력이 언론을 장악해야 한다는 요지의 그 문건은 중앙일보 문일현 기자가 작성했고, 정형근 의원에게 문건을 전달해준 사람은 평화방송 이도준 정치부 차장으로 밝혀졌다.

남북한 해군함정, 서해상에서 교전

1999년 6월15일 북한 경비정의 북방한계선 침범으로 서해 연평도 앞바다에서 남북 해군함정 간 교전이 발생했다. 오전 7시55분, 420t 규모의 대청급 북한 경비정 2척이 어뢰정 3척의 호위를 받으며 우리 영해로 넘어왔다. 그러나 우리 해군의 강력한 대응으로 북한 어뢰정 1척이 76mm 함포 포탄에 침몰했고 나머지 경비정과 어뢰정도 크게 파손됐다.

옷 로비 사건

신동아그룹 최순영 회장의 부인 이형자씨가 외화 밀반출 혐의를 받고 있던 남편의 구명을 위해 당시 검찰총장 부인인 연정희 씨에게 옷 로비를 했다는 소문이 언론에 보도됐다. 1999년 8월 23일부터 국회 법사위의 '고급 옷 로비 의혹사건' 청문회가 3일간의 일정으로 실시됐으나 강인덕 전 통일장관의 부인 배정숙씨, 김태정 전 법무장관의 부인 연정희 씨, 최순영 신동아그룹 회장 부인 이형자씨 의 '거짓말 게임' 으로 국민들을 실망시키며 끝이 났다.

신창원 검거, 이근안 자수

탈주범 신창원이 부산교도소를 탈옥한지 2년6개월만인 1999년 7월16일 검거됐다. 신창원은 풍부한 자금력과 기동력, 뛰어난 변신술로 '최장기 탈옥' 기록을 경신하며 신출귀몰했으나 한 전자제품 수리공의 신고로 순천서 검거됐다. '희대의 고문기술자' 이근안 씨는 10년 10개월 동안의 도피생활 끝에 1999년 10월28일 수원지검 성남지청에 나타나 자수했다. 그는 김근태 전 민청련의장을 전기 고문한 혐의로 지난 88년 12월24일부터 수배를 받아왔다.

2000년

김대중. 김정일 평양회담

김대중 대통령과 김정일 북한 국방위원장이 2000년 6월13일부터 15일까지 평양에서 회담을 가졌다. 분단 이후 첫 정상회담에서 양 정상은 '자주적 통일 추진' '이산가족, 장기수 해결' '교류 활성화' '당국 간 대화' 등 5개항의 6. 15 공동선언문을 발표했다. 이후 두 차례의 이산가족 교환 방문을 비롯해 국방장관 회담, 등 교류협력 행사가 이어졌으나 우리 내부의 이념갈등도 깊어졌다.

매향리 사건 등 반미감정 확산

작년 노근리 사건에 이어 한. 미 양국의 현안이 잇달아 폭발하면서 반미감정이 확산됐다. 파주 미군기지 폭발물소동에 이어, 4월 한국인살해 미군병사의 도주사건과 매향리 사격장 실전용 폭탄 투하 사건, 7월과 9월 미군의 독극물 한강 방류 사건이 터져 한미 행정협정(SOFA) 개정 여론에 불을 댕겼다. '미군의 존재'를 보는 사회의 다양한 시각이 표출되고 충돌을 일으키기도 했다.

김대중 대통령 노벨평화상 수상

김대중 대통령이 올해 노벨 평화상 수상자로 결정돼 2000년 12월10일 노르웨이 오슬로에서 상과 12억원 가량의 상금을 받았다.

군나르 베르게 노벨위원회 위원장은 시상 이유로 "동아시아 민주주의와 인권을 위해 기울인 평생의 노력, 특히 북한과의 평화. 화해를 위한 노력"을 들었다. 김 대통령은 수상 이후 김정일 국방위원장에게도 감사를 표시했다.

주가 폭락으로 몰락한 벤처붐

'대박' 의 꿈을 키웠던 주식시장은 처참한 모습으로 한 해를 마감했다. 특히 올 초 280까지 올랐던 코스닥지수는 연말에 20% 수준인 52.01까지 곤두박질쳤다. 이에 따라 프리코스닥 시장까지 얼어붙으면서 '닷컴' 기업을 중심으로 한 벤처기업의 몰락이 잇따랐다. 개미투자자로 불리는 개인들은 100조 원가량을 날린 것으로 추산됐다.

4.13총선과 낙선운동

2000년 4월13일 실시된 제16대 국회의원 총선거에서 한나라당이 133석으로 1당을 차지했고, 민주당 115석, 자민련 17석, 민국당 2석, 한국신당 1석, 무소속 5석 등이었다. 민주당은 원내교섭단체 구성에 실패한 자민련과 합쳐도 원내 과반수에 미달해 불안한 정국구도가 이어졌다. 선거 과정에서 시민단체들이 특정 정치인들을 지목한 낙천. 낙선운동을 전개해 파문을 일으켰다.

2001년

게이트, 게이트, 게이트 공화국

이용호, 진승현, 정현준, 윤태식 게이트 등이 잇따랐다. 이, 진, 정 게이트는 작년 수사 때 축소, 은폐 사실이 드러나 재수사가 시작됐다. 이 씨 사건으로 검찰 고위간부 3명이 옷을 벗었고, 사상 세 번째로 특별검사가 출범했다. 진, 정 게이트에는 신광옥 전 청와대 민정수석, 김은성 국정원 전 2차장 등도 연루됐고 수사는 계속 중이다.

곪아터진 건강보험, 재정 파탄

2001년 3월 건강보험재정이 파탄상태에 이르렀다. 의약분업으로 인한 진료비 인상과 무리한 건강보험 통합 추진이 원인이었다. 그 여파로 최선정 복지부 장관이 사퇴했다. 정부는 5월31일 건강보험 재정안정대책을 세우고 지역건보에 국고지원을 확대했으나, 올 적자만도 1조8000억원에 달했다. 이 밖에 공무원 및 군인연금도 재정적 어려움을 겪고 있다.

'동북아 허브' 인천국제공항 개항

동북아 중심(허브, HUB)공항을 지향하는 인천국제공항이 2001년 3월29일 개항했다. 인천 영종도와 용유도 사이 갯벌을 메워 건설한 1700만평 대지 위에 총 사업비 7조9000억원을 들여 8년

4개월 만에 완공했다. 연간 2,700만명의 여객을 수용할 수 있는 여객터미널 1동을 비롯해 화물터미널 4개 동, 활주로 2개(3750X60m) 등이 들어섰다.

언론사 세무조사-대주주 구속

김대중 대통령이 연두 회견(1.11)에서 언론개혁 필요성을 언급한 후, 국세청은 23개 언론사에 1,000명이 넘는 조사요원을 투입, 132일간 사상 유례가 없는 고강도 세무조사를 벌인 끝에, 총 5,056억원의 세금을 추징키로 했다(6.20). 검찰은 특히 조선, 동아 등 대표적 비판언론의 경우 대주주를 구속(8.18)시켜 '세무조사를 가장한 비판언론 죽이기' 라는 논란이 국내외적으로 일었다.

현대 신화 정주영 회장 타계

정주영 현대그룹 명예회장이 2001년 3월21일 서울중앙병원에서 별세했다. 19세 때 맨손으로 상경한 그는 31세에 현대자동차공업사를 창업했다. 이후 그는 현대건설, 현대자동차, 현대중공업 등 각 업종에서 한국을 대표하는 기업을 포함, 83개 계열사를 거느린 대그룹을 일구어냈다. 하지만 말년에는 아들 형제들의 다툼과 현대그룹이 자금난을 겪으면서 그룹이 해체, 분리, 쇠퇴하는 걸 지켜보아야 했다.

2002년

'허풍'으로 끝난 '김대업 병풍'

이회창 한나라당 대통령 후보 두 아들의 병역면제 과정에 비리가 있었다는 이른바 '병풍(兵風)'이 하반기 정국을 강타했다. 병풍 초기 김대업 씨는 병적기록표 조작 등 연이어 의혹을 제기하며 기세를 올렸다. 그러나 그가 제출한 녹취 테이프의 제작연도가 당초 주장한 녹음 시점보다 2년 뒤라는 사실이 검찰 수사에서 밝혀져 '병풍'은 '허풍(虛風)'이 됐다.

노무현 16대 대통령 당선

민주당 노무현(盧武鉉) 후보가 2002년 12월19일 실시된 제16대 대통령선거에서 유효투표수(2456만1916표)의 48.9%인 1201만4277표를 얻어 대통령에 당선됐다. 노 당선자는 3~4월의 민주당 국민경선과 11월25일 국민통합21 정몽준(鄭夢準) 대표와의 후보 단일화를 통해 집권에 성공했다. 구질서를 거부한 20, 30대의 성원이 큰 힘이었다. 이로써 '3김시대'는 막을 내리게 됐다.

꺼지지 않는 여중생 추모 촛불시위

2002년 6월26일 경기도 의정부에서 여중생 신효순, 심미선(14)양 2명이 미군 장갑차량에 치여 숨진 사고가 반미(反美) 열풍으로 이어졌다. 가해 미군 병사 2명이 미군 법정에서 무죄 평결을 받은 것이 기폭제가 됐다. 서울 광화문 등 전국에서 두 여중생을 추모하고 한. 미 주둔군지위협정(SOFA) 개정을 촉구하는 촛불 시위가 잇따랐다.

서해교전, 아군 6명 전사

2002년 6월29일 북한 경비정이 서해 북방한계선(NLL)을 침범한 기습공격으로 해군 고속정 1척이 침몰했다. 이 과정에서 장병 6명이 전사하고 18명이 부상하는 인명피해가 발생했다. 교전 3개월여 뒤인 10월 초 국회 국정감사장에서 대북 통신감청 정보를 총괄했던 한철용 당시 5679부대장이 국방장관 등 군 수뇌부의 서해교전 도발 징후 묵살 의혹을 제기, 파문이 일기도 했다.

월드컵 첫 4강, 붉은 악마 열풍

2002 한. 일 월드컵에서 한국 축구 대표 팀은 아시아에서 처음으로 4강에 오르는 신화를 일궜다. 네덜란드 출신 거스 히딩크 감독이 이끈 한국 팀은 2002대회에서 폴란드전 승리를 시작으로 '꿈★은 이루어진다.' 는 신화를 창조했다. 대표 팀의 선전과 함께 전국으로 확산된 '붉은악마' 들의 뜨거운 응원 열기는 세계 속에 '한국의 힘' 을 각인시켰다.

2003년

3,000명 이라크 추가파병 결정

미국이 2003년 9월 4일 한국에 '폴란드 형 사단' 규모의 이라크 추가파병을 공식 요청했고, 그 후 한. 미간 그리고 국내 세력간에 파병부대의 성격과 규모 등을 둘러싼 이견이 적지 않았다. 정부는 그러나 유엔의 이라크 결의안이 통과된 직후인 10월18일 국익과 한, 미 동맹관계 등을 고려해 파병 원칙을 정했다. 또 12월17일 '3,000명 이내 독자적 지역 담당 혼성부대' 파병 안을 최종확정했다.

대북송금 특검, 정몽헌 회장 자살

"DJ정부가 5억 달러 중 1억 달러를 부담키로 했었다." 2003년 6월 대북 불법송금사건 특검팀이 내놓은 수사결과였다. '단돈 1달러도 북에 안 줬다' 는 박지원 씨의 호언이 새빨간 거짓으로 드러나면서 '햇볕정책' 의 순수성이 치명타를 입는 순간이었다. 그 여파는 현대 비자금 사건으로 이어져 8월 4일에는 정몽헌 현대아산 이사회장이 비자금 제공 진술 직후 투신자살했다.

盧대통령 취임과 재신임 논란

2003년 2월25일 17대 노무현 대통령이 취임했다. 그는 권위주의 타파와 대화를 통한 갈등 해결을 내걸었으나 지역, 집단이기주의의 극단적 표출로 사회적 분열이 심화됐다. 국정 수행 지지도는 30%대 밑으로까지 내리막길을 걸었다. 여기에 측근비리 사태마저 겹치자 노 대통령은 10월10일 전격 '재신임' 카드를 꺼냈다.

대구지하철 방화로 340명 사상

2003년 2월18일 발생한 대구지하철 방화사건은 전대미문의 참사였다. 신병을 비관한 50대 남자가 "혼자 죽기 싫다"며 지른 불은 24초 만에 지하철 2대의 객차 12량을 태우고 192명의 사망자와 148명의 부상자를 발생시켰다. 그러나 현장훼손 문제가 제기돼 큰 논란을 빚다가 6월 29일 합동영결식이 치러졌다. 국민들은 668억원의 성금을 전달했고, 사건현장인 중앙로역은 12월 31일 정상운행을 재개했다.

대선자금, 대통령 측근비리 수사

SK비자금 사건은 온 나라를 뒤흔든 '대선자금 태풍'의 진원지였다. 재벌기업들과 여야를 상대로 한 불법 대선자금 수사의 단초를 제공했다. '차떼기' '책떼기' 등 한나라당의 불법모금 형태가 낱낱이 드러났다. 노무현 대통령이 입은 상처도 작지 않았다. 최도술 씨 구속은 '재신임 발언'을 촉발시켰고, 안희정, 강금원, 여택수, 이광재 씨 등 측근들은 줄줄이 구속되거나 검찰수사를 받았다.

2004년

FTA시대 개막

1년4개월을 끌어오던 한. 칠레 자유무역협정(FTA) 비준 안이 가까스로 국회를 통과하고 2004년 4월에 정식 발효됐다. 11월에는 싱가포르와 FTA를 체결함으로써 동남아 진출을 향한 교두보를 마련했다. 정부는 내년부터 동남아시아국가연합(ASEAN), 유럽자유무역연합(EFTA) 등과 FTA 협상을 시작할 예정이어서 FTA 시대는 거스를 수 없는 대세로 자리 잡을 전망이다.

북한 용천역 폭발 참사

2004년 4월22일 오후 북한 신의주 부근 용천역에서 석유와 LP 가스를 실은 화물열차들이 충돌하면서 대규모 폭발 사고가 일어났다. 수천 명의 사상자가 나고, 역 주변 600m 이내 건물이 모두 부서지는 대형 참사였다. 북한은 이례적으로 사고 사실을 빨리 공개해 국제사회의 도움을 요청했다. 남한의 민(民), 관(官)은 물론, 미국 일본 등 세계 각국도 복구를 지원했다.

盧대통령 탄핵과 17대 총선

2004년 3월12일 헌정 사상 처음으로 국회가 노무현 대통령 탄핵안을 의결했다. 선거법 위반 등이 이유였다. 노 대통령의 권한 행사는 즉각 정지됐고, 5월 14일 헌법재판소의 기각 결정이 나고 서야 회복됐다. 탄핵의 역풍은 예상외로 커서 4월 15일 17대 총선에서 여당인 열린우리당은 152석의 과반 의석을 얻었고, 한나라당과 민주당 등 탄핵을 주도한 야당은 참패했다.

新행정수도 이전 법 위헌 결정

2004년 10월1일 헌법재판소가 '신행정수도건설특별법' 이 위헌이라고 결정했다. 수도 이전은 노무현 대통령이 대선 공약으로 추진했던 사업이다. 정부는 헌재 결정으로 즉각 사업을 중단해야 했다. 8월11일 신행정수도 입지로 결정됐던 연기, 공주 등 충청권의 거센 반발, 여권의 헌재 공격 등 정치, 사회적인 후폭풍이 거셌다. 정부 대책위는 내년 초 대안을 내놓을 예정이다.

황우석 교수 인간배아 복제 성공

2004년 2월13일 서울대 황우석(黃禹錫) 교수 연구팀이 세계 최초로 인간배아 복제 및 치료용 줄기세포 추출, 배양에 성공했다고 발표했다. 이를 계기로 '황우석 신드롬' 이라 할 수 있을 정도의 과학 붐이 일어났으며, 황 교수는 과학자 중 처음으로 국가요인급 경호를 받게 됐다. 사이언스지는 이달 17일자에서 황 교수의 연구 결과를 올해 10대 연구 성과 중 세 번째로 뽑았다.

2005년

X파일과 불법도청

7월21일 안기부의 비밀도청 조직인 미림팀이 1997년 당시 이학수(李鶴洙) 삼성그룹 비서실장과 홍석현(洪錫炫) 중앙일보 사장의 대선자금 제공 관련 대화를 불법 도청했다는 본지 보도로 시작된 불법도청 X파일 사건이 5개월 가까이 정국을 뒤흔들었다. 검찰이 국정원을 처음 압수수색하는 등 143일간의 수사 끝에 밝혀낸 정보기관의 도청 전모는 메가톤급이었다. 김영삼. 김대중 정부의 정보기관은 국내인사 1,800여명을 상시 도청했다. 이로 인해 김대중 정부에서 국정원장을 지낸 임동원. 신건 씨가 구속됐다.

행정도시 확정, 공기업 지방이전

'행정중심복합도시' 가 11월24일 헌법재판소의 각하 결정으로 법적 추진력을 확보, 본격 추진된다. 이에 따라 청와대와 국회 등을 제외한 12부, 4처, 2청이 2012년부터 충남 연기, 공주 지역에 건설되는 행정도시에 단계적으로 이전된다. 정부는 해당 지역의 보상작업을 이미 시작했다. 아울러 175개 수도권 공공기관을 전국에 분산 배치하는 혁신도시 건설 작업도 본궤도에 올랐다. 그러나 행정도시를 둘러싼 수도권의 반발과 혁신도시 위치선정에 따른 각 지역의 갈등이 여전해 풀어야 할 과제로 대두하고 있다.

북한 核보유 선언과 6자회담

작년 6월 제3차 6자회담을 마지막으로 중단된 북핵 6자회담은 올해 우여곡절을 겪었다. 2월10일 북한은 6자회담 불참을 밝히면서 외무성 성명으로 핵 보유를 공식 선언했다. 미국의 인내가 한계에 도달했다는 얘기가 흘러나오면서 6월 위기설까지 나왔다. 북한은 결국 7월에 6자회담에 응했고, 9월 회의에서 북핵 해결 원칙 등을 담은 9. 19 공동성명에 합의했다. 그러나 6자회담은 북한이 다시 의제와 관련 없는 미국의 금융제재 해제를 들고 나와 다음 회담 날짜를 잡지 못하는 등 고비를 맞고 있다.

황우석 논문 조작

2004년 인간배아복제줄기세포 개발로 전 세계를 뒤흔들어 10대 뉴스 4위에 꼽혔던 황우석 교수는 올해 두 번 세계를 깜짝 놀라게 했다. 황 교수팀은 5월 환자 맞춤형 배아 줄기세포를 만들었다는 논문을 발표하고 8월 세계 최초 복제 개인 스너피를 공개해 전 세계의 시선을 모았다. '노벨상 후보' 반열에도 오르내렸다. 그러나 황 교수는 11월부터 급전직하(急轉直下)했다. 2004년 연구 때 '매매 난자' 와 '연구원의 난자' 를 사용했고, 2005년 논문은 조작됐음이 밝혀졌다. 황 교수는 한순간에 '영웅' 에서 추락해 전 국민을 울렸다.

청계천 복원

서울 청계천로 5.8㎞의 고가도로를 철거하고 복개도로를 걷어내 맑은 물을 흘렸다. 착공 2년3개월 만인 올해 10월 1일 완공됐다. 슬럼화 하던 주변을 깨끗하게 개발할 수 있도록 토대를 구축했다는 점에서 "환경 친화적 강북 개발"이라는 호평을 많이 받았으나, "도심에 인공하천 하나 만들었을 뿐"이라는 악평도 일부 나왔다. 개장 58일 만에 관람객이 1,000만 명을 돌파하고 각국 언론이 다룰 정도로 세계적 관심을 끌었다. 복원 공사 주역인 이명박 서울시장에 대한 국민적 신뢰와 지지가 높아지는 계기가 되기도 했다.

2006년

북한 핵실험 강행과 유엔 제재안 통과

북한은 10월9일 오전 10시35분 핵실험을 강행, 세계를 놀라게 했다. 핵실험 성공 여부에 대한 논란은 끊이지 않고 있다. 북한 외무성은 실험 이틀 후 "미국이 압력을 가중시킨다면 선전포고로 간주하고 연이어 물리적 대응조치를 취해 나갈 것"이라는 담화문을 발표했다. 유엔안보리는 핵실험 후 1주일도 채 지나지 않은 15일 강제적 조치가 가능한 조항이 포함된 대북 결의를 통과시켜 제재에 들어갔다. 북한은 미국과의 협상이 여의치 않을 경우 여전히 추가 핵실험을 감행할 가능성이 높다.

박근혜 피습, 지방선거 與참패

5. 31지방선거 직전인 5월 20일 박근혜 한나라당 대표가 지원 유세에 나섰다가 보호관찰대상자인 지충호에게 피습을 당했다. 문구용 커터에 얼굴을 다친 박 전 대표는 60바늘을 꿰맸다. 한나라당은 "배후가 있다"며 의혹을 제기했지만, 검. 경은 지충호의 단독범행으로 결론 내렸다. 이후 선거에서 한나라당은 16개 시, 도 중 12곳을 석권했다. 열린우리당은 16개 시. 도 중 전북에서만 당선시켰고, 230곳에 이르는 시장. 군수. 구청장 중에서는 20여 곳을 차지하는 데 그쳐 최악의 참패를 당했다.

한미 FTA 협상, 격렬 반대 시위

한. 미 양국은 지난 2월3일 양국 간 무역과 투자 장벽을 없애는 한미 FTA(자유무역협정) 추진을 공식 발표하고, 5차 협상까지 진행했다. 한국의 쌀 등 일부 농산품과 미국의 섬유. 자동차 등 민감한 품목들의 개방수준을 놓고 양측이 밀고 당기기를 지속하고 있다. 농민 등 반(反)FTA 단체들은 극렬한 반대 시위를 벌이고 있으며, 반미(反美) 이슈로까지 비화된 양상이다.

반기문 유엔사무총장 선출

반기문 전 외교통상부장관이 10월13일 유엔총회에서 제8대 유엔사무총장으로 선출됐다. 분단국이면서 미국의 동맹국 출신 첫 유엔총장이다. 한국의 유엔 가입 15년 만이다. 반 차기 총장은 수락 연설에서 "전쟁으로 찢긴 가난한 나라에서 영광스런 자리까지 오게 된 데 대해 모든 한국 국민에게 깊이 감사한다"고 했다. 충북 충주 출신인 반 차기 총장은 비료공장의 외국인 기술자들로부터 영어를 배워 오늘날 '세계의 대통령' 으로 불리는 유엔총장 자리에까지 올랐다.

전시 작전통제권 논란 및 평택기지 이전

올 7, 8월 전시 작전통제권(전작권) 단독행사 추진에 대한 찬반 논란이 우리 사회를 뜨겁게 달궜다. 노무현 대통령 등 정부가 전작권 단독행사를 강력히 추진하자 전직 국방장관과 예비역 대장,

대학교수 등 지식인, 전직 경찰총수와 외교관 등 각계각층의 반대 성명이 쏟아졌다. 경기도 평택에선 지난 4, 5월 용산기지와 미2사단이 옮겨갈 평택기지 조성문제를 놓고 현지 주민과 일부 시민단체 등 반대세력과 공권력이 충돌했고, 이 과정에서 군인들이 시위대에 얻어맞아 파문을 일으키기도 했다.

2007년

이명박 대통령 당선, 10년 만에 정권교체

12월19일 치러진 17대 대선에서 이명박 한나라당 후보가 당선됐다. 이로써 김대중. 노무현 대통령으로 이어진 좌파집권이 일단락되고, 우파가 10년 만에 국정주도세력으로 복귀하게 됐다. 이 후보는 1149만 표(48.7%)를 얻어 대통합민주신당 정동영 후보에 531만 표차로 승리했다. 1987년 직선제 도입 이후 13대(194만 표차), 14대(193만 표차), 15대(39만 표차), 16대(57만 표차) 등 네 차례 대선에서의 득표차를 모두 합한 것보다 더 큰 표차였다. 노무현 정부의 5년 국정파탄에 대해 성난 표심(票心)의 심판이었다.

변양균. 신정아 사건 등 잇단 권력형 비리

신정아(35) 전 동국대 교수의 예일대 가짜 박사 파문으로 시작된 '변양균, 신정아 사건'이 8월 하순부터 두 달 넘게 지속됐다. 대통령을 보좌하는 정책 실장이던 변(58)씨는 국가기관과 기업체에 외압을 행사, 신 씨의 동국대 취업을 도와준 혐의 등으로 신 씨와 함께 구속됐다. 노무현 대통령의 386 측근 중 한명인 정윤재 전 대통령 의전비서관은 부산 건설업자 김상진 씨로부터 세무조사 무마 청탁과 함께 뇌물을 받은 혐의로 구속됐다. 전군표 국세청장도 김 씨의 뇌물을 받은 정상곤 전 부산국세청장으로부터 6,000만원을 상납 받은 혐의로 구속됐다.

유례없는 '기자실 대못질'과 기자들의 저항

노무현 대통령이 올 1월 "기자들이 기자실에 죽치고 앉아 담합이나…"라고 비판하면서 시작한 브리핑 룸 통폐합과 취재 통제 조치는 '변형된 언론탄압'이라고 할 수 있다. 노 대통령이 6월8일 원광대 특강에서 "내가 기자실에 대못질…"이라고 발언한 뒤 '기자실 대못질'은 올 한 해 정부와 언론 간의 갈등을 상징하는 표현이 됐다. 정부는 IPI(국제신문편집인협회)의 경고에도 불구하고 정부 부처에서 취재 기자를 몰아냈고, 기자들은 촛불 시위로 알 권리 회복 투쟁을 계속하고 있다. 이명박 당선자는 원상복구를 공약했다.

태안 유조선 기름 유출, 사상 최악 해양오염 사태

12월7일 충남 태안군 만리포 북서방 5마일 해상에서 풍랑을 만난 삼성중공업 소속 해상크레인(1만1800t)이 14만6000t급 홍콩 선적 유조선 '허베이 스피리트호'와 충돌, 원유 1만2547kℓ가 바다로 유출됐다. 1995년 씨프린스호 사고 때보다 원유 유출량이 2.5배에 달하는 최악의 해양오염 사태였다. 원유가 태안반도 일대와 보령, 서산 등지로 밀려오면서 5,100ha의 어장과 15개 해수욕장, 59개 섬이 피해를 입었다. 정부는 서해안 일대 6개 시, 군을 특별재난지역으로 선포했으며, 전국에서 30여만 명의 자원봉사자들이 몰려 기름제거 작업을 도왔다.

한. 미 FTA 타결, 통상외교 최대성과로 평가

(한. 미 자유무역협정 FTA) 타결은 우리나라 통상 외교의 최대 성과로 평가된다. 양국은 작년 6월 워싱턴에서 1차 협상을 가진 뒤 10개월간 태평양을 오가며 모두 9차례 협상을 벌였다. 뜨거운 찬. 반 논쟁과 대대적인 반(反) FTA 시위가 벌어지기도 했다. 3월 말 양측은 최종 협상 타결 시한을 48시간 연장하는 진통 끝에 4월2일 최종 타결에 합의했다. 이후 추가 협상을 벌여 6월 30일 협정문에 최종 서명했다. 자동차 관세 철폐와 쌀의 개방 대상 제외가 주요 내용이다. 그러나 한. 미FTA는 우리 국회와 미국 의회 비준이라는 숙제를 남겨 두고 있다.

2008년

최진실 등 연예인 잇따라 자살, 인터넷 소문 도마에

1988년 데뷔 이후 20년간 톱스타로 대중의 사랑을 받아온 최진실(40)이 10월 2일 서울 잠원동 자택에서 스스로 목숨을 끊었다. 그녀는 거액의 빚에 몰린 탤런트 안재환(36)이 자살한 뒤, 그가 빌려 쓴 사채에 연루됐다는 악성 루머가 인터넷을 통해 퍼지면서 견디기 힘든 고통을 받은 것으로 알려졌다. 그녀의 죽음으로 인터넷의 악질적 이면에 대한 자성이 이어졌다. 이후 트랜스젠더 연예인 장채원과 모델 김지후, 그룹 엠스트리트 이서현 등 연예인들이 잇달아 스스로 목숨을 끊어 모방 자살에 대한 우려도 커졌다.

미국산 쇠고기 광우병 괴담, 反정부 폭력시위 사태

정부는 4월18일 미국과 쇠고기 수입 협상을 타결 지었다. 열흘 후 MBC 'PD수첩'이 광우병 위험을 과장한 프로그램을 내보냈고, 좌파성향 인터넷매체와 시민단체 등이 비과학적 괴담을 부풀리며 가세해 미국 쇠고기 수입 반대 광풍(狂風)을 불러일으켰다. 5월2일부터 촛불집회가 열려 98만여 명(경찰집계)이 참여하고 106일간 계속됐다. 초기에는 국민긴강을 우려한 비폭력 시위였으나 곧 광화문일대를 무법천지로 만드는 반(反)정부. 반(反)이명

박 불법, 폭력시위로 변질됐다. 6월 말 추가협상을 통해 30개월 이상 쇠고기 수입이 금지된 후 촛불은 사그라졌다.

불타버린 '국보 1호' 숭례문, 문화재 관리부실 충격

설 연휴 마지막 날인 2월10일, '국보 1호' 숭례문(崇禮門)이 불에 타 무너져 내렸다. 이날 밤 8시50분 시작된 불은 이튿날 새벽 2시5분 꺼졌지만, 600년 동안 서울을 지켜온 숭례문의 2층 누각이 거의 전소됐다. 자신의 주거지 보상 문제에 불만을 품은 70대 노인의 방화가 원인이었다. TV를 통해 국보의 소실(燒失)을 지켜본 국민들은 경악과 분노에 빠졌다. 목조문화재 안전관리시스템 부재 등 정부당국의 부실한 문화재 관리정책도 도마에 올랐다. 숭례문 복원사업은 현재 진행 중이며, 2012년 말 완료될 예정이다.

금강산 관광객 피살, 개성관광 중단, 남북관계 급랭

7월11일 새벽 금강산 관광객 박왕자(여 53)씨가 해변을 산책하다가 북한군 총에 맞아 숨지는 사건이 발생했다. 통일부는 "진상이 규명될 때까지 금강산 관광을 중단한다"고 발표했다. 정부는 각종 수단을 동원해 진상을 밝히려 했지만 북한은 이에 불응, 오히려 "불필요한 남측 인원을 추방하겠다"고 으름장을 놓았다. 결국 사건 한 달 만인 8월11일 금강산 내 한국관광공사와 면회소 인원이 모두 철수했다. 11월28일에는 개성지역 남측 인원 500여명이 철수하면서 개성관광과 남북 열차운행도 중단되는 등 남북관

계가 급속히 얼어붙었다.

'망치 국회'에 국민들 실망, 전 세계의 조롱거리로

12월18일 국회 외교통일위의 한미 자유무역협정(FTA) 비준동의안 상정과정에서 해머와 전기톱까지 등장하는 최악의 폭력사태가 벌어졌다. 한나라당은 의자와 책상으로 바리케이드를 치고 회의장을 봉쇄했고, 민주당은 해머와 정으로 회의장 문을 뜯어냈다. 이 과정에서 수십 명의 여야 당직자와 국회 경위들이 몸싸움을 벌이다 다쳤고, 2,000여만 원의 재산피해도 발생했다. 많은 나라 TV가 폭력장면을 생생하게 방영, 한국 국회는 세계의 웃음거리가 됐다. '놀고먹는 국회'는 이제 국민들로부터 '난장판, 싸움판 국회'라는 조롱까지 받고 있다.

2009년

김수환, 김대중, 노무현, 현대사 거목들 역사 속으로

올해는 현대사에 굵은 자취를 남긴 인물들이 세상과 작별을 고했다. 김수환 추기경이 2월16일 "고맙습니다. 서로 사랑하세요"라는 말을 남기고 선종해 전 국민의 애도 물결이 이어졌다. 검찰수사를 받던 노무현 전 대통령이 지난 5월23일 스스로 목숨을 끊어 정국에 격랑이 일었다. 그는 '원망하지 마라. 운명이다' 라는 유서를 남겼다. 그의 장례는 국민장으로 치러졌고, 고향인 봉하마을에 묘소가 만들어졌다. 뒤이어 김대중 전 대통령도 8월18일 서거하면서 야권은 올해에만 두 명의 전직 대통령을 잃었다. 김 전 대통령의 장례는 박정희 전 대통령 이후 두 번째 국장(國葬)이었다. 묘소는 서울 동작동 국립현충원에 마련됐다.

2010년 G20 정상회의 유치, 원조 받다 주는 나라로

2009년 대한민국은 선진국을 향해 한 단계 도약했다. 한국은 9월말 미국 피츠버그 주요 20개국(G20) 정상회의에서 내년 11월 정상회의 개최국으로 선정됐다. 종래 G8을 대체하는 전 세계 최고 연례협의체로 자리 잡은 G20 개최는 신흥국 중 처음이다. 외교사적 쾌거는 물론 국격(國格) 제고의 기회로도 의미가 깊다는 평가다. 이어 11월에는 '선진국 중의 선진국 클럽' 이라고 불리는 경제협력개발기구(OECD), 개발원조위원회(DAC)에도 가입했다. '원조 받는 나라' 에서 '주는 나라' 로 탈바꿈한 첫 사례로 세계 원조사에 한 획을 긋는 사건이었다.

北 김정일 3남 김정은, 후계자로 급부상과 2차 핵실험도

올해 북한은 김정일 국방위원장의 3남인 김정은 후계자설(說), 장거리 로켓 발사(4월), 2차 핵실험(5월), 17년 만의 화폐개혁(12월) 등 대형 뉴스를 쏟아냈다. 작년 8월 뇌졸중으로 쓰러졌던 김정일이 자신의 아들을 후계자로 내세워 '3대 세습' 의 시동을 건 징후가 곳곳에서 포착됐다. 이후 핵실험 등으로 대외 긴장을 극대화해 내부 통제를 강화하는 데 활용했다. 옛 화폐 100원을 새 화폐 1원으로 바꾸는 화폐개혁은 김정일 독재의 가장 큰 적(敵)으로 부상한 '시장세력' (시장에서 돈을 번 중산 계층)을 약화시키려는 의도로 분석된다.

미뤄진 우주의 꿈, 나로호 궤도진입에 실패

지난 8월25일 오후 5시 전남 고흥 나로우주센터에서 한국 첫 우주발사체 나로호가 불꽃을 내뿜으며 하늘로 치솟았다. 7차례 연기 끝에 온 국민의 염원을 안고 힘차게 날아오른 것이다. 하지만 위성 보호 덮개인 페어링 한쪽이 분리되지 않아 과학기술위성2호를 정해진 궤도에 올리는 데는 실패했다. 발사는 성공했지만

위성을 우주에 안착시키는 임무는 실패했기 때문에 '절반의 성공' 이란 말이 나왔다. 위성은 대기권으로 낙하해 불탄 것으로 추정됐다. 정부는 나로호의 실패 원인을 철저히 규명하고 내년 상반기 중 나로호 2차 발사에 나설 계획이다. 2018년에는 우리 힘으로 독자 개발한 우주 발사체를 개발할 예정이다.

미디어법, 국회 통과로 신문, 방송 칸막이 없어진다.

지난 7월22일 미디어법이 국회를 통과하면서 1980년대 신군부가 만든 지상파 방송사의 독과점 구조가 29년 만에 깨졌다. 시장에서는 이미 신문과 방송, 통신이 융합되고 있는데도 법은 '신문과 방송은 겸영할 수 없다' 고 규정하는 모순이 해소된 것이다. 신문사의 방송 참여가 허용됨에 따라 내년에는 신문사가 주도하는 새로운 방송 '종합편성채널' 이 개국한다. 시청자들의 채널 선택폭이 넓어지는 것이다. 신문, 방송, 통신이 융합된 미디어산업은 새로운 성장 동력으로서 일자리 창출에도 기여할 전망이다. 또 지상파 3사가 주도해온 방송뉴스시장에 신규 사업자가 진출, 다양한 시각의 뉴스가 제공된다.